Una guía para contar historias
con un enfoque multicultural

¡HABLA YA!

CUENTA TU HISTORIA PARA SER MÁS INFLUYENTE

Susana G Baumann

ISBN: 979-8-9898330-7-8 Spanish Paperback

Información de contacto: contact@susanagbaumann.com

El folleto descargable "¡Habla ya! Crea tu marca personal: Una guía de autoconciencia" es un complemento de este libro.

Visita https://susanagbaumann.com para obtener más detalles.

Traducción del inglés al español: Susana G Baumann @2023

Publicado por Excel Branding LLC.

Lakewood, Nueva Jersey 08701

Elogios y Testimonios

"Cuando asistí por primera vez al taller de Susana, inmediatamente dejé de enmascarar características mías que históricamente veía como defectos. Su taller es una oportunidad increíble para ver el valor que nuestra singularidad aporta a nuestras carreras y negocios. ¡Me entusiasma que este taller esté disponible en un libro para que todos lo disfruten!

~ Cameryn Friesz, campeona de DEI (diversidad, equidad e inclusión)"

Este valioso tesoro literario proporciona ideas reflexivas, herramientas prácticas e historias sinceras desde la perspectiva de Susana, manteniéndote involucrado y reflexionando sobre cómo aplicarlos en tu beneficio. Es un recurso de referencia para ti y para cualquiera que busque descubrir, desarrollar y articular su voz y propuesta de valor únicas. Después de leer ¡Habla ya! Cuenta tu historia para ser más influyente, estarás ansioso por poner en práctica tus nuevos conocimientos y compartirlos con cualquier persona que conozcas y que también pueda beneficiarse de estos recursos.

~ Dra. Ginny A. Baro, directora ejecutiva, ExecutiveBound.com, autora best-seller

"Hay pocas cosas más inspiradoras que leer un libro escrito desde el corazón y desde la experiencia personal. Especialmente cuando se trata de un tema tan relevante como la narración. La experiencia de toda la vida de Susana Baumann contando historias (ya sea para sus funciones de marketing o como líder de una empresa y luego de una organización sin fines de lucro dedicada a ayudar a emprendedoras latinas) se transmite alta y clara en estas páginas. Sus propias anécdotas entrelazadas a lo largo del libro con consejos prácticos resonarán en los lectores de todo el mundo. Vivimos en una época en la que las demandas de atención de la gente son tales que un gran narrador siempre se destacará y tendrá muchas más posibilidades de ejercer influencia que las personas que no son capaces de ofrecer una buena historia. Recomiendo ampliamente el libro a cualquier persona que quiera crecer profesionalmente o hacer conocer su marca."

~ Mariela Dabbah, fundadora y directora ejecutiva de Red Shoe Movement

"Un libro verdaderamente refrescante, accesible e inspirador para todos nosotros sobre cómo contar nuestra historia. La autenticidad y transparencia de Susana Baumann al contar su propia historia y la de otros, combinadas con sus ilustraciones animadas y estimulantes de películas conocidas para subrayar cómo estructurar una narrativa, hacen de este libro una lectura convincente. El libro ciertamente logra el objetivo de proporcionar un modelo práctico y memorable para que el lector lo aplique para dar forma y elaborar su propia historia y, lo más importante, para tener la valentía de contar su historia con convicción y confianza".

~ Melanie Staff-Parsons, vicepresidenta de talento

Tabla de Contenidos

Nota de la Autora 11

Inspiración 12

Dedicación 13

Agradecimientos 14

Prólogo 16

Introducción 23

    Nuestras vidas son una telenovela 24

    Conoce a tu mejor amiga 26

    Un enfoque multicultural como punto de partida 28

PARTE 1: CREA TU MARCA PERSONAL: Encuentra tu voz 31

    Capítulo 1: Por qué es importante contar historias 32

        Redes sociales y narración de historias 33

        Narraciones en los medios de comunicación 34

        Nuestro cerebro, la mejor ayuda en la narración 37

        ¿Es real o ficticia? 39

        ¿Por qué contar historias es como armar un rompecabezas? 41

        ¿Es la narración una forma de entender el mundo? 42

        ¿Cómo se puede utilizar la narración selectiva? 44

        Las preguntas nos hacen pensar, pero las historias nos impulsan a actuar 45

Grandes historias construyen grandes marcas..48

Capítulo 2: La voz de la introspección 53

Crear tu marca personal versus destacar tu marca personal 55

¡No puedes salir de casa sin ella (tu marca personal)!..58

Encuentra tu voz..61

Trabaja en el enunciado de tu marca personal 63

Encuentra tu voz en tus valores 64

Encuentra tu voz en tu personalidad o rasgos de carácter 70

Encuentra tu voz en tus atributos culturales 73

Encuentra tu voz en tus habilidades de liderazgo 76

Cómo priorizar tus mejores cualidades 83

Capítulo 3: Evalúa tus debilidades 85

Las debilidades, oportunidades para nuevas posibilidades....................................86

Las microagresiones como factor estresante en el lugar de trabajo 89

Diferencia entre debilidades personales y estereotipos externos..............................96

Cuando los desafíos son personales 97

Encuentra oportunidades en tus valores..97

Encuentra oportunidades en tu personalidad o rasgos de carácter............................101

Encuentra oportunidades en tus atributos culturales..105

Encuentra oportunidades en tus habilidades de liderazgo....................................112

Eres única: tu enunciado de marca personal 115

Enunciados de marca personal que dejan huella 117

PARTE 2: DESTACA TU MARCA PERSONAL: Los elementos de tu historia........................122

Capítulo 4: Crear una historia con un gran mensaje..123

Cómo encontrar fuentes de inspiración 124

Las emociones cautivan a la audiencia 127

Los temas y mensajes dejan una marca 132

El enfoque cultural de los mensajes..136

Cómo resuenan los temas con la audiencia 141

Construir una historia basada en premisas falsas................................146

Capítulo 5: El conflicto da credibilidad a la historia...........................148

Cómo tomar la decisión correcta 153

Los tres cerditos se encuentran con el patito feo................................155

El papel del conflicto en tu historia...158

Cómo presentar el conflicto..162

Conflictos y desencadenantes en la narración....................................164

1. Conflicto interno 164

2. Conflicto entre personas 166

Mensaje: Todos compartimos experiencias similares en alcanzar objetivos de vida similares..166

3. Conflicto con la naturaleza...168

4. Conflicto con la tecnología 169

5. Conflicto con la sociedad...172

¿Y si esta percepción no es interna sino adquirida?............................177

6. Conflicto con el destino 179

Elije tus conflictos cuidadosamente 182

Capítulo 6: Cómo reconocer y manejar el conflicto............................184

Los logros 186

Los desafíos y las zonas grises..190

Cómo manejar conflictos o situaciones disruptivas................................193

Si no estás lista, no te enredes...206

Habla con intención 208

Tus conflictos son sólo tuyos..210

Capítulo 7: Los personajes 213

Nuevas tendencias en el campo laboral y la narración de historias 214

El narrador 220

Personajes centrales: protagonista y antagonista..222

Personajes centrales: malos jefes..225

La belleza de Breaking Bad...227

El protagonista cuestionable..228

Socios, compañeros o compinches..230

El antagonista o adversario 233

Aprendamos del sesgo cognitivo..234

Aprovecha el punto de vista del narrador 239

El sesgo cognitivo y el mensaje 240

Mensaje 1: Virilidad y qué es "ser hombre". 242

Mensaje 2: Un hombre es responsable por su honor y su familia................242

Mensaje 3: El respeto es un valor cultural y de liderazgo importante 243

Mensaje 4: Vive la vida en tus propios términos...245

Mensaje 5: Aceptación, perdón y redención 246

Mensaje 6: Estereotipos negativos de los inmigrantes 247

¿Quién eres en tu historia?...249

Capítulo 8: La narrativa, el argumento y la trama 252

¿Qué es la narrativa?...253

¿Cuál es el argumento?...255

¿Cuál es la trama?..256

La historia continúa..256

No hay mal que por bien no venga..257

El arco narrativo...260

Capítulo 9: ¿Qué gano yo con esto?.....................................275

Usa una guía para el arco narrativo...276

A. Escenario..276

B. Situación disruptiva..277

C. Acción en aumento...278

D. Clímax..278

E. Resolución...279

Anticipa la respuesta emocional de tu audiencia.......................280

Aprendiendo de las películas que nos gustan...........................285

1. Historia del origen...287

2. Superar una fuerza maligna...288

3. De la pobreza a la riqueza...289

4. Ganadores inesperados o desaventajados..............................290

5. La misión o la búsqueda..293

6. Renacimiento...295

¿Como termina la historia?...297

Capítulo 10: Crea tu marca personal: Una guía de autoconciencia...301

La voz de la autoconciencia..303

Encuentra tu voz en tus valores 303

Encuentra tu voz en tu personalidad o rasgos de carácter 305

Encuentra tu voz en tus atributos culturales 307

Encuentra tu voz en tus habilidades de liderazgo 308

Prioriza tus fortalezas 311

Evalúa tus debilidades 312

Encuentra oportunidades en tus desafíos 312

Encuentra oportunidades en tus valores...312

Encuentra oportunidades en tu personalidad o rasgos de carácter....................315

Encuentra oportunidades en tus atributos culturales...316

Encuentra oportunidades en tus habilidades de liderazgo..................................317

Tu enunciado de marca personal...319

Cómo contactar a Susana G Baumann 322

Apéndice de películas 323

Nota de la Autora

En esta versión en español, se asume la importancia de la distinción lingüística de género. No obstante, para facilitar la lectura del texto, y dada la trayectoria y práctica de defensa de los derechos de la mujer por parte de la autora, el texto se ofrece en el género femenino. Donde se expresa ese género, se extiende el significado a otras identificaciones de género como masculino y no-binario de forma incluyente.

Asimismo, las citas y extractos son traducciones libres de la autora a menos que se cite la fuente específicamente. A pesar de que muchos títulos de fuentes como blogs y artículos de internet han sido traducidos al español, la mayoría corresponden al inglés original excepto si se especifica en cada caso.

Inspiración

"No hemos estado sentados alrededor de fogatas durante más de 100.000 años contándonos nuestras historias en vano. Está [grabado] en nuestra memoria celular que ésta es la forma en que nos comunicamos. Esta es la forma en que sabemos lo que siente la otra persona y, en última instancia, la forma en que sabemos que estamos interconectados y no jerarquizados. Quiero que ese sea mi legado".

--Gloria Steinem, activista social y política, y defensora de los derechos de la mujer.

Dedicación

Le dedico este libro a mis nietas Alyssa y Kristina, quienes cargan sobre sus hombros las historias del pasado de muchos miembros de familias inmigrantes. Para que aprendan de dónde vienen, las historias que dieron nacimiento a su familia de origen, entiendan su mezcla de culturas y abracen el cariño de una familia extensa en todo el mundo.

Agradecimientos

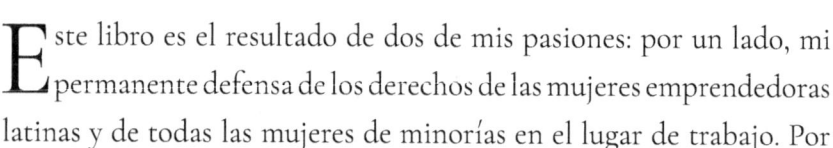

Este libro es el resultado de dos de mis pasiones: por un lado, mi permanente defensa de los derechos de las mujeres emprendedoras latinas y de todas las mujeres de minorías en el lugar de trabajo. Por otro, mi obsesión por entender cómo la sociedad nos moldea con mensajes que impregnan nuestra vida cada día.

Al reunir estos dos ingredientes, mi objetivo es ayudar a todas las mujeres (y hombres) a comprender la naturaleza de muchos obstáculos y barreras que enfrentan en el trabajo, en su comunidad, en sus iglesias y en todos los lugares que están dispuestas a liderar.

Como mi primer libro, *¡Hola, amigos! Un plan para el alcance latino,* este trabajo es también la versión ampliada de un taller que he ofrecido varias veces en el mundo corporativo, conferencias y retiros privados. Por eso, agradezco a todos los participantes de dichos eventos que me ayudaron a comprender sus preocupaciones y luchas y al mismo tiempo me alentaron a profundizar en las causas subyacentes de estas barreras.

Un agradecimiento especial a la Dra. Ginny A. Baro por escribir tan generosamente el prólogo de este libro. Durante los años transcurridos desde que nos conocimos, hemos colaborado varias veces, nos hemos entrenado mutuamente, hemos escuchado las tribulaciones de cada una, nos hemos alentado la una a la otra y forjado una amistad sólida que va más allá de una simple relación de colegas.

Muchas otras mujeres y hombres me han ayudado en el desarrollo de este trabajo con su apoyo y palabras de sabiduría, mujeres fuertes que han decidido que necesitamos un cambio y hombres lúcidos que apoyan ese cambio. Clientes, compañeros, ponentes de nuestros eventos, entrevistados e incluso jefes y mentores me han abierto las puertas para encontrar las respuestas que todos necesitamos. Esta no es una tarea de una sola persona sino el resultado de cientos de voces de mujeres que reclaman sólo lo que merecemos: igualdad de oportunidades, igualdad de acceso, igualdad salarial y entornos inclusivos.

Después de 33 años de cambiar mi vida para siempre, me he convertido en ciudadana de dos mundos, lo que me lleva a tener una perspectiva única sobre la vida y las relaciones laborales. He mantenido mis vínculos con mi lugar de nacimiento, Argentina, mientras construía una nueva identidad en los Estados Unidos. También agradezco a todos mis amigos y familiares en ambos mundos, porque representan un sistema de apoyo esencial que me ha ayudado incondicionalmente a continuar esta búsqueda.

Prólogo

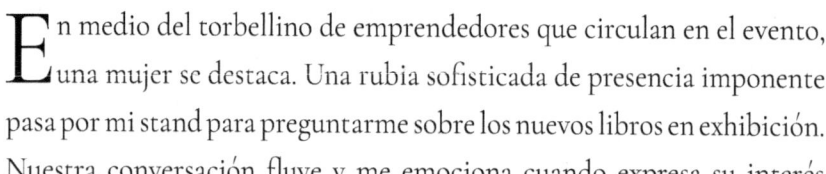

En medio del torbellino de emprendedores que circulan en el evento, una mujer se destaca. Una rubia sofisticada de presencia imponente pasa por mi stand para preguntarme sobre los nuevos libros en exhibición. Nuestra conversación fluye y me emociona cuando expresa su interés en destacarme en su revista, Latinasinbusiness.us. Acepta amablemente una copia firmada de mi primer libro, *Fearless Women at Work*, y nos separamos, inspiradas por la pasión de la otra por contar historias.

Una conversación informal en 2018 condujo a una relación profesional, numerosas contribuciones y colaboraciones, viajes de negocios al extranjero y, lo más importante, una amistad duradera y solidaria. Desde el primer día, Susana G. Baumann me ha mostrado algunos de sus principales superpoderes y las características centrales de su marca personal: generosidad, cuidado y capacidad para respaldar a los demás y conectar a personas y empresas con oportunidades. Ha encarnado el poderoso impacto de la narración de historias en la construcción de conexiones y el cultivo de relaciones comerciales. Esa es una de las razones por las que estoy tan entusiasmada de presentarles *¡Habla ya! Cuenta tu historia para ser más influyente: Una guía para contar historias con un enfoque multicultural.*

Por haber tenido la experiencia de reinventarme a mí misma desde los 14 años, y más adelante en la vida después de hacer la transición de una exitosa carrera corporativa a ser emprendedora, me encanta este libro, ya que resuena conmigo en múltiples niveles. Relatar mi vida no era una opción viable cuando solo hablaba español en un país de lengua inglesa. A los 14 años, emigré a los Estados Unidos desde la República Dominicana nada más que con un sueño: romper el ciclo de la pobreza y convertirme en una mujer independiente que pudiera valerse por sí misma.

Mudarme a Nueva Jersey fue el comienzo de una nueva vida, enfrentarme a una nueva cultura, idioma y dejar atrás a todos mis amigos. El futuro era muy incierto. Si bien tenía muchas más preguntas que respuestas y luchaba con los temores a lo desconocido, al mismo tiempo me sentía esperanzada y emocionada por la jornada que tenía por delante. ¡Solo podía progresar desde ahora en adelante!

Reinventarme en aquel entonces significaba descubrir por mi cuenta quién era y en quién necesitaba convertirme para tener éxito en este nuevo mundo. No tenía ningún concepto de "marca personal" ni mentores que pudieran guiarme, además de mis padres y profesores de secundaria. ¡No tenía una guía como Habla Ya! Eso me animó a reconocer mi cultura y tradiciones, mi idioma de origen y mis valores familiares, incluido el respeto, el temple, el trabajo duro, la dedicación, la disciplina y la resiliencia, para seguir adelante.

Durante esos cuatro años en la escuela secundaria, avancé, aprendí inglés y desarrollé amistades para toda la vida. En el último año, aprobé los exámenes de ingreso a la universidad y fui aceptada. Todo salió según lo planeado, mi sueño se hizo realidad y fui la primera de mi familia en asistir y graduarme de la universidad. Durante los siguientes 16 años, mientras trabajaba a tiempo completo, obtuve un Máster en Administración de Empresas, un M.S. en Ciencias de la Computación y, en última instancia, un doctorado en Sistemas de Información.

A lo largo de 31 años de trayectoria profesional, recorrí una carrera corporativa en tecnología y servicios financieros que me expuso a nuevas oportunidades de crecimiento, desafíos comerciales y personales y relaciones gratificantes, convirtiéndome en una líder de proyectos, equipos y de mi propio destino.

El panorama cambió drásticamente cuando, en 2017, dejé mi puesto corporativo senior para iniciar un nuevo sueño. A la edad de 47 años, elegí aprovechar más de 20 años de experiencia en liderazgo navegando en lugares de trabajo desafiantes para una mujer, madre y líder latina para convertirme en una emprendedora exitosa. Significó reestructurarme y sentirme cómoda contando mi historia de una manera que resonara con mi audiencia y transmitiera mi voz y mis valores auténticos. También significó aumentar mi visibilidad, concentrarme en agregar el mayor valor y exponerme "allí afuera" para conectarme a nivel humano, aprender de expertos y compartir mi zona de genio.

Estos esfuerzos me llevaron a conocer gente talentosa como Susana; así se cierra el círculo.

Todos tenemos una historia que nadie conocería al solo "mirarnos". Se necesita valentía y fe en nuestras habilidades para apropiarnos de nuestra historia y compartirla sin pedir disculpas. Hoy, estoy agradecida de servir como oradora transformacional, entrenadora de liderazgo, estratega profesional y autora número uno en ventas de *Fearless Women at Work* y *Healing Leadership*, ganadora de premios internacionales. Como estudiante, mi educación nunca se detiene y cada año sigo agregando recursos a mis habilidades. *¡Habla ya! Cuenta tu historia para ser más influyente* es ahora uno de esos recursos.

En un mundo complejo e incierto, hablar, contar historias y construir mi marca para apoyar a los demás no sólo son opciones viables, sino mis elecciones diarias. Me permiten retribuir y compartir mis experiencias, tener impacto, contribuir lo mejor que puedo y animar a mi audiencia a aceptar sus superpoderes para alcanzar su máximo potencial de liderazgo. Estoy agradecida de encarnar y enseñar estas habilidades que se pueden aprender, algo que parecía mucho más allá de mi alcance hace 40 años. Una vez imposible, ahora posible.

De manera similar, cuando te sumerges en *¡Habla ya! Cuenta tu historia para ser más influyente*, te encantará aprender de mi amiga y colega de confianza, la experta en branding Susana G. Baumann. Utiliza su voz para compartir conocimientos invaluables y herramientas prácticas para convertirte en una narradora convincente basada en las mejores prácticas de marca personal, sus habilidades profesionales y una exitosa carrera en la industria. Basándose en décadas de experiencia como formadora, coach y consultora, te guiará en el desarrollo de un enunciado de marca personal y empresarial sólido que resuene auténticamente con tu audiencia.

Con ejemplos de emprendedoras exitosas, mujeres en las corporaciones estadounidenses y sus propias historias personales, este libro te ayudará a ir más allá de tus aspiraciones laborales, mostrándote cómo contar historias puede ser una herramienta fundamental para amplificar tu mensaje y visión, ya sea para causas sociales y políticas o ambiciones empresariales. Tu potencial, como el mío, depende de ello.

Este valioso aporte literario proporciona ideas reflexivas, herramientas prácticas e historias sinceras desde la perspectiva de Susana, manteniéndote involucrada y reflexionando sobre cómo aplicarlos en tu beneficio. Es un recurso de referencia para ti y para cualquiera que busque descubrir, desarrollar y articular su voz y propuesta de valor únicas. Después de leer *¡Habla ya!* estarás ansiosa por poner en práctica tus nuevos conocimientos y compartirlos con cualquier persona que conozcas y que también pueda beneficiarse de ellos.

Como inmigrante de la Argentina, Susana y yo compartimos el tema de descubrir y amplificar nuestras marcas personales y compartir nuestras historias para crear cambios positivos y transformar y mejorar nuestros entornos. Ella y yo poseemos ideales y valores únicos y vemos el mundo a través de nuestras respectivas lentes. Sin embargo, de forma independiente y basándonos en nuestras experiencias vividas, ambas llegamos a la conclusión de que hablar, ser dueñas de nuestra voz y compartir nuestras historias son privilegios esenciales para convertirnos genuinamente en quienes debemos ser en este mundo y ayudar a aquellos que resuenan con nuestras historias. Lenta e imperfectamente, hemos logrado nuestros sueños hasta la fecha y continuamos soñando y apoyándonos una en otra para hacerlos realidad a medida que avanza nuestra jornada. Gracias, Susana, por ser mentora, aliada, amiga y compañera de vida; sin duda, se hace más agradable al tenerte en ella.

Te felicito por haber elegido este libro y te animo a que te tomes tu tiempo y disfrutes de este caudal de sabiduría y experiencias. Apóyate en él y descubre tu voz auténtica, comparte tu historia, fortalece tu marca e influye en tu audiencia. Hoy me siento ilusionada y emocionada nuevamente por el viaje que te espera. Cuando termines, tendrás las herramientas para compartir lo mejor de ti y tu zona de genialidad con todas nosotras. ¡Todas podemos hablar! Susana es la coach perfecta para guiarte, así que disfruta de cada palabra.

¡Vive con propósito, vive con alegría!

Dra. Ginny A. Baro

Directora ejecutiva, ExecutiveBound.com, autora best-seller

Acerca de la Dra. Ginny A. Baro

Nombrada una de las 100 principales líderes de pensamiento global, la Dra. Baro se especializa en desarrollar mujeres líderes talentosas mediante conferencias magistrales, programas de liderazgo y entrenamiento para organizaciones, grupos de recursos para empleados y miembros de empresas Fortune 500. Como coach de liderazgo y oradora, se ha asociado con el Programa Ejecutivo Hispano/Latino de McKinsey & Company desde 2021 y contribuye al programa Management Accelerator como PYME en marca personal. Aprovecha su experiencia, pasión y compromiso para ayudar a líderes, mujeres y socios comerciales que buscan desbloquear todo el potencial de su talento y lograr el éxito en sus negocios.

A partir de una amplia experiencia en las empresas estadounidenses, las mejores prácticas y la investigación, en 2020 lanzó *Fearless Leadership Mastermind*™ para ayudar a las organizaciones a desarrollar mujeres líderes talentosas y de alto potencial para crecer y avanzar a roles de liderazgo senior. El trabajo de Ginny ha aparecido en ABC, NBC, USA Today, Univision y otros medios de comunicación.

Aparte de su trabajo, su papel, título y logros, su mayor orgullo ha sido criar y ser madre de su hijo de 16 años, Kyle, y adoptar al cachorro Shih Tzu, Bruce.

Introducción

Un accidente automovilístico cambió mi vida en 2014. Un frío día de invierno, alrededor del mediodía, iba conduciendo por el carril rápido de una ruta local cuando llegué a un semáforo en rojo. Me detuve y, por casualidad, miré por el espejo retrovisor. Un auto deportivo blanco venía a toda velocidad por el mismo carril en el que estaba detenida. Alarmada al principio y luego aterrorizada, me di cuenta de que el choque era inevitable cuando vi al conductor mirando hacia abajo en vez de mirar la ruta, probablemente enviando mensajes de texto.

Instintivamente, me preparé para el encontronazo. Tratando de proteger mi cuello, me lo envolví con la capucha de mi abrigo grueso y me aferré al volante. El impacto impulsó mi auto hacia el vehículo detenido delante mío. Como en una película en cámara lenta, podía escuchar los ruidos de la carrocería hecha añicos a mi alrededor. Todo ocurrió en segundos.

Todavía confundida, traté de moverme, pero me di cuenta de que no podía salir del auto. La bolsa delantera se había desplegado, presionándome contra el asiento. Me palpitaba la cabeza y mi pierna derecha no respondía. El conductor que había provocado el accidente gritaba, pero yo no podía entender lo que decía. Otros conductores se detuvieron a mi lado y me preguntaron si estaba herida. Alguien llamó a la policía y a una ambulancia. Cogí mi móvil y llamé a mi hijo quien rápidamente apareció en el lugar del accidente. Me sentí aliviada.

Mientras esperaba ayuda, mi vida volvió en *flashbacks*. Me había mudado cerca de la familia de mi hijo y mis dos nietas pequeñas. Quería pasar tiempo con ellas cuando mi apretada agenda de negocios me lo permitía. Después de los constantes altibajos que había atravesado a lo largo de muchos años, había logrado una situación personal y profesional estable. Había superado las dificultades con las que había luchado en mi vida, incluida la muerte de mi madre a una edad temprana, de haber vivido más de 20 años de dictaduras militares en Argentina, migrado a otro país, atravesado dos divorcios y casi haber perdido mi negocio durante la Gran Recesión de 2008. Hasta ese momento, había demostrado ser una sobreviviente. Si tenía salud y podía trabajar, eso era todo lo que importaba. Mi trabajo había sido la única constante segura en mi vida.

Pero con las lesiones sufridas en este accidente automovilístico, me pregunté si podría afrontar un nuevo capítulo, tal vez soportando restricciones físicas y constante dolor, lo cual efectivamente ocurrió. Dos años después, caminaba con un bastón. Viajar o conducir se habían convertido en un desafío. ¿Qué era lo que me esperaba?

Nuestras vidas son una telenovela

En los pasajes anteriores, te dejé con una pregunta que espero llame tu atención. Quizás te preguntes si recuperé mi salud, continué con mi negocio o hice otra cosa. Más adelante en este libro encontrarás la conclusión de este accidente y otros pasajes de mi vida con los que quizás puedas relacionar algunos momentos de la tuya. La idea es ilustrar las herramientas de narración que compartiré en este libro con situaciones que viví a lo largo de los años y otras anécdotas relatadas por algunos de mis clientes. Además, también exploraremos ejemplos ficticios de películas y programas de televisión -los medios de comunicación masiva- y lo que podemos aprender de ellos.

Ya sea en forma de una telenovela o una gran novela clásica, nuestras vidas son historias para contar. Tu vida, por aburrida, complicada o monótona que parezca, involucra anécdotas asombrosas que podrán convertirse en historias que compartes con otros para revelar quién eres.

Aprender estas herramientas de narración impulsará tu carrera como una notoria oradora pública, te ayudará a destacarte en una entrevista de trabajo o una revisión anual, a escribir y publicar tu biografía e incluso a tratar con éxito situaciones de la vida diaria entre familiares y amigos.

Con el poder de la narración podrás fortalecer tus valores de liderazgo, aprovechar tus atributos culturales, aumentar tus oportunidades de sobresalir y finalmente superar tu "síndrome del impostor". Avanza en la vida y logra tu propósito personal, laboral o profesional con estas sencillas herramientas que te harán destacar entre la multitud y tener influencia sobre quienes realmente te interesan.

Lo más importante es que este libro te hará pensar en ti, en las circunstancias de tu vida y en los entornos laborales, profesionales y personales en los que vives hoy. Al tomar conciencia de las narrativas que dan forma a tus creencias y acciones, descubrirás tus propias historias para compartir. ¡Entonces, prepárate para un viaje de autodescubrimiento!

Conoce a tu mejor amiga

Aprender a contar nuestra historia es una excelente forma de introspección. La autora Tasha Eurich[1] comparte que, "Existe fuerte evidencia científica de que las personas que se conocen a sí mismas y cómo las ven los demás son más felices. Toman decisiones más inteligentes. Tienen mejores relaciones personales y profesionales. Crían niños más maduros. Son estudiantes más inteligentes y superiores que eligen mejores carreras. Son más creativos, más seguros y mejores comunicadores".

Para lograr una mejor comprensión de nuestros valores, hábitos, debilidades y aspiraciones, necesitamos trabajar en un inventario profundo de nosotros mismos. Piensa en ello como comprender y aprender a amar a tu mejor amigo o amiga. Después de todo, ¡debemos vivir con nosotras mismas toda nuestra vida!

Conocernos mejor a nosotras mismas nos ayuda a reconocer quiénes somos en el mundo, dónde estamos, de dónde venimos y hacia dónde vamos, la búsqueda universal del sentido de la vida. También es una forma de comprender nuestros comportamientos personales y culturales, creencias y valores morales y éticos, comparar los nuestros con los de los demás y aprender unos de otros. Por ejemplo, aprender sobre las vidas de las personas que nos inspiran, sus luchas y resultados puede llevarnos a comprender nuestras propias metas y nuestra posición en la vida.

Incluso si no podemos "vivir" las historias de otras personas, podemos relacionarnos emocionalmente con ellas. Podemos sentir empatía o pueden incomodarnos, podemos encontrar puntos

---

[1]   *"Insight: Why We're Not as Self-Aware as We Think, and How Seeing Ourselves Clearly Helps Us Succeed at Work and in Life"* https://amzn.to/3YmsO7H (consultado en febrero de 2023)

en común o diferencias y hasta llegamos a comprender mejor el significado y las consecuencias de sus acciones. Otras personas también pueden lograrlo, conociendo nuestras historias, pero sólo si aprendemos a compartirlas.

Con la narración de historias, también podemos influir en quienes nos rodean. Por ejemplo, algunos padres desean que sus hijos tengan éxito y los superen con una educación más avanzada, más dinero o una carrera prometedora. Otros también aspiran a criarlos dentro de los valores de la cultura de sus antepasados y respetar sus tradiciones.

A través de anécdotas y narraciones transmitidas de generación en generación, compartimos valores familiares y tradiciones culturales con nuestros hijos, compartiendo las costumbres, el idioma, las comidas y los fundamentos de la familia. Al hacerlo, los alentamos a convertirse en el tipo de persona que aspiramos que sean, y que reconozcan al mismo tiempo sus raíces y orígenes.

Compartiendo nuestras historias con amigos y personas significativas en nuestra vida, aspiramos a encontrar una conexión emocional. A través de estas narraciones y relatando recuerdos de momentos en los que no estábamos en la vida del otro, logramos comprensión, unión e intimidad.

Finalmente, las historias también son la manera en que las sociedades transmiten sus ideologías, tradiciones y la esencia de su cultura a través de leyendas, mitos y arquetipos. Nos "enseñan" cómo comportarnos, qué es aceptable y qué está prohibido, y todos los matices de estándares y reglas, escritos y orales, explícitos e implícitos.

A través de esas historias se pueden identificar los principios y normas -explícitos o implícitos- por los que vive y muere una sociedad. También es una forma de comprender cómo se comportan las personas de una comunidad en la política, la religión, el lugar de trabajo, los negocios o en la intimidad de sus dormitorios.

Un enfoque multicultural como punto de partida

Este trabajo es la ampliación de mi presentación "¡Habla ya! Cuenta tu historia para influir en los demás", un taller que ofrezco a líderes corporativos en ascenso, fundadores dueños de negocios y emprendedores, defensores de la comunidad y todas las personas que se posicionan como líderes que desean lograr un cambio positivo para sí mismos y para los demás. Mi primer libro, *"¡Hola, amigos! Un plan para el alcance latino,"*[2] también fue el resultado de varias presentaciones que realicé como parte de las cohortes de instructores del programa WebJunction de la Fundación Bill y Melinda Gates.

"¡Habla ya!", el taller virtual o presencial que ofrezco, ha recibido excelentes comentarios y críticas, muchos de los cuales me animaron a escribir este libro. La mayoría de sus participantes se sintieron particularmente motivados porque discutimos temas tales como estrategias para abordar la discriminación, la exclusión, el síndrome del impostor, los conflictos de liderazgo y muchos otros temas de preocupación laboral. Ello se logra desarrollando una fuerte marca personal y seleccionando las historias adecuadas para compartir.

Nunca ha habido un momento más oportuno para publicar un libro que hable contra los crecientes ataques a nuestro multiculturalismo como pueblo y nuestra diversidad como país de inmigrantes. Evitando confrontaciones innecesarias, pero tratando de encontrar puntos en común, este libro te ayudará a desarrollar tus mejores cualidades a partir de tus habilidades y valores naturales de liderazgo, honrará tus

---

2   *¡Hola, amigos! A Plan for Latino Outreach* (Latinos and Libraries Series) https://www.amazon.com/-/es/Susana-G-Baumann/dp/1591584744 (consultado en enero de 2023)

atributos culturales, te dará herramientas para defender tus puntos de vista. Finalmente, te ayudará a superar miedos y dudas con el poder de la narración.

A medida que la diversidad se expande en los Estados Unidos -y en el mundo-, las brechas étnicas, culturales, de género y de capacidades se amplían en el lugar de trabajo y la comunidad. La tensión causada entre las fuerzas que se resisten al cambio y aquellas que lo impulsan se pueden abordar con historias que nos enseñen, inspiren y nos unan.

Y es muy posible que estas poderosas historias estén en tu vida, esperando ser descubiertas. En este enfoque multicultural de la narración, te alentamos a encontrar tus mejores valores, rasgos de carácter, atributos culturales y habilidades de liderazgo para forjar las historias que son importantes para ti y te hacen única. Con estas herramientas podrás conquistar tus mejores deseos.

En la Parte I. Encuentra tu Voz, mi objetivo es guiarte de una manera entretenida pero productiva para que descubras quién eres y liberes el poder de tu marca personal. En la Parte II, Los Elementos de tu Historia, analizaremos los elementos esenciales de la narración que deben estar presentes para atraer a tu audiencia y lograr los mejores resultados: influir en aquellas personas que son importantes para ti.

El último capítulo incluye "Cómo crear tu marca personal: Una guía de autoconciencia", una plantilla para ayudarte a reflexionar y practicar todas estas herramientas. Te ayudará a encontrar tus mejores cualidades y al mismo tiempo a reforzar algunas debilidades que percibes. Espero que vuelvas a este capítulo repetidamente cuando necesites recordar quién eres realmente, tus mejores cualidades, cuando busques aliento y apoyo, o necesites profundizar tu comprensión de algunos de tus comportamientos. También puedes descargar el formato PDF en nuestro sitio web: https://susanagbaumann.com.

Así como una fantástica variedad de rostros humanos es el resultado de la presión evolutiva para hacer que cada uno de nosotros sea único y fácilmente reconocible, nuestras vidas también son extraordinarias y pueden plasmarse en historias poderosas. Espero que este libro se convierta en una herramienta útil que te ayude a destacar la tuya a través de la narración.

PARTE 1
CREA TU MARCA PERSONAL: ENCUENTRA TU VOZ

CAPÍTULO 1:

POR QUÉ ES IMPORTANTE CONTAR HISTORIAS

"Lo más sorprendente para mí es que cada persona que ve una película, no necesariamente una de mis películas, trae toda una serie de experiencias únicas, pero a través de una manipulación cuidadosa y una buena narración, puedes lograr que todos aplaudan al mismo tiempo, tal vez rían al mismo tiempo y tengan miedo al mismo tiempo".

- Steven Spielberg, cineasta

La necesidad humana de conectarse emocionalmente a través de la narración es ancestral, pero la tecnología ha fortalecido aún más este afán por las historias. La "era digital" produjo una aceleración de la tecnología de la comunicación y el comienzo de la Era de la Información, que ya abarca más de 80 años -desde finales de los años cincuenta.

Hemos sido testigos de cambios tremendos en los medios de comunicación masiva que han transformado la manera en que las audiencias producen y reciben historias. La mayor velocidad del ancho de banda digital ha permitido a los medios de comunicación transmitir en vivo, con contenido y alcance a nivel mundial.

Redes sociales y narración de historias

Los canales de redes sociales, además, han ampliado la participación de la audiencia digital. Estados Unidos tiene 302,35 millones de usuarios de redes sociales, lo que significa que el 90% de la población total de EE. UU. las utiliza activamente. En 2023, habrá 4.900 millones de usuarios de redes sociales en el mundo.[3]

Con este alcance extendido y una enorme audiencia, la oportunidad de utilizar un pequeño dispositivo para llegar a este público se ha convertido a la vez en una herramienta y un arma. Las historias se cuentan en unas pocas docenas de caracteres, en segundos. Los narradores tienen una breve ventana de oportunidad para conectarse emocionalmente con su audiencia.

En el mejor de los casos, la narración en las redes sociales tiene como objetivo inspirar, involucrar, motivar o celebrar a alguien o algo. En el peor de los casos, las historias se utilizan para moralizar, tratar de manipularnos, provocarnos miedo, náuseas o hacernos sentir culpables, asustados o inseguros. Todo el contenido está diseñado para impulsarnos a actuar: compra, provoca, vota, ama, odia.

El intenso contenido emocional de estas historias, proliferadas por la tecnología, nos entumece cada vez más -como niños jugando videojuegos violentos- o nos vuelve extremadamente reactivos -sin poder mantener un dialogo civilizado o escuchar lo que dicen los demás. La audiencia necesita más y más incentivos para advertir las historias "virales" porque su capacidad de atención es cada vez más corta.

---

3   Social Media Users — How Many People Use Social Media In 2023 https://www.demandsage. com/social-media-users/ (consultado en febrero de 2023)

Los grandes narradores aprovechan la multiplicidad de canales, esta oportunidad multidimensional para compartir contenido a través de varios canales o plataformas de medios, migrando de uno a otro. El desafío es adaptar la narración a todos estos formatos diferentes manteniendo la esencia y la intención del mensaje.

Por otro lado, la globalización de los contenidos digitales ha traspasado las fronteras culturales y nacionales, obligando a los narradores a sumergirse en nuevas perspectivas culturales para adecuar el mensaje a una audiencia multicultural masiva. Hemos alcanzado una nueva frontera en la comunicación y hemos encontrado nuevas formas para que las sociedades dominantes expandan aún más su influencia a rincones distantes del mundo.

Narraciones en los medios de comunicación

Te preguntarás por qué estoy usando ejemplos de narraciones de películas y programas de televisión y tal vez no de literatura o teatro clásicos. En primer lugar, soy una fanática del cine y amo, amo las películas. Como consultora de marketing y comunicación durante muchos años, he notado la evolución de los mensajes de la sociedad reflejados en películas y programas de televisión. Desde besos inocentes hasta desnudos y sexo explícito, desde historias de guerra hasta Star Wars, de robos a caballo a bancos del oeste hasta corrupción ejecutiva en los grandes rascacielos, las historias continúan reflejando la evolución de los mensajes que la sociedad nos envía.

Sin embargo, los medios de comunicación te ayudarán a explorar tu propia historia por estas otras razones:

Tienes amplio acceso a los medios de comunicación: hay un gran aumento en el uso de los medios de comunicación. Es posible que hayas visto las películas o series de televisión que menciono en estos capítulos, pero si no lo has hecho, tienes la oportunidad, si así lo deseas, de acceder a ellas en medios masivos (*streaming* o reposiciones).

Los medios de comunicación influyen en la opinión pública: Los medios de comunicación son uno de los *influencers* de opinión pública más relevantes de todos los tiempos.[4] Las empresas de medios se han convertido en creadores de contenidos, narradores e intérpretes de información. Piensa por un momento, ¿qué historias has visto últimamente que todavía están grabadas en tu mente? ¿Qué películas o programas de televisión te han conmovido, inspirado o hecho reír? ¿Cuál te hizo reflexionar sobre determinados temas, laborales, familiares o de relaciones personales?

Los medios de comunicación masivos también son un agente de socialización: Los expertos en opinión ingresan a los hogares y a las mentes de las personas todos los días a través de una amplia gama de canales mediáticos, como programas de televisión, películas, radio, periódicos, redes sociales, anuncios y otros. ¿Cuáles son tus medios o redes sociales preferidos? ¿Y cuáles son los que odias o rechazas?

Los medios de comunicación son la manera que tiene la sociedad para decirnos quiénes debemos ser al retratar historias con diferentes características, significados e intenciones. Pueden promover estereotipos de roles de género específicos, implicar qué protocolos sociales son adecuados, tolerables o punibles, o definir qué actos de violencia, adicciones o perversiones son aceptables o inaceptables en una sociedad. ¿Te ves reflejada en esas imágenes o estereotipos cuando ves un programa o una película? ¿Cómo te hacen sentir algunas representaciones de personas o situaciones? ¿Sientes aceptación, rechazo o indiferencia?

---

4   Mass media, Encyclopedia Britannica https://www.britannica.com/topic/public-opinion/Public-opinion-and-government (consultado en febrero de 2023)

Los medios de comunicación también ofrecen la mejor manera de escuchar socialmente: Las personas interactúan con comentarios, imágenes, preferencias y comportamientos en los medios de comunicación. Podemos inferir valores, rastrear el estilo y la frecuencia del comportamiento, analizar preferencias y anticipar respuestas a través de sus opiniones. Según Hootsuite, la escucha social es "... un componente clave de la investigación de audiencia. Te estás perdiendo información valiosa si no tienes una estrategia de escucha social".[5] ¿Qué piensan tus clientes sobre ti o tu marca? ¿Qué dicen sobre tus competidores? ¿Son esas tus preferencias, valores o comportamientos exactos? ¿Cómo les respondes? Analizaremos algunos ejemplos en los próximos capítulos.

Toda esta cháchara dentro de un entorno excesivamente ruidoso exige historias convincentes e inolvidables que se destaquen entre la multitud y alcancen su objetivo. Ya sea compitiendo por negocios o por empleos, por afecto personal o lealtad a una marca, quienes dominen el arte de la narración marcarán una diferencia. En consecuencia, puedes optar por seguir siendo una flor en el empapelado de la pared o puedes sumergirte en el arte de la narración para aprender las muchas formas en que tus historias pueden contarse.

Un fragmento memorable, una imagen en movimiento o una emoción intensa, transmitida a tiempo, te darán la ventaja de ser reconocida como alguien que influye en los demás y los alienta a actuar. Las ideas y herramientas que comparto en los siguientes capítulos te ayudarán a dominar la esencia de tu historia para acercarte más a tu propósito personal o profesional.

---

5   Hootsuite – "What is Social Listening, Why it Matters, and 10 Tools to Make it Easier"– https://blog.hootuite.com/social-listening-business/#whatis (consultado en junio de 2020)

Nuestro cerebro, la mejor ayuda en la narración

Según algunos enfoques científicos experimentales, "cuando nos cuentan una historia, se liberan en el cerebro sustancias químicas como el cortisol, la dopamina y la oxitocina".[6] Estos químicos parecen reaccionar para ayudarnos a traer recuerdos -cortisol-, crear una respuesta emocional -dopamina- o sentir empatía y conexión con los demás -en el caso de la oxitocina.

Estos hallazgos aún son objeto de debate, pero al escuchar o ver una buena historia, inconscientemente nos relacionamos con experiencias y situaciones pasadas que nos hacen sentir parte de ella.

Nuestros cerebros nos ayudan a construir una historia. Las imágenes, emociones y circunstancias almacenadas en nuestra memoria reconstruyen toda la experiencia del pasado y nos ayudan a crear una versión de esa experiencia presente. Trataré de ilustrarlo con este ejemplo.

Hace un par de años, vi "Los dos papas", una película producida por el gigante de medios Netflix sobre un encuentro semi-ficticio entre el Papa Francisco II y el Papa Benedicto XVI. Casualmente, mientras terminaba este libro, me enteré en los medios de comunicación sobre la muerte del Papa Benedicto XVI.

Siendo de Argentina, me atrajo ver el film a pesar de que no soy profundamente religiosa. La narración fue conmovedora, la producción impecable y la actuación convincente.

El Papa Francisco es una figura controvertida por sus opiniones políticas y filosóficas, no sólo en el Vaticano sino también en

---

6   The Science Behind The Art Of Storytelling, by Lani Peterson, Harvard Business Corporate Learning https://www.harvardbusiness.org/the-science-behind-the-art-of-storytelling/ (consultado en enero de 2021)

Argentina. Rompió muchos techos de cristal con su papado: es el primer Papa miembro de la Compañía de Jesús (jesuitas), el primero del hemisferio sur y América Latina, y el primer Papa no europeo desde el siglo VIII.

Vivió una vida ordinaria y trabajó en labores comunes antes de unirse al sacerdocio. Después de ingresar a la orden, de 1973 a 1979, durante las dictaduras militares en Argentina, se convirtió en jefe de los jesuitas y en arzobispo de Buenos Aires en 1998. Dirigió la iglesia argentina entonces como cardenal. Tuvo desacuerdos políticos con varios gobiernos argentinos, pero se hizo inmensamente popular entre la gente común por su austeridad y dedicación a las masas. Ya se han filmado tres películas sobre este Papa, que yo sepa, que solo han sido superadas por la popularidad de los Borgia y su reinado de terror.

Recientemente tuve el privilegio de verlo a corta distancia en Roma. Fue un momento muy conmovedor. La caravana desfiló a lo largo de miles de personas reunidas para ver al Pontífice, con la imponente Plaza de San Pedro como gran escenario.

Objetivamente, sólo vi a un hombre mayor vestido con ropa blanca saludando a la gente. Entonces, ¿a qué se debe esa fascinación?

De pie en el Vaticano frente al Papa Francisco, mi cerebro procesa mis años de infancia en nuestra iglesia católica local. Disfrutábamos de un estilo de vida familiar de clase media en los suburbios de Rosario, en la provincia de Santa Fe. Mi hermana y yo asistíamos a la iglesia e incluso creo que cantamos en el coro algunas veces. Eran tiempos felices.

Mis abuelos por parte de mi madre eran todos italianos que llegaron a la Argentina desde las regiones de Lombardía y Piamonte a finales del siglo XIX. Mi madre era la tercera de una familia de cuatro hermanos, un espíritu creativo que amaba las artes y se recibió de profesora de pintura y dibujo. Conoció a mi padre en Rosario y pronto se casaron. Pero la tragedia golpeó a mi joven familia cuando mi madre murió en un accidente de incendio doméstico mientras llevaba un embarazo de cinco meses. Yo tenía sólo 14 meses y mi hermana seis años.

Desolado, mi padre se fue a vivir con su madre, mi abuela Ana, matrona polaca viuda de un granjero suizo-alemán, todos inmigrantes, y sus dos hermanas solteras, Frida e Ida. Estas dos mujeres nos criaron como sus propias hijas y no hay día en que no las extrañe todavía.

Bajo el angustioso impacto de la muerte de mi madre, nuestra educación fue católica, a pesar de una mezcla de creencias religiosas entre mis abuelos suizos y polacos. Mi abuela Lucía, la italiana, era devota del Papa y de su fe católica. Solía tener una imagen del Papa Pío XII y un crucifijo encima de su cama; recuerdo que, de pequeña, las imágenes me parecían a la vez fascinantes y aterradoras.

Todo este trasfondo emocional estaba presente, aunque no conscientemente, cuando vi pasar al Papa argentino. La "historia", ver al Papa y sentir las emociones, se volvió genuina y creíble gracias a mis experiencias pasadas y a mi inmersión en la fe cuando era niña.

Debido a que por mis venas corre sangre de inmigrantes, en 1990 decidí que era mi turno y migré a los Estados Unidos, una historia que continuaremos más adelante en este libro.

¿Es real o ficticia?

Mi fascinación por el Papa Francisco me incitó a ver la película, una visión de un posible encuentro entre dos hombres poderosos. Muchas reseñas y comentarios de la audiencia se basaron en la inquietud de los espectadores que intentaban determinar si el encuentro era real o ficticio.

En verdad, esos argumentos no importan. Si recuerdas correctamente, dije: "La narración fue conmovedora, la producción impecable y la actuación convincente". A medida que el cerebro procesa una experiencia imaginada como real, las películas y novelas se reviven como historias reales en nuestra mente, especialmente si la historia está contada o interpretada de manera brillante. Al incluir en el guión solo algunos datos de la vida de ambos Papas y eventos concurrentes en Argentina y el Vaticano, el escritor Anthony McCarten[7] hace creíble una historia de ficción, resonando en nuestras propias experiencias pasadas, como las que viví en mi infancia.

Leer reseñas de películas es una excelente manera de comprender cómo las personas captan la historia en función de su experiencia multidimensional como espectadores.

Una reseña decía: "Es insultante cómo se pasó por alto el dolor y el trauma de los escándalos sexuales. Ni siquiera se menciona la corrupción y el lavado de dinero dentro del Banco del Vaticano. Buena actuación, pero esta película es una completa fantasía para que los católicos se sientan mejor consigo mismos".[8] Evidentemente, este espectador esperaba ver un documental crítico sobre la Iglesia católica y quedó decepcionado.

Muchos otros coincidieron en que la película no tenía relación con la religión, sino que informaba sobre la vida de los protagonistas, el cambio político dentro de la Iglesia Católica y sobre la Argentina. "Mostró la verdadera relación de dos seres humanos con un alto nivel

---

7   Anthony McCarten es un escritor y productor de cine conocido por "La teoría del todo" (2014), "La hora más oscura" (2017) y "Los dos papas" (2019) https://www.imdb.com/name/nm0565026/bio?ref_=nm_ov_bio_sm (consultado en enero de 2020)

8   The Two Popes https://www.rottentomatoes.com/m/the_two_popes/reviews (consultado en enero de 2020)

de importancia, comportándose como humanos. Amigos, haciendo todo lo posible para lograr un cambio en este mundo".

En verdad, estos Papas nunca fueron amigos sino adversarios; sin embargo, el cerebro conecta esencialmente emociones almacenadas con la narración de la historia y crea un resultado único para cada espectador. Algunos magnifican el trasfondo mientras que otros lo rechazan por inesperado o inverosímil. La historia les ayuda a examinar sus propias verdades y creencias, como lo hizo con las mías.

Una mezcla de recuerdos dolorosos y felices de mi infancia, y el disfrute de una historia bien narrada interpretada por dos excelentes actores, Jonathan Pryce y Anthony Hopkins, hicieron que la experiencia fuera particularmente placentera, mientras amplié mi interés en esos eventos en particular.

¿Por qué contar historias es como armar un rompecabezas?

Al comienzo, empecé a contarles sobre mi accidente automovilístico en 2014 y luego hablé de mi infancia, ocurrida hace muchos años. No tendría sentido si intentaras entender mi historia cronológicamente. Las historias utilizan el poder del cerebro para conectar brechas y ayudar al oyente a darles sentido, convirtiendo la historia en una idea y experiencia propia en el tiempo.

Las películas, los programas de televisión, las novelas y las biografías utilizan la capacidad del cerebro para cerrar espacios y recrear el tiempo y la secuencia, como piezas de un rompecabezas que debemos armar.

Esta técnica narrativa no lineal no es nueva, a pesar de lo que podamos creer. Se ha utilizado desde que se escribieron las obras de Homero en el siglo VII A.C. Las narrativas que utilizan *flashbacks* y comienzan en la mitad de la trama (del latín *in medias res*) pueden ayudar al narrador a aclarar un punto, crear imágenes específicas o intensificar un aspecto emocional particular de la narración.

Pensemos en esas historias en las que el asesinato ocurre en la primera escena, y luego comienza la reconstrucción en el tiempo y en los personajes. La mayoría de las tramas de las películas hoy en día utilizan *flashbacks* para generar tracción, haciendo retroceder la narrativa en el tiempo desde el momento presente de la historia. Algunas películas populares que han utilizado este recurso incluyen *The Shawshank Redemption*, *Big Fish*, y *Slumdog Millionaire*.

La guionista de películas Courtney Reed comparte: "¿Quién hubiera imaginado que los *flashbacks* podrían salvar una vida? En la película *Slumdog Millionaire*, Jamal Malik compite en "¿Quién quiere ser millonario?" y está a punto de responder la última pregunta; sin embargo, la película pronto refleja el momento es que Jamal está cautivo y siendo interrogado sobre cómo hizo trampa. Luego, los espectadores disfrutan de lo que se puede llamar un "*flashback* inicial", que es un *flashback* dentro de un *flashback*, probablemente algo que solo pocas películas lo hacen, la trama sigue a Jamal mientras regresa al programa de juegos donde le hacen la pregunta y luego a su infancia para mostrar [cómo] su infancia le presentó las respuestas a estas preguntas. Probablemente uno de los roles más importantes de Dev Patel, la película tiene un guión asombroso y la cinematografía realizada de manera asombrosa".[9]

¿Es la narración una forma de entender el mundo?

En las reseñas de la película "Los dos Papas" que leí, el comentario que más me llamó la atención fue uno en que el espectador "aprendió

---

9   Best Movies Told In Flashbacks https://screenrant.com/best-movies-told-in-flashbacks/ (consultado en junio de 2023)

[algo] sobre Argentina" -aunque no lo aclaró, supuse que se refería a algunas partes de la historia de ese país. La referencia de la película a la Argentina fueron solo algunas escenas que muestran la actividad religiosa del Cardenal Bergoglio -el Papa Francisco- durante su vida anterior al papado.

Esas escenas mostraban recuerdos de las atrocidades de la dictadura militar que torturó, mató y "desapareció" a miles de personas: secuestrándolas en campos de detención, ejecutándolas sin juicio previo o arrojándolas desde aviones en medio del Océano Atlántico.[10] También hay una breve descripción de sus acciones como líder de la Compañía de Jesús en Argentina, la orden de los jesuitas, que presionó a algunos sacerdotes de la orden a que tomaran decisiones de vida o muerte.[11]

En su reseña, el espectador no expresó sorpresa ni se mostró desconcertado u horrorizado por los hechos, lo que me dice que tenía alguna información previa o había oído hablar de los hechos referidos. El comentario anterior también indicó una fuerte opinión negativa sobre la iglesia católica y sus políticas internas.

Al final, ambos espectadores se dieron cuenta de que su información previa era limitada y reaccionaron en consecuencia a sus expectativas: aprendieron algo o esperaban más. A través de la narración de historias y las reacciones de otras personas ante ellas, todos podemos comprender nuevas perspectivas y cómo otras personas actúan, se comportan o se conectan con hechos o eventos.

---

10   *Nunca Más,* un informe de la CONADEP (Comisión Nacional de Desaparición de Personas) y publicado por la Universidad de Buenos Aires Casa Editorial Eudeba.

11   Muchos sacerdotes católicos en Argentina se unieron a las filas del Movimiento de Sacerdotes para el Tercer Mundo. Para información adicional: https://en.wikipedia.org/wiki/Movement_of_Priests_for_the_Third_World (consultado en junio de 2021)

¿Cómo se puede utilizar la narración selectiva?

Si la audiencia tiene alguna información previa, ampliará su visión o conocimiento y eventualmente le ayudará a formarse una opinión diferente o al menos más informada. Por ejemplo, si compartiera con mis nietas, que ahora son muy pequeñas, estas horribles historias que vivimos y sufrimos en Argentina entre 1966 (golpe militar de la llamada Revolución Argentina) y 1983 (elecciones presidenciales democráticas), probablemente ellas tendrían poca comprensión -o incluso interés- en estos hechos porque no tienen conocimiento previo de haberlo vivido o haber leído sobre ello.

Sin embargo, les hablé de mi viaje a Italia, de haber visto al Papa, e incluso les mostré un mapa de Roma. Han sido criadas en la tradición católica y estaban interesadas y encantadas, hicieron muchas preguntas y sintieron curiosidad acerca del otro idioma que se habla en ese país. La conversación también me permitió compartir con ellas historias de nuestra familia y el hecho de que sus tatarabuelos de una rama paterna nacieron en ese país.

La narración selectiva permite crear una reacción particular en tu audiencia y, en consecuencia, influir en su estado de ánimo -las chicas respondieron con interés a mi viaje a Roma, reafirmaron su fe, y añadieron información importante sobre sus antepasados.

Si bien la comunicación uno a uno te permite personalizar el mensaje, atraer a una gran audiencia desconocida es mucho más difícil. Mi conocimiento previo de la mentalidad de las niñas, su limitada visión del mundo, su edad y sus circunstancias de vida proporcionaron un terreno fértil para mi mensaje selectivo.

Sin embargo, el director del film proyectó su mensaje a una audiencia global desconocida cuyo estado emocional está influenciado por su conocimiento previo del tema, su opinión, creencias y experiencias de vida -una forma desafiante de influir en una audiencia a menos que todos los elementos de la historia sean bien elaborados. De esta manera, la película se vuelve discutible y controvertida según quién y cuándo la vea.

Una vez que termines este libro, podrás reconocer los elementos de cada historia e identificar su mensaje. También comprenderás mejor por qué algunos libros, programas de televisión y películas son más populares o exitosos que otros ya que atienden a las creencias particulares de la audiencia y crean la respuesta emocional deseada.

Las preguntas nos hacen pensar, pero las historias nos impulsan a actuar

Cada nueva idea que exploré en este capítulo la comencé con una pregunta. Es una forma que tenemos los escritores de incitar al lector a pensar en un tema específico. Sin embargo, probablemente sólo captaste la idea que intentaba transmitir a partir de la narración de eventos, puntos de vista y comentarios de mi propia vida y la de otras personas, como las reseñas de películas.

La posibilidad de meterse en la cabeza de la gente y provocar una reacción no es sólo el objetivo de escritores o productores de cine. Las narraciones han sido utilizadas por todas las iglesias o movimientos religiosos del mundo, por especialistas en marketing y publicidad, profesores y educadores, líderes políticos y comunitarios y, en última instancia, por sociedades enteras para transmitir sus culturas y tradiciones.

La evolución ha arraigado la narración en nuestros cerebros de tal manera que pensamos en forma de historias cortas, y si tienes una mente "activa" como la mía, ¡puedes crear muchas historias en tu cabeza!

Puedes cambiar un estado de ánimo específico contándote una historia diferente con pensamientos positivos que te reconforten en lugar de obsesionarte con una realidad sombría. Expresiones como "todo tiene su razón de ser" [*everything happens for a reason*] o "era su destino" [*it was meant to be*] son afirmaciones que nos ayudan a aceptar un evento que podría haber trastocado nuestras vidas de alguna manera.

Del mismo modo, puedes juzgar o justificar tus acciones diciendo una mentira que acabarás creyéndote hasta tú misma. Incluso podrías convencerte de que no te sientes culpable si eres lo suficientemente persistente. Las personas mienten a los demás para ser vistas como héroes, para ocultar la culpa o para ganar aceptación o simpatía. Si mentir se repite a menudo, se convierte en un comportamiento patológico. "Repite una mentira con suficiente frecuencia y se convierte en verdad"[12], dicho atribuido comúnmente al jefe de propaganda Nazi Joseph Goebbels, es el pilar que sustenta muchas historias en las campañas políticas y en *fake news*.

También utilizamos historias, afirmaciones, citas, o mantras para cambiar nuestro estado de ánimo. Podemos contar esas historias para influir a otros a que actúen de la manera que esperamos. Expresiones comunes como "finge hasta lograrlo" [*fake it until you make it*] o "piensa fuera de lo ordinario" [*think outside the box*] son la base de muchas historias de éxito empresarial.

---

12   Dicho atribuido frecuentemente al jefe de propaganda Nazi Joseph Goebbels. https://www.jewishvirtuallibrary.org/joseph-goebbels-on-the-quot-big-lie-quot (consultado en junio de 2023)

A raíz de estas premisas, me viene a la mente una película fantástica basada en la historia del empresario estadounidense Raymond "Ray" Kroc, "El Fundador" (*The Founder*). Esta película de 2016, dirigida por John Lee Hancock y escrita por Robert Siegel, fue protagonizada por Michael Keaton como el empresario Ray Kroc, el fundador de McDonald's Corporation.

Contrariamente a la creencia popular, Kroc no fue el fundador del concepto de restaurante de comida rápida McDonald's, sino que era un vendedor fracasado de unos 50 años que fingió el éxito de su visión, la franquicia, hasta que encontró una manera cruel de sacar de en medio a los fundadores originales, Richard y Maurice McDonald. de su propio negocio. Recomiendo ver esta película ya que tiene varios mensajes ambivalentes. Te brindará una amplia oportunidad de poner a prueba tus valores de liderazgo, un tema que exploraremos en un capítulo posterior.

Otra prueba de cómo podemos generar una reacción en la mente de otras personas es algo que ocurre comúnmente cuando interactuamos con amigos. ¿Alguna vez has tenido "esa" amiga que, cuando le cuentas algo triste o terrible que te pasó, buscando su consuelo o simpatía, te cuenta una historia diez veces peor? Nuestra narración ha "activado" una reacción de emociones negativas que se vierten en la conversación.

A pesar de su intención, ya sea intentar convertirse en "protagonista" o simplemente hacernos sentir mejor al comparar desgracias, el hecho es que nuestras palabras activaron algo en su cerebro. Uri Hasson, del Instituto Neurológico de la Universidad de Princeton [13], afirma: "Una historia es la única forma de activar partes

---

13   3 awesome ways to use storytelling in everyday life https://buffer.com/resources/science-of-storytelling-why-telling-a-story-is-the-most-powerful-way-to-activate-our-brains/ (consultado en junio de 2023)

del cerebro para que el oyente convierta la historia en su propia idea y experiencia".

Grandes historias construyen grandes marcas

Las empresas conocen y aprovechan bien esas reacciones. El éxito de "El Fundador" de McDonald's es la forma en que Kroc se basa en la historia de la visión original de los hermanos McDonald. Kroc está cautivado por dicha visión que describe al restaurante de comida rápida como el lugar donde "se reúne gente decente y sana" con "valores compartidos protegidos por la bandera estadounidense", pero Kroc lleva la historia a un nuevo nivel.

Originalmente, los arcos dorados del logo de McDonald's eran parte del diseño del edificio del restaurant. Kroc compara los arcos dorados con "una nueva iglesia donde las familias estadounidenses vienen a compartir el pan". La idea es tan audaz como casi religiosa, pero recuerda, eran los años cincuenta. El país había finalizado una guerra brutal y se había hundido en los días de la Guerra Fría durante la era presidencial de Eisenhower. Se trataba de reconstruir un país próspero y eficiente de acuerdo con los valores nacionales.

La narración de Kroc cautiva la imaginación de inversores, familias, trabajadores manuales y empresarios potenciales a quienes se les ofrece un nuevo comienzo después de la guerra: las escenas de la película muestran a Kroc reclutando en reuniones sociales a veteranos de guerra, feligreses y desempleados como posibles franquiciados.

La película es un excelente ejemplo de cómo las historias alrededor de una marca impactan significativamente la vida de los clientes. Las empresas miden, estudian y planifican una respuesta activa hacia la lealtad de marca. Las que son innovadoras utilizan una narración bien elaborada para influir en el comportamiento de los clientes e impulsarlos a actuar.

Las grandes empresas pueden transmitir su mensaje central o un par de mensajes especialmente diseñados en torno a su fundador, como la "leyenda de Steve Jobs"; alrededor de su producto, como "La misión de Google [que] es organizar la información del mundo y hacerla universalmente accesible y útil" ; o su propósito de marca, como "La misión de The Walt Disney Company [que] es entretener, informar e inspirar a personas de todo el mundo a través del poder de una narración incomparable", y muchos otros "desencadenantes de historias".

"El desencadenante es una acción (siempre debería serlo) que pone en marcha todo el argumento de la historia. Suele ser una acción que ocurre a un personaje (en general el protagonista, pero no tiene por qué serlo) y que lo obliga a actuar." [14]

Otras empresas, especialmente las startups y las que se encuentran en las primeras rondas de financiación, optan por contar sus historias en torno a sus fundadores, empleados o sus valores corporativos. Muestran la cultura, las mejores cualidades y las capacidades de la empresa. Incluso contar las historias de sus clientes -testimonios- muestra cómo el problema de un cliente se resolvió satisfactoriamente con sus productos o servicios.

Aunque no se trata de una *startup*, recientemente una historia de marca de interés periodístico ha llamado la atención de los medios. "Medio siglo después de fundar la fábrica de ropa para actividades al aire libre Patagonia, Yvon Chouinard, el excéntrico escalador

---

14   El desencadenante y su importancia en tus historias https://www.escueladeescritores.com/ masalladeorion/desencadenante/ ((consultado en Septiembre de 2023)

que se convirtió en un multimillonario renuente con su visión poco convencional del capitalismo, ha donado la empresa", informó el New York Times.[15] "La renuncia del señor Chouinard a la fortuna familiar está en consonancia con su anterior rechazo por las normas comerciales y su amor por el medio ambiente de toda la vida", concluye el artículo. La empresa ha sido transferida a un fondo fiduciario y sus ingresos se destinan a apoyar a organizaciones que luchan contra el cambio climático y por recuperar el medio ambiente. La acción es consecuente con su propósito de marca y reafirma la lealtad de sus seguidores. ¡Brillante!

Otro ejemplo, esta vez una marca basada en los testimonios de los clientes, es Airbnb. A través de esta plataforma en línea, los propietarios ofrecen sus propiedades en alquileres temporales para que los viajeros preocupados por su presupuesto se alojen en sus hogares.[16] A través de testimonios de anfitriones e invitados, la marca se construyó como una "manera confiable de viajar".

Finalmente, la tendencia reciente de los fundadores *influencers* que promueven sus marcas es el ejemplo perfecto de credibilidad basada en la celebridad de sus propietarios -como la de Jennifer López- o de *influencers* de las redes sociales, expertos externos en su nicho o industria con influencia sobre su vasta audiencia.

"López dijo que todos tienen algo único que nadie más tiene, y ella aprendió a promover sus habilidades", informó un artículo en

---

15   Billionaire No More: Patagonia Founder Gives Away the Company https://www.nytimes.com/2022/09/14/climate/patagonia-climate-philanthropy-chouinard.html (consultado en enero de 2023)

16   A partir de esta idea original, el sitio ha crecido hasta convertirse en un nuevo modelo de negocio en el que muchos hoteles también ofrecen habitaciones en alquiler a través del sitio. (NA)

CNBC.com.[17] "Soy un recurso raro de encontrar: alguien que es una creadora, artista y emprendedora comprobada que realmente puede conectarse con la gente", dijo. "Lo valoro y trato de usarlo de la mejor manera que puedo".

Los *influencers* de las redes sociales, aquellos con conocimientos especializados, millones de seguidores o con noción de un tema específico, son plataformas de lanzamiento positivas para las marcas que buscan establecer credibilidad a través de sus narraciones. "El 85% de los especialistas en marketing participaron en el marketing de *influencers* en 2017 y el 92% dijo que sus campañas fueron efectivas. Un *influencer* ayuda a las empresas en el 'marketing de *influencers*', una forma de publicidad que genera autoridad de marca sobre la base de la reputación de otra persona", dice SproutSocial.[18]

¿Qué hace que alguien sea un gran *influencer*? "Cuando se trata de redes sociales", dice Hootsuite,[19] "los principales *influencers* han descifrado el código. Ganan miles o incluso millones [de dólares] al año por compartir contenido de marca con su audiencia. ¿Esta capacidad de convertir el contenido en dinero es efectivo? Francamente, creemos que es el éxito social en su máxima expresión".

Estas historias cautivan la imaginación de los consumidores y crean lealtad de marca. Hay que enfatizar que las empresas gastan grandes presupuestos de marketing para conectarse emocionalmente con sus clientes e involucrarlos en acciones específicas. Cuando las

---

17   Jennifer Lopez on strategically building her multi-industry business empire: 'It's about being the scarce asset' https://www.cnbc.com/2021/09/23/jennifer-lopez-on-building-a-business-empire-i-am-the-scarce-asset.html (consultado en enero de 2023)

18   Influencer https://sproutsocial.com/glossary/influencer/ (consultado en enero de 2023)

19   Top Influencers in 2023: Who to Watch and Why They're Great https://blog.hootuite.com/top-influencers/ (consultado en abril de 2023)

marcas se basan en valores claramente definidos, atraen a clientes leales, como en el caso de McDonald's. Es posible que estemos o no de acuerdo personalmente con esos valores, pero crean lealtad de marca.

Cuando estos valores están integrados en la marca, que es de la manera cómo funciona la narración, transmiten un mensaje que vincula a la empresa con su gente internamente -empleados- y externamente -publico o audiencia. En resumen, una buena historia comunica esos valores en diferentes jergas y formatos a audiencias diversas.

Por supuesto, que estos mecanismos también pueden usarse para engañar al público. La empresa Walmart ha corrido varias campañas publicitarias a lo largo de los años tratando de convencer al público en general que sus empleados ganan bien y tienen buenas probabilidades de escalar posiciones. Durante la pandemia de Covid-19, mientras los obligaban a continuar su trabajo de manera presencial y arriesgar su salud, los presentaban como héroes con el lema "Aquí trabajan héroes." La empresa ha recibido críticas por pagar salarios mínimos, no ofrecer beneficios, y forzar a la mayoría de sus empleados a utilizar el sistema federal de asistencia social.

En conclusión, una marca fuerte con valores humanos puede unir a empleados, clientes y público en general. Una buena historia tiene el poder de fortalecer esa marca hacia adentro y hacia afuera. Las grandes ideas cuentan grandes historias que construyen grandes marcas. ¡No pierdas la oportunidad de contar la tuya!

CAPÍTULO 2:

LA VOZ DE LA INTROSPECCIÓN

"Todo lo relacionado con el liderazgo comienza con la autorreflexión. Paso uno: si no soy autorreflexivo, ¿es posible que me conozca a mí mismo? No me parece. Segunda parte, si no me conozco, ¿es posible que me guíe a mí mismo? Lo dudo. La tercera parte es: si no puedo liderarme a mí mismo, ¿cómo puedo liderar a otros?

-Harry Kramer[20]

En la introducción y en el Capítulo 1, presenté ideas sobre el impacto de la narración en tu vida personal, carrera o negocio. También exploramos cómo funciona el cerebro para ayudarte en esa tarea. Ahora es el momento de definir tus objetivos narrativos para encontrar tu voz.

Si le preguntaras a tu familia, amigos y colegas quién eres, ¿qué dirían? Me viene a la mente el dicho "Tienes un carácter y

---

20   Harry M. Jansen Kraemer, Jr. es socio ejecutivo de Madison Dearborn Partners, una firma de capital privado con sede en Chicago, Illinois, y profesor clínico de liderazgo en la Kellogg School of Management de la Universidad Northwestern. Se unió a Christine Winoto en el Podcast de tecnología de la salud para una sesión de "Preguntas y opiniones" (Preguntas y opiniones) sobre liderazgo. https://rosenmaninstitute.org/podcasts/the-fundamentals-of-leadership/ (consultado en junio de 2023)

mil reputaciones". Cada uno de ellos podría tener una respuesta completamente diferente.

Comencemos con tu familia. Tus padres han estado contigo desde tu nacimiento. Son las personas que te conocen desde hace más tiempo -no necesariamente las que te conocen mejor. Es posible que tus padres te vean a la luz de sus expectativas, mientras que tus hijos te consideren como su referente. Tus hermanos tendrán perspectivas diferentes, ya seas mayor o menor que ellos.

Los profesores de la escuela te recordarán si eras una estudiante excepcionalmente dedicada o muy revoltosa. Tus profesores favoritos de la universidad tal vez recuerden tu participación como estudiante o tu mente inquisitiva. La forma en que te perciben tus amigos depende de cuándo o dónde los conociste, las experiencias que compartiste con ellos o de qué ámbito de la vida provienen.

Finalmente, tus compañeros de trabajo tendrán una opinión diferente sobre quién eres, tus comportamientos y tus capacidades. Es posible que tus clientes te vean a la luz del valor que les ofreces, mientras que tu jefe probablemente perciba el valor y las habilidades que aportas a la empresa.

En verdad, la combinación de estos puntos de vista es lo que te hace única. ¿Qué tipo de resultado obtendrías si los mezclaras a todos en una licuadora? ¿Qué aroma? ¿Qué color? ¿Qué sabor?

En este punto, tu "persona" es la percepción de tu imagen pública sin ninguna acción intencionada de tu parte. Puede que no sea lo que te gusta o cómo te ves a ti misma, pero por ahora es la combinación de imagen, destrezas, habilidades, personalidad y comportamientos que el resto del mundo percibe en ti. Esta NO es tu marca personal.

Si estás enfocada en otras cosas, puedes asumirla o ignorar y dejar que tu "persona" se desarrolle de forma aleatoria y desconectada más allá de tu control. ¡No te preocupes, alguien más contará tu historia de una manera malintencionada!

Sin embargo, si encuentras valor en todos los beneficios que hemos discutido hasta ahora y mantienes la vista en tus objetivos, puedes dar forma a tu marca personal, atando los cabos sueltos para representar la persona pública que deseas ser. Toma el control. Encuentra tu voz para construir tu marca personal.

Crear tu marca personal versus destacar tu marca personal

Probablemente hayas visto los términos "crear tu marca personal" (*personal brand*) y "destacar tu marca personal" (*personal branding*) utilizados indistintamente. Sin embargo, exploraremos la creación de tu marca personal como un proceso interno y cómo destacar tu marca personal como una misión externa. Mientras que en la Parte I de este libro examinamos aspectos de tu vida, circunstancias y experiencias para construir tu marca personal, en la Parte II te brindamos los elementos para contar tus historias y diferenciarte de otras personas. Esa será tu manera de destacar tu marca personal.

Hasta ahora, hemos visto que tu personalidad pública es como te percibe el mundo. Pero ¿qué sucede cuando no estás satisfecha con la forma en que tu personalidad pública se presenta frente a los demás? Te sientes invisible, una entre la multitud, que no destacas. ¿Qué hacer? ¿Qué hacer?

Pensemos brevemente en la película "Los dos papas". Muestra dos marcas personales distintivas. Por un lado, un Papa conservador, respetado pero impopular, estricto y apegado a las tradiciones de la Iglesia. Por el otro, un "defensor de los pobres, los débiles y los rechazados".

Recordemos que después de Juan Pablo II, la Iglesia atravesaba un fuerte debate interno sobre la necesidad de liberalización y reforma. Bergoglio y Ratzinger representaban lados opuestos de este debate. Ratzinger fue quien continuó la dura línea de tradición y exclusión de la iglesia. "Sólo una verdad eterna e inmutable" era su lema, como se cita en la película.

Ahora imaginemos esto: el Cardenal Bergoglio es presentado en el Buenos Aires de 2005, en el momento de la muerte del Papa Juan Pablo II. Se lo ve hablando con un grupo grande de personas en un vecindario pobre, parado frente a un altar en un espacio abierto, contando historias en lenguaje sencillo, usando humor y bromeando sobre el fútbol, un deporte idolatrado en Argentina, para transmitir su mensaje. Un "hombre del pueblo" aporta una visión progresista al Vaticano.

¿Cómo proyecta la película sus marcas personales? Cada uno comparte su historia personal: uno, un niño solitario que se esconde detrás de sus libros y su orgullo, aislándose a sí mismo y a su credo para proyectar autoridad y sostener la pureza de la fe. El otro, un hombre común, expuesto a las tentaciones, al miedo, a la duda e incluso a la cobardía, encuentra penitencia y contrición en el servicio a los pobres y enfermos. En sus vulnerabilidades, encuentran puntos en común.

Tal como se muestra en esta película, las historias sobre tu trayectoria, vulnerabilidades y mejores cualidades definen tu marca personal. Pero debes controlar la narrativa mientras seleccionas el mensaje que deseas transmitir y que revela mejor tu marca personal. El mensaje lo eliges tú, no dejes que otros lo decidan por ti.

Tu marca personal es una mezcla de tu imagen, apariencia física y comportamiento; tus comportamientos, incluida su ética, moral y valores; tu personalidad, pensamientos, experiencias y patrones emocionales; tus habilidades, educación formal o informal, experiencia, conocimientos generales o específicos en su industria; y tu experiencia, la exposición a diversas circunstancias y el efecto de aprendizaje que podrían haber tenido en ti.

¿Habrías encontrado algunos puntos en común si hubieras registrado las opiniones de tu familia, amigos y colegas? Por ejemplo, ¿la mayoría habría dicho que eres una persona ética en muchos sentidos, que siempre eres honesta, tienes integridad, eres confiable, distingues el bien del mal y asumes la responsabilidad de tus acciones? ¿Estarían de acuerdo el 80 por ciento de ellos, o sólo el 50 por ciento? ¿Qué diría el otro 50 por ciento?

¿Tienes un comportamiento diferente en el ámbito público y en tu vida privada? ¿Las opiniones de tus entrevistados diferirían si los conocieras como amigos o colegas? ¿O si te conocieron entonces, en la universidad o ahora como madre?

¿Hay coherencia entre esas opiniones? ¿Han cambiado con el tiempo? ¿Las opiniones son más favorables a tus objetivos entonces o ahora? Comienza a prestar atención a cómo te perciben los demás en conversaciones casuales, con preguntas indirectas, notando cómo estás incluida o excluida de ciertas situaciones o iniciativas: en el trabajo, como madre en actividades escolares, en la iglesia o en la comunidad.

Te sugiero que registres tu progreso y tus descubrimientos. Llevar un registro oral o escrito es muy productivo porque tener toda la información en nuestra mente sólo ocupa espacio innecesario. Además, tendemos a olvidar detalles y observaciones. Puedes escribir o grabar, lo que mejor se adapte a tu personalidad. Es una hermosa oportunidad para volver atrás y reflexionar sobre todos esos "momentos eureka" (*aha moments*) en los que te das cuenta de algo sobre ti misma de lo que no eras consciente.

Ahora ya estás en el asiento de la conductora. Puedes trabajar en tu marca personal de la forma que elijas para presentarte al mundo. Recuerda: esta es una zona libre de juicios. Tú y solo tú puedes evaluar los cambios y avances en tu progreso y tu marca personal.

En los siguientes capítulos encontrarás herramientas, conceptos y ejemplos paso a paso para ilustrarlos. Recuerda que al final de este libro hay una plantilla que puedes seguir, la "Guía de autoconciencia" que te ayudará a construir tu marca personal.

¡No puedes salir de casa sin ella (tu marca personal)!

Los líderes con marcas personales sólidas las llevan consigo en la vida, en el trabajo e incluso en situaciones casuales. Para ilustrar este punto, he seleccionado cuatro ejemplos de personas con marcas personales sólidas que quizás conozcas. Es posible que no hayan trabajado explícitamente en la construcción del enunciado de su marca personal, un concepto que exploraremos en breve. Aun así, sus personalidades, habilidades de liderazgo y acciones son tan fuertes que son fácilmente reconocibles. Encontramos sus marcas personales reflejadas en entrevistas en los medios o en sus propios escritos.

Nuestro primer ejemplo es Tony Robbins, un orador motivacional, empresario, autor de *best-sellers* y filántropo de renombre mundial. En su sitio web, Tony utiliza el lema "Una vida dedicada a ayudar a personas y empresas a tener éxito". Su marca personal se basa en valores de liderazgo compasivo y solidario, que comparte en sus sesiones de capacitación mientras expande sus enseñanzas e iniciativas filantrópicas en todo el mundo.

Robbins cree que es necesaria una experiencia de aprendizaje de por vida para lograr un éxito extraordinario. Su historia lo llevó a alcanzar un éxito inimaginable desde su origen arduo y humilde. Luego acepta su misión de "cambiar vidas en todas partes. Creamos avances y despertamos el espíritu humano en todos", afirma. Su historia se hace más creíble a medida que aplica estos principios a su propio éxito y luego al éxito de miles de personas que han trabajado con él.

Otra celebridad televisiva muy conocida y una de las personas de mayor fortuna en el mundo, Oprah Winfrey, es la creadora y fundadora de Oprah Winfrey Network (OWN). Oprah elige su marca personal en función de su personalidad o sus habilidades. Probablemente hayas escuchado su historia, una historia de gran éxito, pero de gran lucha, no solo personalmente en su carrera sino también con su peso, lo que la hace muy identificable con muchas mujeres y hombres que lidian con el mismo problema.

Expresó que su expectativa en la vida era ser maestra. "...Ser conocida por inspirar a mis alumnos a ser más de lo que pensaban que podían llegar a ser". En un número de la revista O, Winfrey recuerda haber visto a su abuela batir mantequilla y lavar ropa en una olla de hierro fundido en el jardín. Una vocecita dentro de ella le dijo que su vida sería más que tender ropa en un tendedero. Con el tiempo se dio cuenta de que quería ser maestra, pero "nunca imaginé que aparecería en la televisión", Oprah así lo describe.[21]

La construcción de su marca personal para la jueza Sonia Sotomayor, la primera latina en llegar a la Corte Suprema de los Estados Unidos, se basa en sus creencias culturales y en lo que cree

---

21   Every Person Has a Purpose https://www.oprah.com/spirit/how-oprah-winfrey-found-her-purpose (consultado en enero 2020)

sobre sí misma y su comunidad. En una entrevista con NPR,[22] Sonia Sotomayor dijo: "Tengo la responsabilidad especial de trabajar más duro para demostrar mi valía porque soy la primera de un grupo que ha sido percibida como incapaz de hacer algo de lo que yo he tenido el beneficio de lograr".

Y agregó: "En todos los puestos en los que he estado, ha habido detractores que no creyeron que estuviera calificada o que no creyeron que podía hacer el trabajo. Y siento una responsabilidad especial de demostrarles que estaban equivocados. Creo que trabajo más duro que mucha otra gente debido a ese sentido de responsabilidad".

Finalmente incluí a Malala Yousafsai, ganadora del Premio Nobel de la Paz. Malala, una joven líder que ha moldeado sus habilidades de liderazgo a partir de sus propias experiencias, dice: "Mi deseo es que todas las niñas tengan la oportunidad de ir a la escuela, aprender y liderar. Viajo a muchos países para conocer a niñas que luchan contra la pobreza, las guerras, el matrimonio infantil y la discriminación de género para poder ir a la escuela. Malala Fund trabaja para que sus historias, como la mía, puedan ser escuchadas en todo el mundo".

Estos cuatro ejemplos son marcas personales reconocibles basadas en diferentes conjuntos de valores o habilidades. Como toda gran historia, sus historias son inspiradoras, aspiracionales y motivadoras.

Inspiradoras porque involucran nuestros sentidos y emociones. Son aspiracionales porque sus historias están impulsadas por el deseo de lograr grandes metas. Finalmente, ¡son motivadoras porque nos alientan a actuar! Todos tienen marcas personales sólidas y reconocibles construidas a partir de sus historias y experiencias personales.

---

22   As A Latina, Sonia Sotomayor Says, 'You Have To Work Harder' (http://www.npr. org/2014/01/13/262067546/as-a-latina-sonia-sotomayor-says-you-have-to-work-harder) (consultado en enero de 2020)

Ahora estás pensando: "¿Qué pasa si no tengo una historia tan genial? ¿Qué pasa si mi vida ha sido lineal, sin incidentes y aburrida y no he alcanzado la gloria ni el éxito? ¿Cómo puedo construir mi propia marca personal reconocible?

Recuerda el proverbio chino: "Un viaje de mil millas comienza con el primer paso". Estos líderes también tuvieron luchas y dificultades que superar. Ellos también crearon su propio camino hacia el éxito y, con trabajo y constancia, también puedes hacerlo. Comencemos por trabajar en cómo encontrar tu voz.

Encuentra tu voz

Los escritores de novelas, narradores de historias, *podcasters* y oradores públicos solo encuentran su voz una vez que se comprenden mejor a sí mismos y saben lo que quieren decir. En los negocios y en el trabajo, los líderes también necesitan encontrar su propia voz. Mientras discutíamos los ejemplos de marcas personales, esas cuatro personalidades tenían una sólida comprensión de sus luchas y de lo que tenían que hacer para lograr sus objetivos.

Ya establecimos que tu marca personal es una mezcla de tu imagen, apariencia física y comportamiento; tus comportamientos, incluida tu ética, moral y valores; tu personalidad, pensamientos, experiencias y patrones emocionales; tus habilidades, educación formal o informal, experiencia, conocimientos generales o específicos en tu industria; y tu experiencia, la exposición a varias circunstancias y el efecto de aprendizaje que podrían haber tenido en ti.

Pero ¿cómo pueden expresarse todos estos elementos de una manera que se pueda comunicar fácilmente? Por un lado, tus historias deben proyectar tu marca personal. Pero necesitas una plataforma de lanzamiento, un enunciado de tu marca personal.

Entonces, ¿qué es un enunciado de marca personal? Lo defino como un resumen o una conclusión enfocada en tus elecciones de vida, experiencias y objetivos expresados en unas pocas palabras o párrafos. Descubrirás que este enunciado puede cambiar porque tu marca personal evolucionará con el tiempo, así como tus circunstancias y experiencias de vida.

Veamos, por ejemplo, la bibliografía de Tony Robbins como ejemplo de cómo ha cambiado el enfoque de su marca personal a lo largo de los años. Robbins tituló su primer libro publicado en 1986, "Poder ilimitado: la nueva ciencia del logro personal", con especial atención a la reprogramación de la mente, la salud y la energía, las relaciones interpersonales, la comunicación excepcional, el éxito, la riqueza y la felicidad.

Si bien continúa presentando su libro "Pasos de gigante", escrito en 1994, como "una fuente de inspiración y acción", su libro de 2017, "Inquebrantable" (*Unshakeable*), comienza con la pregunta: "¿Cómo te sentirías al saber en tu mente, en tu corazón y en lo más profundo de tu alma que siempre serás próspero?"

Sus últimos libros están más dirigidos a tomar el control de las finanzas, mostrando un cambio definitivo en el enfoque de su marca personal. Sólo algunos de ellos son:

- *Unlimited Power* (Poder ilimitado) (1986). Free Press.

- *Awaken the Giant Within* (Despierta al gigante interior) (1991). Free Press.

- *Giant Steps* (Pasos gigantes) (1994). Touchstone.

- *Money: Master the Game* (Dinero: Domina el juego) (2014). Simon & Schuster.

- En coautoría con Peter Mallouk (2017). *Unshakeable: Your Financial Freedom Playbook*. (Inquebrantable: tu manual de libertad financiera) Simon & Schuster.

Aunque su marca personal como coach y capacitador continúa motivando e inspirando a millones de personas, su enfoque ha cambiado y toma el control de las finanzas como una fuente de poder personal. Ahora, independientemente de lo que tú o yo pensemos sobre este cambio de dirección o la razón por la que cambió su enfoque, su marca personal continúa proyectando al coach, capacitador, inspirador y filántropo que es, con adoradores y detractores en todo el mundo.

Trabaja en el enunciado de tu marca personal

Para que puedas comenzar a trabajar en el enunciado de tu marca personal, debemos reflexionar un poco en el núcleo de la autoconciencia: analizar valores, rasgos de personalidad, atributos culturales y habilidades de liderazgo. También necesitamos hablar de cualidades, debilidades y desafíos; y cómo desarrollar tus mejores cualidades o manejar las debilidades y desafíos que crees tener. ¡Y todo esto se articulará como una receta de éxito para alcanzar tus logros!

Nuevamente, te recuerdo que al final de este libro, en el último capítulo, encontrarás "Cómo crear tu marca personal: Una guía de autoconciencia", una plantilla para trabajar por tu cuenta y a tu propio ritmo, reflexionando sobre algunas de estas ideas. También puedes descargarla en nuestra página web https://susanagbaumann.com.

Te sugiero que utilices tu guía y respondas a las indicaciones con el método de "flujo de conciencia"[23], aquellos pensamientos

---

23   La escritura en flujo de conciencia se refiere a una técnica narrativa en la que los pensamientos y emociones de un narrador o personaje se escriben de manera que un lector pueda rastrear el estado mental fluido de estos personajes. https://www.masterclass.com/articles/writing-101-what-is-stream-of-consciousness-writing-learn-about-stream-of-consciousness-in-literature-with-examples (consultado en enero de 2020)

y sentimientos de asociación libre que pasan por tu mente cuando sigues las indicaciones. Recuerda, lo que te venga primero a la mente, eso es lo que escribes. Toma o graba notas, notas rápidas. No necesitas frases largas, sólo notas breves.

Encuentra tu voz en tus valores

Anteriormente analizamos las marcas personales de personajes famosos. Ahora, descubriremos tu enunciado central en función de tus valores personales, rasgos de carácter, atributos culturales o habilidades de liderazgo. También puedes encontrar tu enunciado central en una combinación de estos principios.

Comencemos con una lista seleccionada de valores personales, esos principios rectores por los que vivimos y que no son negociables en ninguna situación. En este caso, he seleccionado una lista de valores fundamentales del Programa de Liderazgo MasonLeads de la Universidad George Mason.[24] Si prefieres trabajar con un valor importante para ti que no está incluido en esta lista, no dudes en hacerlo.

1. **Servicio**: Un compromiso que se extiende más allá del propio interés; humildad personal por el bien de una causa mayor.

2. **Respeto**: Autorrespeto y respeto a los demás sin importar las diferencias; tratar a los demás con dignidad, empatía y compasión; y la capacidad de ganarse el respeto de los demás.

3. **Marcar una diferencia:** Esfuerzos personales que conducen a generar un impacto positivo en individuos, sistemas y/u organizaciones o lograr resultados positivos.

---

24   Fuente: Core Leadership Values, MasonLeads, George Mason University http://masonleads.gmu.edu/about-us/core-leadership-values/ (consultado en enero de 2020)

4. **Integridad:** valentía moral, fortaleza ética y confiabilidad; cumpliendo promesas y cumpliendo expectativas.

5. **Autenticidad:** Coherencia, congruencia y transparencia en valores, creencias y acciones; integrando valores y principios para crear una vida con sentido y contribuir al crecimiento de los demás.

6. **Valentía:** Poseer fortaleza propia para actuar con intención en nombre del bien común; tomar postura ante la adversidad; actuando con valentía al servicio de la inclusión y la justicia.

7. **Humildad:** Sentido de humildad, dignidad y conciencia de las propias limitaciones; Abierto a perspectivas diferentes a las propias.

8. **Sabiduría:** Amplia comprensión de la dinámica humana y capacidad para equilibrar los intereses de múltiples partes interesadas al tomar decisiones; puede adoptar una perspectiva a largo plazo en la toma de decisiones.[25]

¿Son algunos de estos valores importantes para ti? Llegados a este punto, reflexiona sobre estos valores -o los que hayas elegido. Por ejemplo, considera circunstancias en las que tuviste que trazar una línea porque esos valores estaban en juego. ¿Cómo reaccionaste? ¿Qué sentiste cuando tus valores estuvieron en juego?

¿Consideras la humildad uno de tus mejores rasgos? ¿Eres auténtica y transparente en todo lo que haces y en cómo conduces tu vida y tus negocios? ¿Es el respeto por ti misma y por los demás un valor fundamental de tu cultura, familia y vida laboral?

---

25   Ibidem.

Personalmente, el servicio y el propósito son esenciales para mí. Todo lo que hice y cómo construí mi empresa hace más de 20 años se basó en el servicio a mi comunidad. Cuando llegué a Estados Unidos como inmigrante en 1990, identifiqué una gran comunidad latina con pocas voces. Quise ser una de esas voces que la representara.

Después de los primeros años difíciles de adaptación a nuestra nueva vida, me di cuenta de que podía ayudar a otras personas con menos recursos a lograr sus sueños. Al ver y escuchar otras historias de inmigrantes, comprobé que nuestra familia no había sufrido tanto. Hablábamos inglés, yo era una profesional con educación universitaria, mi esposo tenía un trabajo prometedor y pronto logramos avances sustanciales.

Sin embargo, muchos inmigrantes necesitan mayor capacitación para avanzar en el mercado laboral estadounidense. Por lo general, la primera generación de inmigrantes hace grandes sacrificios para ver avanzar a sus hijos. Quieren una vida mejor para ellos y sus familias, pero eso no siempre es posible. Migran convencidos de que hay abundancia para todos en "el Norte". En muchos casos, logran un avance real sólo gracias a que tienen una óptima ética laboral y el compromiso para hacer del progreso una realidad. Pero no todo es color de rosa en el Norte.

Podría contarte historias divertidas de discriminación que toleré a lo largo de los años -encontrarás algunas en este libro-, pero la cruda realidad no es divertida. Un artículo que escribí en 2020 narra los horrores que viven los inmigrantes a diario. "Los impactantes videos publicados por Oxfam América sobre la explotación de los trabajadores latinos en granjas avícolas de todo el país pueden parecer una sorpresa para muchos estadounidenses. Aun así, este tipo de abuso se ha producido durante décadas".

"Los latinos constituyen la mayor fuerza laboral en la industria de carnes estadounidense. La mayoría de estos trabajadores hispanos son nuevos inmigrantes que tienen pocas oportunidades laborales en las zonas rurales de Estados Unidos. Aceptan trabajos que los estadounidenses no quieren, y el trabajo en granjas de carne de vacuno, cerdo o aves de corral se considera uno de los trabajos menos deseables."[26]

"El mundo dentro de una planta avícola no sólo es duro, sino también insalubre. Las condiciones plantean peligros constantes para las mujeres y hombres que trabajan allí.

"Imagínate que eres un trabajador de línea...

"Llegas a tu turno vestido con ropa voluminosa. En la mayoría de las plantas, la temperatura ronda los 40 grados F [4.5 grados centígrados]. Esto reduce el crecimiento microbiano en los cadáveres de pollo y congela a los trabajadores hasta los huesos. La Administración de Seguridad y Salud Ocupacional (OSHA) del gobierno de EE. UU. señala que las temperaturas frías exacerban los efectos nocivos de los movimientos repetitivos. Observa que esto hace que sus manos se pongan rígidas y dificulta el manejo de sus herramientas.

"La planta está llena de líquidos. Las aves producen sangre, despojos y grasa. La limpieza implica agua, cloro, detergente. A veces pasas horas en la línea parado sobre un charco de sangre.

"Tu supervisor está bajo presión para cumplir con tu cuota de producción diaria, por lo que la línea rara vez se detiene o se ralentiza.

---

26   Poultry farms and Latino workers at the forefront of COVID-19 https://latinasinbusiness. us/2020/05/23/memorial-day-latino-workers-poultry-farms/ (consultado en febrero de 2023)

"Cada trabajo en la línea se centra en una pequeña tarea, una sola parte del ave: ala, pata, pecho. Entonces repites el mismo movimiento decenas de miles de veces en cada turno. Desearía poder rotar entre diferentes trabajos en la línea para descansar los músculos, aprender nuevas habilidades y aliviar la monotonía. Los trabajadores te dicen que la empresa muchas veces rechaza estas solicitudes".[27]

Historia tras historia, escuchas sobre las desafiantes condiciones laborales y la extrema brutalidad en fábricas y granjas, donde la violación sexual o el abuso es un "requisito" cotidiano para conservar tu trabajo.[28] Los bajos salarios, la falta de protección legal y las condiciones laborales insalubres son algunas de las realidades que enfrentan los inmigrantes cuando persiguen el Sueño Americano.

La discriminación también es rampante para otras razas, informó un artículo de Forbes en 2021. "Un estudio del Centro Gallup sobre Voces Negras encontró que el 24% de los encuestados negros e hispanos informaron haber experimentado discriminación en el lugar de trabajo, mucho más que la proporción de encuestados blancos (15%).

Para los trabajadores negros e hispanos, la edad parece ser un factor notable: el 31% de los trabajadores de ambos grupos menores de 40 años dijeron que habían experimentado discriminación en el último año, casi el doble del porcentaje de los mayores de 40 años (17%)."[29]

---

27   A cruel machine that never stops running https://www.oxfamamerica.org/livesontheline/ (consultado en febrero de 2023)

28   Fuente: Poultry farms and Latino workers at the forefront of COVID-19 (https://latinasinbusiness.us/2020/05/23/memorial-day-latino-workers-poultry-farms/) and Lives on the Line (https://www.oxfamamerica.org/livesontheline/) (consultado en febrero de 2023)

29   Uno de cada cuatro trabajadores negros e hispanos ha enfrentado discriminación en el lugar de trabajo el año pasado, sugiere una encuesta https://www.forbes.com/sites/carlieporterfield/2021/01/12/one-in-four-black-hispanic-workers-have-faced-workplace-discrimination-in-past-year-poll-tuggests/?sh=574796069057 (consultado en febrero de 2023)

El racismo no discrimina entre clases sociales o capacidades laborales.

"Era el tipo de habitación en la que Janelle Coleman estaba acostumbrada a entrar, una que estaba llena de hombres blancos. Ella era la única persona negra y la única mujer.

"Ese año, en 2010, acababa de ser ascendida a vicepresidenta de una importante empresa y estaba ocupando el lugar de su predecesor, un hombre blanco, en un grupo comunitario de destacados líderes corporativos. El líder del grupo miró alrededor de la habitación y preguntó a los otros hombres blancos quién ocuparía el lugar vacante.

"Se miraron nerviosamente y le recordaron que Coleman era la nueva miembro del grupo y que por eso estaba en la sala. El líder no dijo nada y continuó con la reunión. Coleman estuvo furiosa durante las siguientes dos horas, llena de conmoción y resentimiento".[30]

En estas historias, aprendes que el género, la raza o el origen étnico, la orientación sexual, la religión, las habilidades, la edad y muchos otros aspectos de la condición humana han sido objeto de discriminación y crueldad absoluta.

Cuando me enteré de estas historias de discriminación y de maltrato, me sentí obligada a hablar del sacrificio y trabajo duro de sus protagonistas, de sus aspiraciones a una vida mejor y, al final, de su derecho a buscar su felicidad. Así nació mi primer negocio.

Años más tarde fundé la iniciativa Latinasinbusiness.us. También se basó en la defensa de inmigrantes. Esta vez el objetivo era el empoderamiento económico de las mujeres inmigrantes que veían el

---

30   'Can't let it defeat you': Black women's stories of racism faced in Corporate America Mike Wagner The Columbus Dispatch https://www.dispatch.com/in-depth/news/2020/12/03/ohio-black-women-corporate-racism-sexism/3635647001/ (consultado en febrero de 2023)

espíritu empresarial como un camino hacia la supervivencia y el éxito en los Estados Unidos. Continué con un proyecto diferente, pero sustentando los mismos valores de servicio y propósito.

Continúa trabajando en definir tus valores y pensando en situaciones en las que tuviste resultados productivos porque tus valores prevalecieron, y otras en las que no pudiste ejercer tus valores porque se te aplicaron estereotipos o etiquetas discriminatorias, y cómo pudiste superar estas barreras.

Encuentra tu voz en tu personalidad o rasgos de carácter

¡Alerta de *flashback*! Sigamos con mis recuerdos de infancia en Argentina. Después de la muerte de mi madre, mi padre volvió a vivir con su madre, mi abuela, y sus dos hermanas, como mencioné anteriormente.

En ese entonces no tenía una relación cercana con mi hermana mayor. La diferencia de cinco años era abrumadora y mi familia me veía como "rebelde, conversadora, sociable y creativa" por mi personalidad extrovertida. Al mismo tiempo, mi hermana era "seria, estudiosa, madura y reservada".

Estos mensajes familiares tuvieron consecuencias duraderas. Mi creatividad e inclinación por las bellas artes terminaron cuando mi padre me encauzó a estudiar arquitectura. Mi hermana siguió su vocación de médica. Nuestras aptitudes quedaron definidas. También participé en política durante mis años universitarios y a mi padre no lo hacía feliz. Los años 70 fueron una época tumultuosa y mi generación estaba en drogas, sexo, política o todo a la vez.

En la Argentina, esos fueron años de dictaduras militares, años de resistencia y activismo que resultaron en la pérdida de muchas vidas jóvenes. Estábamos convencidos de que podíamos construir un mundo mejor y más equitativo con libertad y justicia, y luchamos contra la imposición de un Estado militar. Mientras muchos jóvenes continuamos resistiendo mediante protestas y la difusión de ideas, otros decidieron pasar a la clandestinidad y librar la "guerra sucia".[31]

Esta imperiosa vocación de justicia continuó a lo largo de los años. Se sumó a mi interés en servir a los demás, resultando en una especie de organizadora comunitaria que finalmente encontró un terreno fértil en un país extranjero sin el imperativo familiar de ser arquitecta.

Años más tarde pude ejercer mi vocación y elegir mi actividad fuera de esa profesión. Cuando emigré a Estados Unidos, regresé a la universidad. Me enrolé en una carrera más alineada con mis valores y rasgos de personalidad: servicio a los demás, centrada en las personas, interactiva y creativa, eligiendo un oficio relacionado con la comunicación, la actividad editorial y el mercadeo.

Recuerda: sólo mirando hacia el pasado, ves las circunstancias que guiaron tu vida en una dirección particular y las acciones que tomaste para cambiar esa dirección, si incorrecta o no intencionada, hacia tu verdadera vocación o llamado.

Te invito a hacer este ejercicio. Piensa en los rasgos de carácter o personalidad por los que tus padres te elogiaron cuando eras niña. ¿Por qué te felicitaba tu familia? ¿Cuáles fueron los rasgos de

---

31   La Guerra Sucia es el nombre utilizado por la junta militar o dictadura cívico-militar de Argentina para el período de terrorismo de estado en Argentina de 1976 a 1983 como parte de la Operación Cóndor USA, durante la cual fuerzas militares y de seguridad y escuadrones de la muerte en forma de la Alianza Anticomunista Argentina (AAA o Triple A) capturaban a cualquier disidente político y a cualquiera que se creyera asociado con el socialismo, el peronismo de izquierda o movimiento Montoneros. https://en.wikipedia.org/wiki/Dirty_War (consultado en febrero de 2023)

personalidad o de carácter que siempre fueron elogiados mientras que otros fueron criticados o corregidos? ¿Cuáles fueron los mensajes que recibiste cuando eras pequeña? ¿Cómo se traducen estos rasgos en la persona que eres hoy?

Estas son algunas de mis respuestas:

1. Utilizo el humor para facilitar la comunicación e involucrar a mi audiencia.

2. Soy una persona sociable y he dedicado mi vida laboral a trabajar con una comunidad de personas a quienes quería representar o promover.

3. Me convertí en una líder y coach transformacional que quiere mejorar el mundo.

4. Me gusta comunicarme y tratar de encontrar puntos en común con mi audiencia escribiendo, hablando, capacitando, y asesorando.

5. Me destaco en el pensamiento estratégico y en la creación de una visión (marketing, educación, desarrollo de una estrategia o coaching)

6. Encuentro un propósito en todo lo que hago (educar, ayudar a las personas, ser voluntaria, crear un legado, etc.)

Te recomiendo que sigas reflexionando y ampliando cada uno de tus rasgos a tu propio ritmo. Cuanto más comprendas tu "historia de origen", mejor comprenderás dónde te encuentras parada y cómo se refleja en tu enunciado de marca personal en el presente.

Es fundamental que no te juzgues a ti misma. Estas no son características "buenas o malas". Son exactamente lo que eras cuando eras niña y, de alguna manera, te definen como la persona que eres hoy.

Siéntete libre de explorar quién eres. En una buena narración, las personas aprecian la autenticidad de lo que dices y en cómo te presentas. La introspección se refleja en tu personalidad y agregará poder a tu marca personal.

Encuentra tu voz en tus atributos culturales

La tercera forma de encontrar tu voz es reflexionar sobre tus atributos culturales. Los atributos culturales son aquellas características o cualidades que te distinguen de personas de diferente género, raza, etnia, origen, religión, orientación sexual y todas las demás etiquetas que existen en el mundo.

La idea general es que cada una de nosotras "pertenece" a un grupo de personas que comparten valores y comportamientos culturales distintivos. En los Estados Unidos --y en otros países eurocéntricos- estos valores y comportamientos culturales se consideran extraños o externos si no forman parte de los valores dominantes y, en general, están desvalorizados o son considerados "exóticos" porque pertenecen a grupos étnicos, raciales, religiosos u otros grupos históricamente marginados.

Creo que suena gracioso cuando la gente habla de "étnico"–por ejemplo, comida o ropa étnicas en los Estados Unidos. ¿Cómo se consideraría esa comida o esa ropa en China, África o la India? ¿Se considera una hamburguesa "comida étnica" en esos países?

El diccionario Merriam-Webster cita una definición arcaica de la palabra "étnico" [32] relacionada con "los gentiles o las naciones no convertidas al cristianismo: los paganos". También define étnico como "relacionado con grandes grupos de personas clasificadas según

---

32   Ethnic - Merriam-Webster Dictionary https://www.merriam-webster.com/dictionary/ethnic
(consultado en mayo de 2023)

un origen u origen racial, nacional, tribal, religioso, lingüístico o cultural común".

Esto significa que, si eres una persona blanca nacida en los Estados Unidos, también tienes atributos que te diferencian culturalmente de los demás. Tal vez no eres consciente de estas diferencias porque te sientes como un "pez en el agua". Nacer y crecer en este país te brinda ventajas que, por ejemplo, los inmigrantes no tienen, y esos atributos pueden ser parte de tu enunciado de marca personal.

Desafortunadamente, todavía existe mucho etnocentrismo[33] en los Estados Unidos -y en muchos otros países- en el que las mayorías blancas perciben y juzgan el mundo a partir de los valores y atributos culturales de su propio grupo y califican a todos los demás como extraños. Existe una tendencia a aislar a las personas que son "diferentes" por parte de la "cultura dominante".

Debido a sus puntos de vista etnocéntricos, este es un país al que le encantan las etiquetas. Al encontrar mi voz, no elegí "latina" como atributo cultural principal. Otras personas podrían "verme" como latina, pero yo no sabía que era latina hasta que llegué a este país. No soy una "latina" fuera de este país.

Cuando llegué en 1990, me etiquetaron dentro de un grupo de personas llamado hispanos o latinxs. Comparto algunos aspectos de la cultura latina, como el idioma o la religión. Pero algunas diferencias no nos califican a todos como "latinxs".

Por ejemplo, algunos amigos estadounidenses me llaman para desearme "Feliz 5 de mayo" o me preguntan qué tan picante me gusta la comida. Sigo recordándoles que no soy mexicana y que no como

---

33   Ethnocentrism https://www.oxfordbibliographies.com/display/document/obo-9780199766567/obo-9780199766567-0045.xml (consultado en febrero de 2023)

comida picante. Es innegable la gran influencia de la cultura mexicana en los Estados Unidos, pero aprendí sobre el 5 de mayo y la deliciosa comida mexicana cuando me mudé al "Norte".

Sin embargo, públicamente elijo hablar como latina y representar a mi comunidad. Aun así, no me auto-estereotipo al considerar mis atributos culturales porque ser "latina" no dice mucho sobre quién soy. Además, no estoy segura de que mi "latinidad" represente la "latinidad" de otras personas. Por eso te aconsejo que no te auto-estereotipes.

Es cierto que, como inmigrante, tengo una perspectiva diferente sobre la vida y las relaciones que la mayoría de las personas nacidas en Estados Unidos. Incluso puedo percibir cómo otros inmigrantes latinxs se comportan de manera diferente porque todos venimos de varios países, por lo que tener perspectivas diversas como inmigrante de la Argentina ha sido un factor en mis decisiones sobre la vida y el trabajo.

Además, como mujer blanca binaria, tengo una visión, opiniones y experiencias distintas sobre aspectos o temas particulares que las que podrían tener personas de otra raza, etnia u orientación de género. Ahora soy una profesional experimentada; quizás tuve una perspectiva más rebelde cuando era más joven. Ahora tengo una visión formada de mi profesión, industria y la manera en que conduzco mis negocios.

Impulsar un verdadero sentido de pertenencia en los lugares de trabajo radica en interesarnos no solo en conocernos a nosotros mismos, pero también a los demás, en cómo nos educamos para apreciar las diferencias interpersonales y culturales, y si aceptamos las oportunidades y desafíos únicos para todos los que estamos involucrados.

Ahora elige dos atributos culturales que te definan. ¿Cuáles son los más fuertes que te personalizan? ¿Cuáles son los atributos culturales que representan una ventaja para ti? Al seleccionar tus mejores atributos culturales, piensa en aquellos puntos de vista culturales que te brindan una sólida comprensión de cuestiones que otros tal vez no ven porque no tienen esos atributos. Por ejemplo, es común entre algunas culturas hablar en voz alta y con un tono entusiasta, mientras otras pueden verlo como agresivo u ofensivo, lo cual puede ser objeto de críticas o de necesidad de adaptar esos comportamientos al lugar de trabajo.

Además, te animo a que conozcas los estereotipos que prevalecen en tu lugar de trabajo y cómo abordarlos en tu beneficio. En todos los lugares de trabajo persisten los estereotipos de distinta índole, sin importar cuán diversos o inclusivos sean. Además del género, la raza o el origen étnico, los estereotipos pueden estar relacionados con la edad, la imagen o las capacidades. Asimismo, es común encontrar prejuicios sobre capacidades o destrezas físicas o mentales. Aunque pensemos que no, todos tenemos algún prejuicio en nuestro inventario mental (racismo, homofobia, misoginia, gerontofobia, disfobia, gordofobia, etc.).

Una forma de captar esos estereotipos es observar el tipo de "bromas" y chismes que circulan en la oficina y cómo reacciona la gente a esos comentarios. Toma notas mentales y tenlas presentes para observar tus propias reacciones.

Encuentra tu voz en tus habilidades de liderazgo

Hasta ahora, hemos estado trabajando en el ámbito de la conciencia personal, esos rasgos y atributos que son exclusivamente tuyos. Por último, otra forma de encontrar tu voz es considerar tus habilidades en la interacción de liderazgo, una preocupación expresada en casi todos los grupos a los que he ofrecido capacitación.

Esta forma de encontrar tu voz se basa en tu interacción con los demás o en tu conciencia social, tu capacidad de empatizar con los demás, incluidos aquellos de diversos orígenes y culturas. La conciencia social es tu percepción o capacidad para comprender a los demás sin juzgarlos, cómo y por qué se comportan de determinada manera, y cómo utilizar tus habilidades de liderazgo para involucrarlos en cooperación o colaboración.

Las habilidades de liderazgo te permiten interactuar con personas con las que interactúas de manera positiva. Es posible que tengas algunas habilidades de liderazgo naturales o algunas que hayas desarrollado a lo largo de los años. Quizás necesites ayuda con otras. He elegido algunas para reflexionar y puedes agregar las tuyas propias si es necesario.

- Mi pensamiento estratégico
- Mis habilidades comunicacionales
- Mi creatividad
- No juzgar o no ser prejuiciosa
- Ser un modelo a seguir
- Ser inclusiva
- Ser emocionalmente inteligente
- Saber motivar o empoderar a los demás
- Lidiar con situaciones o personas desafiantes
- Tener empatía
- Otras habilidades de interacción

¿Eres una persona sociable o tímida? ¿Eres creativa al explicar tu visión y te comunicas con claridad? ¿Te mantienes serena en situaciones desafiantes o críticas? ¿Puedes calmar a la gente? ¿Puedes ser emocionalmente inteligente al lidiar con las emociones de otras personas?

Considera qué habilidades en la interacción de liderazgo son tus mayores cualidades y explora en qué situaciones en particular crees que has demostrado ejercer esa habilidad de liderazgo.

También te proporciono una lista de preguntas que puedes hacerte para reflexionar sobre estos temas y ver si descubres otras habilidades naturales o algunas que hayas desarrollado a lo largo de los años. También puedes encontrar estas preguntas en el último capítulo, la Guía de autoconciencia.

1. ¿Por qué quieres ser líder?

2. ¿Qué necesitas para lograr tus objetivos de liderazgo?

3. ¿Por qué todavía no has alcanzado tus objetivos de liderazgo?

4. ¿Crees que los líderes nacen o se hacen? ¿Cuál crees que eres?

5. ¿Aún quieres liderar en alguna de estas situaciones?

    1. Te despiden de tu trabajo.

    2. Tu empresa fracasa.

    3. Toda tu industria desaparece.

    4. La organización que aspiras a liderar es dominada/fusionada/vendida a otro grupo o líder.

    5. Hay otros con las mismas aspiraciones o que apuntan a posiciones similares.

1. ¿Existen diferentes rasgos o habilidades de liderazgo por género?

2. ¿Qué rasgos o habilidades admiras en un líder binario? (¿real o ideal?)

3. ¿Qué rasgos o habilidades admiras en un líder no-binario? (¿real o ideal?)

4. ¿Tienes expectativas diferentes a la hora de criar a tus hijos según su identidad de género ?

1. En tu opinión, ¿cómo se relaciona el liderazgo con el éxito?

2. ¿Cuál es tu concepto de éxito?

3. ¿Cómo crees que un líder puede alcanzar el éxito? ¿Cuáles son tus parámetros de éxito?

Muchas personas están dispuestas a convertirse en líderes en su lugar de trabajo, industria o comunidad, pero se decepcionan ante el primer obstáculo. Un consejo estándar en la formación de liderazgo es que "los verdaderos líderes persisten en cualquier situación" y aprenden de las experiencias pasadas para estar mejor posicionados la próxima vez que surjan tales obstáculos o dificultades.

Sin embargo, seamos realistas. Muchas personas encuentran obstáculos muy diferentes relacionados con su identidad, orientación de género, raza, condición de inmigrante, creencias religiosas, habilidades o muchas otras condiciones que las hacen únicas. Es hora de hablar claramente sobre estas desigualdades que muchas de nosotras hemos sufrido o seguimos sufriendo en el espacio laboral.

Por ejemplo, en un artículo que escribí en 2022,[34] describí cómo las mujeres emprendedoras, especialmente las latinas y otras mujeres de color, están excluidas del círculo de distribución de fondos. A pesar de un desempeño de ingresos comerciales similar o incluso mejor que el de otros grupos, el porcentaje de inversión en capital de riesgo a mujeres sigue disminuyendo.

Tracy Jan, editora del Washington Post, dice: "Una revisión del Washington Post de las 50 empresas públicas más valiosas revela que los empleados de raza negra representan una fracción sorprendentemente pequeña de altos ejecutivos -y aquellos que son convocados para impulsar la inclusión a menudo tienen dificultades para lograrlo. Según el análisis, sólo el 8 por ciento de los ejecutivos de 'alta dirección' (los más altos líderes corporativos, a menudo aquellos que reportan al director ejecutivo) son de raza negra. Al menos ocho empresas (Walmart, Nvidia, Cisco, Pfizer, T-Mobile, Costco, Honeywell y Qualcomm) no incluyen ejecutivos de raza negra entre su equipo de liderazgo en diciembre [2021]".[35]

Las mujeres, las personas de color y de otras diferencias raciales, de género o de capacidad generalmente deben demostrar su valía trabajando más duro, más rápido o de manera más inteligente que muchos hombres blancos dentro del mismo ámbito. No digo que todos los hombres blancos tengan estos beneficios porque también sabemos que hay marginación entre los hombres blancos. Debes estar en el "círculo interno" para gozar de privilegios, lo cual tiene un precio pero nunca es lo mismo.

---

34   "Funding 'genderization' makes Latinas, minority women-owned businesses, big losers in 2021 revenue and funding
https://latinasinbusiness.us/2022/04/05/funding-genderization-makes-latinas-minority-women-owned-businesses-big-losers-in-2021-revenue-and-funding/ (consultado en febrero de 2023)

35   The striking race gap in corporate America https://www.washingtonpost.com/business/interactive/2021/black-executives-american-companies/ (consultado en febrero de 2023)

Si estás dentro de algunas de estas "etiquetas" que mencioné antes, probablemente hayas experimentado discriminación. Puede filtrarse sigilosamente de manera inadvertida y es posible que no te des cuenta hasta que sea demasiado tarde.

No te aprobaron para un ascenso o no obtuviste los fondos que necesitabas para tu negocio. A veces piensas que es algo personal y lo descartas. "Él me odia" o "No le agrado a ella", y tratas de lidiar con eso de la mejor manera que puedes.

Otras veces, la discriminación proviene de pares y personas de la misma "etiqueta", principalmente si has adquirido una posición de liderazgo o reconocimiento específico. Debes ser consciente de estas circunstancias mientras desarrollas tus habilidades de liderazgo y tu camino hacia tus objetivos. En una oportunidad, un "amigo" latino me acusó de que me pongo "hostil" cuando no obtengo lo que quiero en el momento en que lo quiero.

Había buscado patrocinio de una agencia de un condado para Latinasinbusiness.us y, a pesar de las promesas, me lo negaron. Me molesté y le expresé mi decepción al oficial a cargo, que también era latino.

Los camaradas hablan, así que unos días después recibí esta llamada del primer hombre latino, mi "amigo." Me llamó para felicitarme por mi cumpleaños ese día y luego me sacudió esa "recomendación". "Me han dicho que te pones hostil cuando no obtienes lo que quieres en el momento en que lo deseas". Y recomendó que debía esperar mi turno y tener paciencia para conseguir el apoyo que buscaba. Supongo que debía esperar que los poderosos se dignaran considerar la propuesta para mi creciente organización de mujeres. (Créanme, ¡no me conocen cuando me pongo hostil!)

Consideraba a esta persona un amigo y colaborador cercano y quedé tan angustiada por su agresión que no reaccioné en el momento. Recuerdo que me deseó un feliz cumpleaños al final de la conversación y solo dije: "No creo que sea un feliz cumpleaños ahora". El apoyo nunca llegó; por el contrario, fui marginada y mi organización condenada al aislamiento.

Me imagino la discriminación como una escalera en la que algunas personas se suben a posiciones más altas que otras, aun estando en el mismo círculo. Los hombres latinos también tienen "círculos de camaradería". El machismo y el patriarcado también son parte de nuestra cultura, por lo que sólo puedes esperar una reacción adversa.

No sin lamentar la pérdida de una amistad, encontré en este incidente una motivación para expandir mi iniciativa a nivel nacional. Logramos miembros y seguidores en 45 estados y varios países de América Latina.

Estoy segura de que muchas de ustedes enfrentan estos obstáculos y barreras todos los días. Las anécdotas personales, como esta que cuento, u otras que se te ocurran, son importantes para entender la discriminación y las microagresiones. Necesitamos hablar sobre estas historias que frenan nuestra confianza y debilitan nuestros sueños, y convertirlas en motivadoras de nuestro empeño.

También debemos seguir centrándonos en los resultados y los impactos en lugar de las malas actitudes e intenciones personales porque, aunque dolorosas, esas actitudes e intenciones son intangibles e invisibles, pero los resultados y los impactos son mensurables. Hablaremos más sobre este tema en el próximo capítulo.

Por ahora, te animo a que continúes trabajando para desarrollar tus mejores cualidades y convertir tus debilidades en herramientas valiosas. Te ayudarán a destacarte entre los que toman las decisiones en tu industria, los altos ejecutivos, los que proveen fuentes de financiamiento, las personas respetables de tu comunidad y las que pueden marcar una diferencia real para ayudarte a alcanzar tus metas y sueños. ¡Entonces estarás lista para construir tus redes con personas verdaderamente influyentes!

Cómo priorizar tus mejores cualidades

Ahora, te sugiero que selecciones dos valores personales no negociables: tus rasgos de carácter más vitales, tus atributos culturales más poderosos y tus dos habilidades de liderazgo predominantes. ¡Son los elementos fundamentales que más valoras en ti y debes hacerlos prevalecer!

Déjame darte algunas recomendaciones sobre cómo priorizar tus mejores cualidades:

1. Piensa en situaciones particulares en las que tus valores fueron llevados al límite. Quizás alguien te propuso una oportunidad con la que no te sentías cómoda por razones que sólo tú conoces.

2. Las mismas reflexiones sobre tus rasgos de carácter y atributos culturales. ¿Cómo te han servido mejor estos rasgos y atributos en situaciones críticas?

3. ¿Cómo reaccionan otras personas cuando ejerces tus mejores habilidades de liderazgo? ¿Te siguen? ¿Te desafían? ¿Se comprometen o se muestran indiferentes?

Si no estás segura, pregunta a personas con las que te sientas segura y en confianza. Alguien con quien tengas una buena relación en el trabajo, pero que no esté en tu cadena de mando. Diles que estás trabajando en tus habilidades y pídeles tu honesta opinión. No te ofendas por sus comentarios; escucha de verdad. Luego elige lo que más te sirva.

Recuerda esta cita: "Si no estás dispuesto a aprender, nadie podrá ayudarte. Si estás decidido a aprender, nadie podrá detenerte". (Zig Ziglar)[36]

Trabaja en tu Guía de autoconciencia -al final de este libro- y toma notas de todas estas impresiones. Comenzarás a ver un patrón o patrones de comportamiento que pronto se convertirán en un perfil más definido de tu personalidad y de tus conductas.

¡Sigue adelante! Ya estás a mitad de camino. Siéntete entusiasmada y motivada por todas las observaciones que estás descubriendo sobre ti misma y cómo estos sencillos ejercicios amplían tu autoconciencia para encontrar tu voz.

Ahora pasemos al siguiente capítulo para reflexionar sobre las debilidades (sí... esas.).

---

36   Goodreads Zig Ziglar Quotes https://www.goodreads.com/quotes/1254382-if-you-are-not-willing-to-learn-no-one-can (consultado en enero de 2023)

CAPÍTULO 3:

EVALÚA TUS DEBILIDADES

"Dices: 'Muéstrame el camino para salir de la debilidad'. Yo digo: 'La debilidad es el camino, camina por él con valentía y se convertirá en fortaleza'.

- Abhijit Naskar[37]

Hablemos de la otra cara de la moneda, las debilidades. ¿Qué son las debilidades? Son rasgos de carácter, habilidades o comportamientos que podrían afectarte negativamente en tu relación con los demás, tu desempeño laboral o tus habilidades de liderazgo. Pueden ser desafíos a nivel personal que te impidan alcanzar tu máximo potencial, por eso es fundamental reflexionar sobre ellas.

Ya sea en una entrevista de trabajo o en una ronda de inversores, cuando te preguntan sobre tus debilidades -o las de tu empresa- tu contraparte quiere saber tu nivel de autoconciencia, autenticidad y honestidad. También está buscando posibles problemas futuros y

---

[37]   Abhijit Naskar, Mártir se encuentra con el mundo: para resolver el difícil problema de la inhumanidad. https://www.amazon.com/Martyr-Meets-World-Problem-Inhumanity/dp/B08TZ9R21Q (consultado en enero de 2023)

potenciales vulnerabilidades. Y, por último, quiereentender si ves estas "debilidades" como posibilidades de crecimiento y superación personal.

Las debilidades, oportunidades para nuevas posibilidades

Cuando hablo de debilidades, menciono la cuestión de las oportunidades. Es cierto que hay algunas debilidades con las que luchamos toda nuestra vida. Sin embargo, una oportunidad es siempre una posibilidad de alcanzar un lugar mejor en la vida y en los negocios. Probablemente hayas escuchado a alguien arrepentirse por una "oportunidad perdida" o la tentación de una "oportunidad única en la vida". La palabra misma te permite imaginar nuevas posibilidades.

Por lo tanto, te animo a que percibas tus debilidades como oportunidades para derrotar tus pensamientos negativos automáticos. Estos pensamientos desencadenan emociones como frustración, ansiedad y estrés y nos empujan en la dirección equivocada. "Nunca haré esto bien" o "No logro ningún progreso".

Tus desafíos e imperfecciones son oportunidades para derrotar tus pensamientos negativos. Para mejorar y modificar tu marca personal, debes tomar conciencia de tus desafíos y trabajar para revertirlos. Una vez que cambies un comportamiento particular, otros aspectos de tu vida también mejorarán.

Supongamos que tienes un desafío en el manejo de tu tiempo. Mejorar esta parte de tu vida sin duda impactará tu desempeño laboral y te permitirá incluir actividades personales adicionales a tu rutina. Esto ayudará a equilibrar tu vida personal y laboral y te hará más feliz, más estable y segura de ti misma.

Una forma de trabajar en esto es identificar patrones de comportamiento específicos -como lo hicimos en un capítulo anterior- observando tus hábitos, pensando en las circunstancias de tu infancia y preguntando a tus amigos y familiares de confianza cómo ven tus desafíos. Una vez establecido el patrón, puedes pensar en una causa-efecto, reconociendo el momento mismo del día en el que perdiste el manejo del tiempo. ¿Estaba bajo tu control (por ejemplo, no agregar tiempo por el tráfico intenso de camino al trabajo) o fuera de tu control (tu cónyuge no pudo llevar a los niños a la escuela y tuviste que hacerlo tú)? ¿O es una cuestión cultural debido a una concepto diferente del uso del tiempo?

Mi primer trabajo en los Estados Unidos fue enseñar español a ejecutivos de empresas en una escuela de idiomas. La hora de clase era costosa y los ejecutivos estaban ansiosos por aprender. Me presentaba a clase precisamente a la hora de inicio o tal vez un par de minutos más tarde, intercambiaba una pequeña charla con mi estudiante mientras preparaba los materiales y luego comenzaba la lección. Para entonces, ya habían pasado entre cinco y diez minutos de la hora de clase.

Probablemente sugerido por algunos de los estudiantes, después de varias semanas, la propietaria y directora de la escuela de idiomas, una enérgica rubia austriaca que había inmigrado hacía muchos años, me llamó la atención. "Susana, debes llegar 15 minutos antes de que comience tu clase y lista para enseñar cuando se presente tu estudiante", dijo. En mi ingenuidad respondí: "¿Me pagan más por esos 15 minutos?" Ella respondió amablemente: "No, así es como se acostumbra en los Estados Unidos".

Cuando recuerdo este momento, me doy cuenta de que tuve suerte de que ella entendiera mi actitud y no me despidiera. Supongo que sintió compasión por una inmigrante recién llegada que luchaba con la aculturación y una comprensión diferente de cómo funciona "el reloj" en los Estados Unidos. Tuve que hacer algunos ajustes para ser puntual, e incluso solía contar esta historia en mis talleres de capacitación para que las participantes entendieran que los latinxs no llegamos tarde porque somos indolentes o malas personas. Es simplemente un concepto cultural diferente del valor del tiempo.[38]

Las sociedades policrónicas como América Latina, África, Asia y Medio Oriente perciben el tiempo como un continuo que fluye libremente y cambia según cada situación. La multitarea, las interrupciones y la charla casual son una parte natural de la vida, como lo hacía durante los primeros cinco a diez minutos de la clase.

Cuando explicaba esta diferencia cultural en algunos de mis talleres, los estadounidenses quedaban atónitos al intentar comprender cómo funciona nuestro mundo. También comprendían por qué los clientes latinxs aparecían tan tarde a los eventos. Se imaginaban que vivimos en un caos continuo donde no se logra nada o que somos perezosos porque nos tomamos el tiempo para hacer las cosas a nuestra manera. Nuestros mundos funcionan de forma diferente, lo que no significa que sean mejores o peores. No somos "perezosos", simplemente vivimos el tiempo con menos restricciones, lo que no significa que perdemos el avión o una cita con el médico.

Quizás estés pensando ahora que tuve que ceder porque los latinxs tenemos una comprensión diferente del tiempo y tuve que adaptarme a la cultura laboral dominante. Es verdad, sin embargo, elegí hacer este pequeño ajuste como parte de mi proceso de aculturación en el

---

38   Para obtener información adicional sobre los valores culturales en la comunidad latina, consulte Conozca a sus patrocinadores latinos – Parte II en *¡Hola Amigos! Un plan para el alcance latino* https://amzn.to/3C5O7B8 (consultado en mayo de 2023)

lugar de trabajo en una nueva cultura en la que había elegido vivir, y fue un paso importante para no perder el trabajo. Hablaremos más sobre este tema de "la adaptación" a continuación.

Este ajuste no fue perjudicial para mi salud mental y mejoró mi desempeño en trabajos posteriores. Sin embargo, ese no es siempre el caso.

Las microagresiones como factor estresante en el lugar de trabajo

Soy una mujer blanca heterosexual nacida en la Argentina de ascendencia italiana y suiza-polaca. Una mujer con educación universitaria que ha tenido el privilegio de asistir a las mejores escuelas privadas durante mi infancia y adolescencia, y luego obtuvo varios títulos profesionales.

Elegí emigrar a los Estados Unidos como una de muchas otras posibilidades en el mundo. Sabía bastante inglés cuando llegué a este país y obtuve una segunda maestría –ya tenía una maestría en arquitectura y urbanismo de la Argentina- porque creo que la educación superior es una forma de abrir puertas. Gracias a mis esfuerzos y calificaciones, pude obtener una beca para estudiantes internacionales.

He tenido el privilegio de hablar dos idiomas con fluidez y balbucear dos más, lo que me abrió muchas oportunidades de trabajos bilingües en entornos públicos y privados. Y he trabajado duro para tener una educación global mientras que mi personalidad abierta y amigable me ha permitido situarme cómodamente en muchas circunstancias sociales y profesionales.

Por estas razones, nunca entenderé completamente la experiencia que otros grupos raciales o étnicos viven en el lugar de trabajo. Nunca he caminado en sus zapatos, ni siquiera en los zapatos de otros latinxs que también son inmigrantes. No he cruzado el desierto ni nadado el Río Grande, ni he viajado en balsa como los Marielitos cubanos ni arriesgado mi vida en viajes peligrosos.

No soy una persona de raza negra ni siquiera morena. Me tiño mi pelo liso con un tono rubio claro, aunque ahora me están saliendo canas. Mi piel es muy clara. He tenido que levantar la mano en más de una ocasión para aclarar que era latina.

A pesar de ello, un abogado de inmigración me preguntó una vez si estaba trabajando como empleada doméstica sólo porque le dije que era latina. Obtuve una calificación de A (-) en mi tesis final de maestría -lo que arruinó mi calificación de A perfecta- porque "mi escritura en inglés no era nativa", comentario del director de tesis. Una empleada de seguridad de mi condominio me dijo que "fuera a aprender inglés", molesta por que le requerí que siguiera una indicación de tráfico.

Cientos de veces me han preguntado de dónde soy y, según mi estado de ánimo o quién lo pregunta, les digo el nombre de mi ciudad de residencia y luego guardo silencio. Los obligo a repetir: "Quiero decir, ¿de dónde eres originalmente?" a lo que luego aclaro que soy de la Argentina. Otras versiones son "¿De dónde es ese acento tan lindo?", "¿Cuánto tiempo llevas viviendo en este país?" "¿Dónde aprendiste inglés?" y muchos más.

Intento no tomar estas averiguaciones en serio, pero es un recordatorio constante de que estás en un lugar al que no perteneces y no siempre eres bienvenida.

En otra ocasión, me contrataron para realizar una presentación ante la junta directiva de una biblioteca pública en una región muy rica de un estado de la Costa Este sobre la necesidad de alcanzar a los latinxs con sus servicios. Estos grupos inmigrantes habían llegado a la región, redireccionados de los estados tradicionales de entrada, y las bibliotecas estaban trabajando diligentemente para atender a este nuevo grupo demográfico.

Ya había capacitado al personal de esa biblioteca en dos ocasiones y, pensando en retrospectiva, creo que el personal administrativo pensó que era una buena idea exponerme ante su junta directiva para ayudarlos a impulsar la redirección de fondos hacia servicios para la nueva población.

Había realizado esta presentación decenas de veces con excelentes resultados, activando discusiones productivas. Sin embargo, cuando había presentado menos de la mitad de la capacitación, un miembro masculino mayor y blanco de la Junta comenzó a interrumpirme, primero con preguntas intencionadas y luego desafiando abiertamente mis enunciados sobre los comportamientos culturales de latinx.

Al notar la incomodidad que sus intervenciones creaban para el resto del grupo, que incluía a otros miembros de la Junta y personal administrativo que eran extremadamente respetuosos con mi presentación, traté de neutralizar su comportamiento.

Al principio, recuerdo haber intentado responder cortésmente a su negatividad, pero pronto supe que eso no me llevaba a ninguna parte. Entonces decidí ir por la yugular. Le pregunté si podría contar una historia sin interrupciones. Evidentemente sorprendido, estuvo de acuerdo. Luego narré la historia de dos niños, compañeros de escuela de diferentes orígenes, que se habían hecho amigos. Uno era nieto de una familia blanca establecida en la región desde hacía muchas generaciones, y el otro era hijo de una familia de inmigrantes recién llegados.

Los chicos se habían hecho amigos casualmente porque uno era bueno en matemáticas mientras que el otro sobresalía en lectura. Se ayudaban mutuamente con la tarea. El niño inmigrante estaba ansioso por aprender a leer en inglés, pero le confesó a su amigo que no·tenía libros en su casa.

Entonces, el chico blanco invitó a su amigo a ir a la biblioteca del pueblo. Estaba encantado de elegir algunos libros para su amigo. El otro vaciló. Se negó a entrar al edificio. Pensó que era la comisaría de policía y temió que lo atraparan y deportaran a sus padres.

Para abreviar, con este cuento estaba desafiando sus estereotipos acerca de que los latinxs no usaban la biblioteca porque eran "vagos" y "no estaban interesados en la educación" con un ejemplo que exponía claramente su ignorancia sobre la presencia de las bibliotecas en otros países.

Las bibliotecas en Latinoamérica son pocas, cuentan con poca financiación y sólo están ubicadas en las ciudades principales. La mayoría no tienen un sistema abierto de libros en circulación, son sólo depósitos o archivos de libros, y muchas otras diferencias con las bibliotecas estadounidenses que impiden que la población en general acceda a ellos. Por otro lado, los grandes edificios suelen ser sedes del gobierno y de la policía, y la gente sabe muy bien que debe mantenerse alejada de ellos.

Honestamente, no estoy segura si entendió lo que quería decir o simplemente decidió que no valía la pena seguir discutiendo conmigo, pero logré que permaneciera en silencio. Terminé mi presentación y deseé a la dirección de la biblioteca la mejor de las suertes en sus esfuerzos. A veces, simplemente debes saber cuándo es el momento de abandonar el campo de batalla. No siempre puedes pelear las batallas ajenas.

Muchos de nosotras hemos sido víctimas de microagresiones en el trabajo, los negocios, la escuela o incluso en situaciones sociales. Podrías pensar que no se parecen en nada al racismo sistémico y las microagresiones en el lugar de trabajo, y tienes razón. Pero aun así te recuerdan que tú eres la "otra", la "forastera"; es una manera de "ponerte en tu lugar".

Sin embargo, entiendo que el racismo sistémico y las microagresiones en el lugar de trabajo pueden ser, como alguien las llamó, "la muerte por mil cortes de papel". Dejar que te afecten no sólo es malo para tu salud mental sino tampoco es bueno para el agresor. Puede que actúen conscientemente o no, pero creo que el mejor momento para abordar cualquier situación que te haga sentir incómoda es ese preciso momento en el que se produce la agresión.

Puede que sea racismo abierto o ignorancia atrevida, nunca se sabe, pero es nuestra responsabilidad evaluar cuándo y cómo abordar estos "momentos de aprendizaje" para construir entornos laborales más inclusivos y tolerantes.

La autora Ruchika Tulshyan lo expresa de esta manera: "Mi atención siempre está en comprender y desmantelar los sistemas de opresión en lugar de culpar a los individuos. Así es como describo este encuadre: El problema no son los hombres, es el patriarcado. El problema no son los blancos, es la supremacía blanca. El problema no son las personas heterosexuales, es la homofobia. Reconoce los sistemas de opresión antes de permitir que la actitud defensiva individual te impida desmantelarlos".[39]

Elaborar una narración despersonalizada que subraye la naturaleza de la situación elimina el aspecto personal de la agresión al tiempo que expone el comportamiento, la falta de conocimiento o la insensibilidad de la otra persona. Sólo porque me he entrenado en describir anécdotas o narraciones para ilustrar mis presentaciones, pude dar esta respuesta, pero por dentro, ¡estaba furiosa!

Recuerda que sentirte victimizado "te carcome el alma", mientras que tomar el control de la situación siempre te fortalece. Las mujeres, especialmente, hemos sido entrenadas para ser "amables" y "educadas", y muchas veces nos alejamos de estas experiencias con un gusto amargo en la boca, pero con una sonrisa en los labios.

Kenneth Sole, Ph.D., cuya firma consultora Sole & Associates Inc. capacita a los empleados en comunicación en equipo, comparte: "Mi propia opinión es que no nos favorece aferrarnos a la definición de la experiencia que nos produce 'el mayor dolor' en los cientos de situaciones ambiguas que experimentamos, particularmente en encuentros únicos en los que no se pueden tomar medidas más sistémicas... Por ejemplo, si una persona blanca hace un comentario potencialmente ofensivo a una persona de color, la persona puede elegir entre enojarse y ver a la persona como intolerante y racista o percibirla como ignorante y seguir adelante", dice.[40]

El psicólogo Derald Wing Tue, Ph.D., de la Universidad de Columbia, cree que es importante seguir arrojando luz sobre el daño

---

39   Tulshyan, Ruchika (2022-02-28T22:58:59.000). Inclusión sobre Propósito. Prensa del MIT. Versión Kindle.

40   Desenmascarando las 'microagresiones raciales' https://www.apa.org/monitor/2009/02/microaggression (consultado en mayo de 2023)

que estos encuentros pueden infligir, sin importar cómo la persona de color decida manejar un encuentro determinado. "Mi esperanza es hacer visible lo invisible", dice. "Las microagresiones mantienen su poder porque son invisibles y, por lo tanto, no nos permiten ver que nuestras acciones y actitudes pueden ser discriminatorias".[41]

Cualquiera que sea tu decisión en estas situaciones, toma una actitud consciente porque te ayudará a preservar tu salud mental. Elige tus batallas sabiamente, pero elígelas, no dejes que el río siga su curso. ¡Podría terminar ahogándote!

Las personas de color -y en su mayoría las mujeres- continúan siendo víctimas de macro o microagresiones, acoso abierto o discriminación sutil, comentarios irrespetuosos sobre su comportamiento. violencia, ropa o partes del cuerpo, o se les da la espalda. El movimiento #MeToo continúa mostrando la cantidad de monstruosidades y obscenidades que las mujeres soportan en algunas industrias para avanzar en sus carreras.

Para "pertenecer", las mujeres gastan miles de millones de dólares en teñirse y alisarse el cabello, cirugía plástica, ropa y dietas para adelgazar, para reflejar los patrones de belleza de la sociedad occidental dominante. Los hombres también gastan en entrenadores personales, trasplantes de cabello, cosméticos, juguetes caros -autos, dispositivos electrónicos-, deportes y otros "dispositivos masculinos".

Pertenecer podría significar una oportunidad de subir un escalón en la escalera social o laboral, una oportunidad adicional para ser promocionado o, finalmente, alcanzar algún tipo de logro financiero o de reconocimiento. El miedo a no encajar, a ser marginados, a no

---

41   Ibídem.

pertenecer o el "síndrome del impostor" son reacciones a los esfuerzos de la sociedad por convertirnos a todos en "un ladrillo más en la pared".[42]

Diferencia entre debilidades personales y estereotipos externos

Tu jornada de la autorreflexión es más importante que nunca cuando llegamos a este punto. ¿Cómo se diferencia un desafío personal de un estereotipo externo?

Si a las niñas latinas se les dice mil veces que no son buenas en matemáticas, ¿qué tan bien se desempeñarán en el campo de las ciencias? Si te dicen que no eres "material profesional", ¿cómo crees que demostrarás confianza en ti misma en cualquier tarea de liderazgo? ¿Cómo reconocer entre nuestros desafíos reales y las "etiquetas" o estereotipos que nos imponen?

Existe una prueba sencilla que puedes aplicar cada vez que tengas dudas sobre la actitud de alguien que sientas como una microagresión o un estereotipo externo. Pregúntate: ¿esa actitud sería la misma si yo fuera una colega joven, un hombre blanco o una mujer bonita [llena el espacio en blanco como lo desees]? Esta persona, ¿se hubiera animado a hacer o decir lo que hizo o dijo en esos casos?

Recientemente nos enteramos del revuelo que se produjo en el Mundial de Fútbol Femenino cuando el presidente de la Federación Española de Fútbol besó a la fuerza a una jugadora. Con el tiempo, este comportamiento resultó ser sólo una muestra más del "estilo de gestión" del ejecutivo. ¿Se lo habría hecho a un jugador masculino? Un solo estallido público mostró un comportamiento de acoso sistémico, y lo más probable es que ocurra así en la mayoría de los entornos.

---

42   Pink Floyd, The Wall (letra) https://genius.com/albums/Pink-floyd/The-wall (consultado en enero de 2023)

Descubrir la diferencia entre nuestras debilidades personales y los estereotipos externos es fundamental para desarrollar una marca personal sólida. ¡Así que no dejes esta reflexión de lado y profundiza en ella!

Cuando los desafíos son personales

Comencemos tratando de encontrar desafíos en la misma lista de fortalezas, u otros aspectos de tu personalidad que sabes que te limitan y no están incluidos en la lista. Por ejemplo, ¿tienes dificultades para adaptarte a nuevas situaciones? Quizás la integridad no sea tu fuerte. Puede que tu ansiedad lo consume todo y te impide hablar en situaciones profesionales o personales.

Estos ejemplos pueden ser interferencias que te impiden alcanzar los objetivos reales por los que estás trabajando. Pero tal vez haya más que eso. ¡Profundicemos un poco más!

Encuentra oportunidades en tus valores

Los valores personales con los que luchas son los que representan tus desafíos y oportunidades más importantes. Cualquiera que aspire a dirigir una empresa, conducir un negocio exitoso, liderar una iglesia o comunidad, o desempeñar un rol parental sólido debe ser consciente de sus valores y actitudes en las que puede mejorar a medida que progresa en su rol.

¿Por qué?

Porque tus valores y actitudes determinan cómo logras tus objetivos de liderazgo, el entorno que creas con tu equipo, familia o congregación, y el éxito de tu misión. Los valores que ejerces como líder repercuten en toda tu organización y afectan tu desempeño.

Como mencioné, los desafíos en tus valores pueden estar relacionados con tu ansiedad, distracciones o defectos personales reales. Pero si tu ansiedad, por ejemplo, es generada por un ambiente de trabajo hostil donde te sientes incómoda cuando das una charla o una presentación pública debido a cómo los demás juzgan tu raza, acento, género, capacidad o cualquier otro estereotipo, entonces sabrás que hay otras cuestiones que debes abordar antes de lidiar con tu ansiedad por hablar en público.

Tal vez te sientes perfectamente cómoda hablando en tu iglesia o rodeada de tus amigas o de tu comunidad, pero cuando se trata de tu oficina o ambiente de trabajo, sientes que la presión te supera. Debes reflexionar por qué no puedes llevar esa misma seguridad al espacio de trabajo.

Puedes elegir algunos de estos desafíos para reflexionar durante los próximos tres meses. Avanza un día a la vez, haz una lista de lo que deseas sumar o restar de ese valor en particular y sigue adelante.

Aquí te recuerdo los valores que seleccionamos del Programa de Liderazgo MasonLeads[43] de la Universidad George Mason en el capítulo anterior. Si prefieres trabajar con un valor importante para ti que no está incluido en esta lista, no dudes en hacerlo.

1. **Servicio**: Un compromiso que se extiende más allá del propio interés; humildad personal por el bien de una causa mayor.

2. **Respeto**: Autorrespeto y respeto a los demás sin importar las diferencias; tratar a los demás con dignidad, e empatía y compasión; y la capacidad de ganarse el respeto de los demás.

---

43   Fuente: Core Leadership Values, MasonLeads, George Mason University http://masonleads.gmu.edu/about-us/core-leadership-values/

3. **Marcar una diferencia:** Esfuerzos personales que conducen a generar un impacto positivo en individuos, sistemas y/u organizaciones o lograr resultados positivos.

4. **Integridad:** valentía moral, fortaleza ética y confiabilidad; cumpliendo promesas y cumpliendo expectativas.

5. **Autenticidad:** Coherencia, congruencia y transparencia en valores, creencias y acciones; integrando valores y principios para crear una vida con sentido y contribuir al crecimiento de los demás.

6. **Valentía:** Poseer fuerza de sí mismo para actuar con intención en pro del bien común; tomar postura ante la adversidad; actuando con valentía al servicio de la inclusión y la justicia.

7. **Humildad:** Sentido de humildad, dignidad y conciencia de las propias limitaciones; Abierto a perspectivas diferentes a las propias.

8. **Sabiduría:** Amplia comprensión de la dinámica humana y capacidad para equilibrar los intereses de múltiples partes interesadas al tomar decisiones; puede adoptar una perspectiva a largo plazo en la toma de decisiones.[44]

Debo confesar que una de mis cualidades naturales no es ser valiente, y necesito crear el ambiente adecuado para sentirme segura al enfrentar la adversidad. Las decisiones rápidas no me resultan fáciles y prefiero pensar detenidamente una situación antes de tomar cualquier decisión. Al enfrentar una situación difícil, pienso y evalúo todos los escenarios posibles, ¡y principalmente los negativos!

Parte de una estrategia que me ayuda a anticipar situaciones difíciles es ensayar una serie de "trucos" y herramientas que pueda usar

---

44   Ibidem.

en cualquier momento. Esta falta de asertividad, por así decirlo, me ha preparado para evitar dar respuestas equivocadas en una situación que podría haber sido perjudicial para mí si hubiera reaccionado apresuradamente, como el incidente de la biblioteca.

La indecisión es otra de mis debilidades o desafíos. Preferiblemente, necesito evaluar una situación desde todos los ángulos y tener planes A, B y, si es posible, C. Hace muchos años, casi pierdo mi negocio por no tener la valentía de innovar, desaprovechando un gran oportunidad de expandir mi pequeña empresa.

Habíamos lanzado el primer periódico bilingüe de Nueva Jersey, Periódico Latino, y tuvimos una gran recepción pública. Pronto crecimos de ocho a 32 páginas de contenido y publicidad en menos de un año. La impresión en papel se entregaba a domicilio mediante suscripciones, y se repartía de forma gratuita en centros comunitarios, iglesias y supermercados. La impresión y distribución eran extremadamente costosos, pero estaba satisfecha con los resultados.

En 1994, la revista Wired había lanzado el primer sitio web de revista comercial, HotWired, dando origen a la industria editorial de revistas digitales en los EE. UU. Sin embargo, tuvieron que pasar 13 años para que la industria de las revistas se sumara al modelo de negocio digital. Pronto muchas publicaciones empezaron a dar el salto al formato digital, reduciendo considerablemente el costo operativo. Estaba tan enamorada de la versión en papel que me resistí a hacer el cambio. Nuestro costo de producción no pudo competir con el de los editores digitales y, un par de años después, tuvimos que cerrarlo con lágrimas y arrepentimientos.

¡Lección aprendida! Cuando lanzamos la plataforma de Latinasinbusiness.us en 2015, el formato era completamente digital.

A menudo me sentí tentada de publicar una versión en papel, pero recordé la experiencia anterior y me abstuve aun de intentarlo.

Continúa reflexionando sobre la lista y piensa en anécdotas o situaciones en las que sentiste que tus valores estaban comprometidos porque no respondiste bien al desafío o porque sentiste presión externa en una situación en la que te sentiste arrinconada. Además, considera el resultado. ¿Qué has aprendido de esta experiencia? Escríbelos en tu Guía de autoconciencia, ya que te servirán como material para tu "bolsa de trucos".

Encuentra oportunidades en tu personalidad o rasgos de carácter

En la película "Lamento molestarte", Cassius Green, el protagonista de raza negra, lucha por realizar ventas de telemarketing. Otro empleado de raza negra más experimentado lo alienta a utilizar su "voz blanca" cuando se conecta con clientes potenciales, lo que mejora exponencialmente sus ventas y su trayectoria profesional.

"Aunque esta película exagera el vínculo entre la capacidad de Cassius para ajustar su voz con su éxito en el trabajo, el cambio de código (*codeswitching*) -el cambio temporal o el ajuste de comportamientos para optimizar la comodidad de los demás a cambio de un resultado deseado- ha sido durante mucho tiempo una estrategia para que los negros sobresalgan en los espacios culturales blancos. La presunción de que una 'voz que suena blanca' también es una forma preferida de hablar asocia aún más la blancura con el profesionalismo, creando un dilema para los negros que desean ser vistos como profesionales".[45]

Más que el "ajuste de comportamientos para optimizar la comodidad de los demás", defino el cambio de código como la

---

45   To be, or not to be...Black: The effects of racial codeswitching on perceived professionalism in the workplace https://psycnet.apa.org/record/2021-94291-001 (consultado en julio de 2022)

respuesta de las personas de color oprimidas a los patrones de comportamiento establecidos por la cultura blanca dominante en la sociedad occidental para evitar la burla, la invisibilidad y el quedar fuera de las oportunidades de avance que se ofrecen a los demás.

Te recomiendo que no dejes de ver esta película, no sólo por el comportamiento sugerido de "cambio de código", sino también porque es alucinante como film. Existe un conflicto interno que el vendedor de telemarketing de raza negra debe resolver entre aprovechar sus "recompensas" debido al éxito del "cambio de código" y mantenerse leal a sus compañeros de trabajo que están tratando de sindicalizarse para obtener mejores condiciones laborales. Pero la aceptación de la "recompensa" de su éxito igualmente tiene que ver con estereotipos raciales, una "raza superior", en palabras de su jefe blanco, con características muy especiales. La película, a pesar de ser presentada como una fantasía grotesca, tiene profundas connotaciones sobre la "otredad" racial.

Cuando se nos juzga como "ciudadanos de segunda" a través de esos estereotipos relacionados con nuestra raza, nuestro cuerpo o nuestra imagen, nuestra capacidad lingüística, el color de la piel, la composición familiar, la edad, la orientación sexual, los alimentos que comemos o la ropa que usamos porque no se ajustan a "la norma", la intangibilidad de ese juicio es omnipresente y difícil de cuestionar.

A veces hacemos ajustes conscientes en nuestro comportamiento para adaptarnos a la norma, como mi aceptación de cómo funciona "el reloj" en Estados Unidos. Pero en otros casos, simplemente nos sentimos tan impotentes que decidimos seguir la corriente.

Por ejemplo, hay más de 167 millones de mujeres en Estados Unidos, lo que representa el 50,4% de la población. ¿Por qué seguimos aceptando que nos etiqueten como "minoría"? Ser minoría tiene poco que ver con números y todo que ver con el poder. Cuando eres una "minoría", careces de representación en las causas que persigues.

En mis dos primeros trabajos en este país, fui contratada para ser supervisada por jóvenes blancos nacidos en los Estados Unidos que apenas habían terminado la universidad. Tenía, como dije, dos maestrías y más de 15 años de experiencia laboral -pero eso era en otro país, un país latinoamericano, considerado "de segunda." ¿Habría tenido un valor diferente si hubiera nacido, por ejemplo, en Gran Bretaña? Tenía excelentes relaciones con ambos e intentaba ser lo más cooperativa posible en cada tarea, pero supe enseguida que allí había poco futuro para mí.

Entonces, aprendes a saltar lateralmente y a buscar oportunidades en otros lugares. Las mujeres cercanas a los cincuenta años comienzan negocios por su cuenta cuando encuentran escasas oportunidades de avance en las corporaciones estadounidenses. Tiene poco que ver con sus credenciales, experiencia o habilidades, pero el sistema es tan perverso que muchas veces te hace cuestionar tus propios talentos, rasgos de carácter o incluso tu personalidad.

Sigue reflexionando sobre esos rasgos de carácter que elegiste antes como fortalezas de la niñez. ¿Qué sucedió en tu vida que todas esas grandes cualidades, esos rasgos de carácter por los que fuiste elogiada cuando eras niña, no se convirtieron en tus rasgos determinantes en el presente?

Tal vez eres muy extrovertida, conversadora y divertida dentro de tu círculo de amigos o en casa, pero lo escondes en público o en el lugar de trabajo como un mecanismo de autodefensa para tapar tus inseguridades. Quizás eras rebelde y tenías ideales, y luego la "vida" te convirtió en escéptica. Nuevamente, piensa en cada situación como una oportunidad separada para reflexionar, recordando anécdotas y tus propias reacciones ante cada circunstancia.

Tal vez viviste una gran tragedia en tus años de formación, te volviste tímida, te falta asertividad, etc. ¿Cómo puedes revertir estos desafíos y convertirlos en fortalezas?

Es posible que hayas adaptado rasgos de tu carácter a tu entorno laboral para tener éxito. Usar un cambio de código (*codeswitching*) puede ser un acto de autoconservación o de desempeño en situaciones en las que sientes que las dinámicas de poder desiguales no están a tu favor.

Algunos ejemplos de cambio de código implican: Ajustar tu estilo de comunicación y expresión, como cambiar de tu idioma original o vernáculo al "inglés correcto"; tu apariencia, como alisarte el cabello o usar una peluca, teñirlo (para ocultar la edad), la cirugía plástica, adoptar un estilo de ropa o moda, etc.; modificar tu comportamiento, como respaldar la supremacía blanca o no crear confrontaciones, incluso si eres miembro de un grupo minoritario; aleccionar a tus hijos para que "se comporten" de determinadas maneras cuando estén en contacto con autoridades o con personas blancas para evitar repercusiones violentas, para "verse y actuar como corresponde", etc., Todo ello a cambio de un trato justo, interacción equitativa, mejores oportunidades e incluso hasta garantizar la supervivencia en casos extremos. Todo en detrimento de tu salud física o mental.

Sobre este tema de las interacciones raciales, recomiendo otra película fuerte y difícil de ver, pero con muchos matices sobre los estereotipos y privilegios raciales. La película "Luce", estrenada en 2019, explora la desigualdad racial de una manera muy compleja y estratificada. Luce, un niño soldado rescatado de la Eritrea devastada por la guerra, es un estudiante modelo negro de secundaria que ha desarrollado rasgos de carácter excepcionales moldeados por dos padres adoptivos blancos. Es el mejor estudiante, un talentoso polemista y orador público, y un cariñoso hijo y amigo.

El conflicto surge entre Luce y su maestra de raza negra, Harriet, debido a una serie de eventos que retratan a Luce bajo una lado oscuro. Las acciones también repercuten en los padres de Luce y en la participación de otros personajes secundarios. Los diálogos son increíblemente precisos sobre cómo cualquier persona, independientemente de su raza, sexo o estatus social, puede juzgar a los demás basándose en los "estereotipos de éxito" de la sociedad.

Luce recibe todo el beneficio de la duda debido a su desempeño altamente competitivo, pero su amigo DeShaun, que tiene menos logros, rápidamente es marginado debido a un incidente menor. El clímax de la película surge con varias desgracias que apuntan a Luce como autor. No hay una respuesta definitiva porque cada personaje muestra vulnerabilidades, aunque definitivamente hay ganadores y perdedores. La audiencia también tiene la oportunidad de comprobar sus propios prejuicios ante la fuerza corruptora del privilegio blanco.

Encuentra oportunidades en tus atributos culturales

La cultura es el filtro a través del cual percibimos el mundo, interpretamos lo que vemos y cómo devolvemos nuestras percepciones a ese mundo. Cuando personas de diferentes grupos culturales trabajan juntas, los atributos culturales pueden entrar en conflicto. Podemos reaccionar de maneras que obstaculicen la colaboración productiva o el trabajo en equipo.

Al analizar tus atributos culturales, ten en cuenta estas áreas de diferencias y conflictos potenciales. La próxima vez que te encuentres en una situación confusa y sospeches que hay diferencias interculturales en juego, intenta ubicar el conflicto o incidente en cualquiera de las siguientes áreas:

- Estilos de comunicación

- Actitudes hacia los conflictos y tu resolución.

- Enfoques para completar tareas y competencias

- Estilos y jerarquías de toma de decisiones

- Actitudes hacia la divulgación o la privacidad

- Enfoques de un proceso de aprendizaje

Trata de comprender cómo funcionan estos procesos en tu cultura y reflexiona sobre las diferencias en los comportamientos de otras personas. Incluso con miembros mayores de tu familia, es posible que tengas diferencias en los atributos culturales debido a las circunstancias de tu crianza y educación.

Si eres una inmigrante de segunda o tercera generación, o miembro de una diáspora viviendo en los Estados Unidos, entonces tus atributos culturales están impregnados de adaptación o aculturación a tu nuevo entorno. Muchos hijos de inmigrantes del Caribe, por ejemplo, encuentran diferencias culturales con sus familias que aun residen en las islas. Esas mismas diferencias puedes encontrarlas en tu lugar de trabajo o en tu comunidad.

El trabajo en equipo es uno de los mayores desafíos al abordar las diferencias culturales. La forma en que las personas se comportan o reaccionan está teñida de experiencias pasadas y atributos culturales que determinan inconscientemente nuestra perspectiva del mundo. Para obtener un resumen rápido de cómo abordar las diferencias culturales en el lugar de trabajo, recomiendo "Trabajar en desafíos comunes de comunicación intercultural" de Marcelle E. DuPraw y Marya Axner (en inglés). [46]

Déjame contarte cómo superé un desafío de estilo de comunicación "percibido" relacionado con mis atributos culturales. ¿Has oído hablar de Sofía Vergara, la famosa actriz colombiana? Al igual que Sofía, mi desafío era tener un acento, ¡pero no me volví tan famosa ni rica como ella!

Cuando llegué a este país tenía un buen dominio del idioma inglés porque asistí a un colegio americano en Argentina. Lo creas o no, la Iglesia Metodista fundó una escuela estadounidense en el siglo XIX en mi ciudad natal, Rosario. Sí, sabía cantar el *Star-Spangled Banner* -el himno nacional- antes de venir a los Estados Unidos.

Siempre me sentí insegura sobre mi acento, especialmente como oradora. Tenía buenas habilidades de comunicación y lenguaje, pero mi acento era una barrera percibida que me hacía sentir miedo frente a la gente. Me sentía juzgada y descalificada de antemano, por muy buena que fuera mi presentación.

Entonces, ideé algunos trucos para comunicarme mejor y lograr calmarme. El foco principal de mi empresa era la capacitación de personal de educación y atención médica, y yo era una capacitadora de competencia cultural enfocada en el mercado latino.

Entonces, empezaba mis talleres de capacitación hablando en español, ya que la audiencia sabía que presentaría sobre una población de habla hispana. Decía: "Buenos días, ¿cómo están?" y podía ver la cara de sorpresa de la audiencia, preguntándose si hablaría español durante el resto de la presentación.

46 Trabajando en desafíos comunes de comunicación intercultural por Marcelle E. DuPraw y Marya Axner, https://www.pbs.org/ampu/crosscult.html#COMMUN (consultado en agosto de 2023)

Continuaba durante dos o tres minutos y luego cambiaba al inglés. Me enfocaba en superar esta barrera del lenguaje de inmediato. Les demostraba lo incómodo que puede ser para otra persona no entender un idioma y al mismo tiempo los invitaba a ser un poco más sensibles a las barreras de otros. Hablar en mi lengua materna me tranquilizaba. Y hoy ya ni siquiera noto mi acento.

Es común sentirse cohibido y juzgado por los demás cuando tienes acento. Volviendo al etnocentrismo, la mayoría de la gente no entiende que TODOS tenemos acento. Si te mudas de Nueva Jersey a Luisiana o California, notarás la diferencia allí. Me han dicho que tengo acento de Nueva Jersey; ¡Imagínate!

Sin embargo, tener acento en un segundo idioma demuestra que puedes hablar un segundo idioma, una habilidad que no todos tienen, lo que aumenta tu capacidad de pensamiento. "Un flujo constante de estudios durante la última década ha demostrado que los bilingües superan a los monolingües en una variedad de áreas, tareas cognitivas y sociales, desde exámenes hasta qué tan bien pueden leer a otras personas".[47]

Durante generaciones, muchos estadounidenses se mostraron reacios a aprender y hablar otros idiomas hasta que lo necesitaron para enfrentar la globalización de los mercados o para librar guerras en el exterior. Otros países, desarrollados y emergentes por igual, hablan inglés y muchos otros idiomas. Por ejemplo, cuando estuve en Marruecos, aprendí que la mayoría de su gente habla varios idiomas árabes, incluidos los tres principales, árabe estándar, árabe marroquí y bereber, y los idiomas de colonización, francés, inglés y español. ¡Y con sólo una tasa de alfabetización del 75 por ciento!

---

47   Los increíbles beneficios de ser bilingüe https://www.bbc.com/future/article/20160811-the-amazing-benefits-of-being-bilingual (consultado en febrero de 2023)

Debido al acento, algunos participantes de mis talleres han mencionado un desafío común: el miedo a hablar en público. Querían mejorar sus habilidades de comunicación y presentación, aumentar su confianza en sí mismos y su capacidad de pensar y reaccionar rápidamente.

La glosofobia (el miedo a hablar en público) es una fobia muy común, que se cree que afecta hasta al 76% de la población humana, y no depende del acento. En una sociedad que nos presiona constantemente a lograr el éxito, la mayoría de los temores al fracaso provienen de dos ángulos distintivos: no saber quiénes somos y no saber quién es nuestra audiencia.

Aunque este libro no trata sobre la habilidad de hablar en público, te ayuda a abordar cinco de los siete miedos a convertirte en una oradora:

1. El miedo a fracasar (dudas de una misma) se conquista con un sólido sentido de autoconciencia: tu marca personal, una serie de narraciones propias pensadas cuidadosamente, y una comprensión sólida de tus atributos culturales, valores, rasgos de carácter y habilidades de liderazgo.

2. El miedo a olvidar el contenido se vence cuando encuentras tu voz y aprendes a escribir historias inspiradas en tu marca personal, lo que te permite siempre volver a tu contenido central: tú misma.

3. El miedo a parecer nerviosa o insegura desaparece cuando tienes un conjunto de trucos y herramientas para elegir que te dan más seguridad al enfrentarte a una audiencia.

4. El miedo a las audiencias críticas (intolerantes): además de la autoconciencia, este libro te ayuda a descubrir los estereotipos,

los sesgos cognitivos de las audiencias y ejemplos de cómo abordarlos con anécdotas de la vida real.

5. El miedo a lo inesperado (habla improvisada): con las historias ensayadas y frases fáciles de recordar (*sound bytes*) seleccionados intencionalmente, cualquiera puede responder rápida y firmemente a una solicitud inesperada o situación conflictiva.

Aquí hay un par de consejos (que también me han ayudado):

1. Tus habilidades comunicacionales mejorarán cuando tengas buenas historias que contar y las practiques. Digamos que necesitas presentar números o análisis. ¿Cuál es la historia detrás de esos números? ¿Cómo puedes generar emoción en tu audiencia a partir de esa narración que hace que esos números sean interesantes?

Hace unos años, trabajé con una organización sin fines de lucro para mejorar su estrategia de comunicación externa. Las donaciones habían disminuido y necesitaban promover sus excelentes servicios comunitarios para involucrar a donantes nuevos y existentes.

Comencé a investigar el efecto de sus servicios en la comunidad y pronto descubrimos que las cifras que habían estado usando (la cantidad de familias atendidas, número de niños a los que llegaban con los programas, etc.) habían impactado exponencialmente a la comunidad en la reducción de impuestos y el costo comunitario a largo plazo cuando se usaban los multiplicadores adecuados Su trabajo en la comunidad ahorraba a las administraciones locales una gran parte de los presupuestos del condado y de la ciudad y a los residentes una gran cantidad de impuestos. También investigué el impacto a largo plazo de los servicios en el desarrollo educativo de esos niños y sus familias que crean oportunidades futuras y aumentan su potencial físico e intelectual.[48]

Mostrar sólo números a los donantes no había logrado mayores diferencias. Pero los números agregados a los testimonios de la comunidad demostrarían a los ciudadanos el impacto socioeconómico extendido de estos programas de intervención temprana, ayudando a los niños de la comunidad a aumentar su potencial. Los testimonios de las familias que recibían ayuda y los proveedores de los servicios ofrecieron un gran potencial para construir las historias necesarias a fin de lanzar nuevas campañas de donación.

2. Empieza por atraer la participación de tu audiencia. "Déjenme contarles una historia..." garantiza la atención de tu audiencia. Funciona como magia e involucra a todos en la sala, especialmente ahora, cuando estás frente a una sala de jóvenes -y no tan jóvenes- mirando sus dispositivos celulares. Desarrollar habilidades para obtener la breve capacidad de atención de la audiencia es fundamental para cualquier orador público. Otros trucos incluyen moverse por la sala, evitar leer discursos largos y usar el lenguaje corporal, las expresiones faciales y el humor al contar historias que describan tu vulnerabilidad o tus errores. A nadie te gusta una sabelotodo, especialmente una que sermonea.

3. Muchos de los participantes y clientes de mi taller han expresado su preocupación por reaccionar lentamente en determinadas situaciones o no tener respuestas rápidas a las

---

48   Como ejemplo, uno de esos programas fue Nurse-Family Partnership https://www. nursefamilypartnership.org/wp-content/uploads/2022/03/NFP-Research-Trials-and-Outcomes. pdf (consultado en febrero de 2023).

preguntas en reuniones, entrevistas o negociaciones. Puedes desarrollar un estilo de liderazgo en el que escuchas a los demás, capturando, resumiendo y traduciendo en acción el espíritu de un grupo. A la gente le encanta que la escuchen. No seas reactiva, sé proactiva.

En los siguientes temas se incluirán más prácticas y ejemplos. ¡Sigue adelante!

Encuentra oportunidades en tus habilidades de liderazgo

¿Cuáles son las debilidades o desafíos que has registrado en tus habilidades de liderazgo? Debes ser honesta contigo misma. Si estos desafíos te abruman, si es necesario corregir algo relacionado con tus valores fundamentales o si no estás interesada en ser una líder, se sincera contigo misma. Quizás prefieras ser una gran jugadora en un equipo, lo cual es perfectamente aceptable.

Ya sea que decidas ser una líder o una jugadora de equipo, aún necesitas una buena historia para interactuar con los demás. Pero si tienes la capacidad de ser una líder, tendrás que trabajar más duro para convertir esos desafíos en oportunidades.

Trabaja para descubrir áreas en las que necesitas maniobrar un poco más y convertir esas debilidades en fortalezas. Los valores son fundamentales en un líder, pero también lo son los atributos culturales y los rasgos de carácter. Y si alguno de estos está afectando negativamente tus habilidades de liderazgo, debes ser sincera contigo misma.

Por ejemplo, abordemos la discriminación por edad en el lugar de trabajo. A veces, ser una persona de la tercera o cuarta generación, un profesional maduro, se ve como una debilidad. Este es uno de esos problemas "tácitos" de discriminación en el lugar de trabajo, pero es real.

En ocasiones, algunas personas me han hablado despacio porque creen que a mi edad soy lenta para entender, y eso también pasa cuando escuchan mi acento. Los jóvenes vendedores en las tiendas han intentado tomar mi teléfono para hacer algo que suponen no puedo hacer.

Odio que me llamen "dulzura" o "cariño" en los consultorios de muchos médicos, común a los pacientes mayores. También me han dicho que luzco "genial para mi edad" o "tú no aparentas tu edad". Estos estereotipos se basan en el prejuicio que envejecer y verse mayor es malo o debe evitarse a toda costa.

Un ejemplo flagrante de discriminación por edad, especialmente en tecnología, fueron las declaraciones de Mark Zuckerberg en 2007, cuando tenía 22 años. "...El niño prodigio de Facebook, Mark Zuckerberg, abandonó Harvard antes de tener la oportunidad de tomar clases de historia. Eso podría explicar la cansada reformulación de la retórica de 'Nunca confíes en nadie mayor de 30' de Jerry Rubin del joven de 22 años en una conferencia de capital de riesgo. Según VentureBeat, Zuckerberg dijo a los asistentes al evento Y Combinator Startup School en Stanford este fin de semana que las personas mayores (ya sabes, mayores de 30 años) son, bueno, un poco lentas. 'Quiero enfatizar la importancia de ser joven y técnico', afirmó, y agregó que las nuevas empresas exitosas sólo deberían emplear a jóvenes con experiencia técnica. (Al parecer, Zuckerberg también se perdió la clase sobre empleo y legislación contra la discriminación)".[49]

Me pregunto qué piensa ahora que ha "pasado la colina" (más de 40 años), si "puede aprender nuevos trucos" o si tiene algún "momento senior" de la memoria.

---

[49] ¿Que qué? ‹Los jóvenes son simplemente más inteligentes› https://www.cnet.com/culture/say-what-young-people-are-just-smarter/ (consultado en julio de 2023)

Permítanme compartir algunas estrategias que desarrollé para mantenerme al día en el lugar de trabajo. He adquirido excelentes habilidades digitales. Me resulta fácil porque me encanta la tecnología. Convertí lo técnico en una fortaleza que ofrezco como parte de mis habilidades de consultoría para capacitar a ejecutivos en el desarrollo de habilidades tecnológicas avanzadas y educarlos sobre la necesidad de actualizarlas. Y puedo explicarlo de igual a igual porque comparto una cultura de comunicación similar con personas de mi generación.

Una vez que estos ejecutivos dominaron esa nueva habilidad, sorprendieron a las generaciones más jóvenes, se sintieron bien consigo mismos y alentaron a otros a aprender otras habilidades que habían adquirido a través de su experiencia previa. Si se acepta como un intercambio de ideas y conocimientos, es posible superar el potencial conflicto. No te quedes atrincherada en tu reino y sal de tu zona de confort.

¿Cómo puedes trabajar en tus desafíos para evitar que se conviertan en un problema? Comienza contigo misma. Sé consciente de tus actitudes hacia tus colegas. ¿Juegas a menudo la carta "Yo soy la más experimentada"? ¿Pontificas? ¿Están actualizadas tus habilidades técnicas o dependes de otra persona para "descubrirlas"? ¿Estás dispuesta a aprender de tus colegas más jóvenes además de ser una mentora?

Y si eres joven, ¿has intentado aprender algunas de las habilidades que tus compañeras de trabajo mayores pueden compartir contigo? La tecnología no es la única habilidad que necesitas en el lugar de trabajo. En mi experiencia con emprendedoras, si bien podrían contratar a alguien para que las ayude con las tareas digitales, la comprensión de cómo funciona una empresa incluye productos y servicios, marketing y ventas, finanzas y contabilidad, y habilidades de gestión de empleados. Quizás algún día pronto la Inteligencia Artificial (IA) también haga todas esas tareas por nosotras, pero nunca podrá construir relaciones interpersonales. ¡Ojalá esa tarea siga siendo humana!

No evites tus debilidades, percibidas o personales, sino afróntalas de manera inteligente. Como dije, tuve que encontrar una estrategia para mi acento y desarrollar habilidades que me ayudaran con la discriminación por edad en el espacio de trabajo. Todos los días debo seguir trabajando en mis desafíos para seguir siendo competente. Tú también puedes hacerlo.

Eres única: tu enunciado de marca personal

Cuando tienes estos ingredientes listos, cuando incorporas todos estos "paquetes", te vuelves única. La combinación de todas estas cualidades, fortalezas y debilidades es lo que te hace extraordinaria. Y ahora tienes todos los elementos para empezar a construir el enunciado de tu marca porque has desarrollado un cierto grado de autoconciencia y puedes tomar control de tu historia.

Honestamente, esto no es algo que harás en un día. Tendrás que trabajar esos elementos que has descubierto sobre ti misma, tal vez los fines de semana o por las noches, dependiendo de cuáles son tus objetivos y qué tan rápido y hasta dónde quieres llegar. No te desanimes porque la autorreflexión es una herramienta a largo plazo. Te ayudará en muchos aspectos de tu vida.

"Los seres humanos parecen estar naturalmente programados para resistirse a mirarse en el espejo porque podrían ver inmediatamente lo que no les gusta de sí mismos. La gente tiene miedo de darse cuenta de esto. Pueden tener miedo de que, si se miran a sí mismos con todo el corazón y son más conscientes de sí mismos, eso los obligará a decidir que deben cambiar", dice el bloguero Marcjean Yutuc en Skill Success.[50]

"La gente teme descubrir sus debilidades porque eso significa admitir y aceptar sus errores. También implica que se requieren cambios. Básicamente, puede resultar incómodo. Es mucho más fácil evitar el problema y pretender que todo está bien. Pero cuando te niegas a aceptar lo que estás haciendo mal, nunca podrás desarrollar una relación positiva con los que te rodean y, a la larga, dañará tus conexiones".[51]

Utiliza tus fortalezas, tus debilidades y tus habilidades, tus cualidades únicas. Trabaja solo en uno o dos párrafos y sigue puliéndolos. Este es mi propósito, lo que quiero ser, lo que quiero que la gente sepa sobre mí y por lo que seré reconocida. Este es mi legado; esta es mi marca personal.

Y esta afirmación podría cambiar con el tiempo y las circunstancias. ¿Cuál será mi marca personal para mi próxima etapa profesional? ¿Cuáles son mis objetivos? ¿Qué pueden aprender otros de mi marca personal para su propio beneficio?

Hazte estas preguntas. ¿Cuáles son mis objetivos para los próximos tres años? ¿Cuáles son mis objetivos profesionales y de liderazgo y cómo puedo lograrlos? ¿Qué necesito saber sobre mí misma y qué necesitan saber los demás sobre mí? Pruébalo. Utiliza la plantilla de la Guía de autoconciencia incluida en este libro.

Además, si puedes idear algunas frases o eslóganes para representar tu marca personal, ¡es aún mejor! Piense en los políticos y en cómo siempre presentan esos lemas que resumen su ideología, visión y aspiraciones de campaña.

---

50   ¿Qué causa la falta de autoconciencia? https://blog.skillsuccess.com/what-causes-lack-of-self-awareness/ (consultado en agosto de 2023)"

51   Ibidem.

Aquí les comparto mi marca personal como fundadora de Latinasinbusiness.us:

"A través de esta iniciativa, ayudo a las mujeres emprendedoras a lograr sus objetivos evitando los obstáculos y desafíos que tuve que enfrentar cuando comencé mi negocio hace más de 20 años. Pueden liderar su jornada hacia el éxito tomando el control de su propia historia y sus redes para lograr sus objetivos profesionales o comerciales".

Susana G. Baumann, editora en jefe, Latinasinbusiness.us

Una vez que desarrolles un enunciado de marca personal satisfactoria, te posicionarás frente a los demás. Debes cimentarlo, hacerlo tangible. Una vez que estés satisfecho con él, ¡es hora de empezar a contar historias basadas en este propósito!

Recuerda: la forma en que cuentas una buena historia sobre ti misma puede favorecer o acabar con tus objetivos profesionales o de liderazgo. Tu personaje, quienquiera que decidas ser, debe mostrarse en diferentes circunstancias para generar interés en tu mensaje y atraer a tu audiencia.

Cuando hablo en público, cuento historias que reflejan las circunstancias que convergieron en la creación de esta iniciativa; mi lucha como mujer, latina e inmigrante para establecer mi negocio; los años en los que tuve que reinventar mi negocio y cuánto esfuerzo tuve que hacer para promocionar y crear una marca reconocible; incluso los fracasos y las lecciones aprendidas.

También puedes lograr interacción con narraciones bien articuladas, como exploraremos en este libro, Parte 2: Los elementos de tu historia.

Enunciados de marca personal que dejan huella

A lo largo de los años, hemos entrevistado a numerosas mujeres de color que contaron sus historias en nuestra revista LatinasinBusiness.

us. Provienen de todos los ámbitos de la vida y de todas las industrias. Son empresarias, líderes corporativas, organizadoras de la comunidad, y líderes de organizaciones sin fines de lucro.

Durante sus entrevistas, les preguntamos sobre sus razones para desempeñar un papel de liderazgo. No hay una pregunta específica, como "¿Cuál es el enunciado de tu marca personal?" Sin embargo, sus enunciados se desprenden de sus respuestas, lo que debe ser tu objetivo porque nadie te preguntará en una entrevista cuál es tu enunciado de marca personal específico.

Una vez que comprendas completamente quién eres, tus valores, atributos culturales, fortalezas y debilidades, tus ideas impactarán tu narración. Mientras hablas, tus palabras estarán naturalmente imbuidas de esas fuertes ideas y acciones que has forjado para ti misma.

He seleccionado varios extractos de estas entrevistas para mostrarte cómo puedes trabajar en tu enunciado personal. Las principales preguntas que debes hacerte son: "¿Por qué estoy haciendo lo que hago – o aspiro a hacer –; cómo lo estoy haciendo y qué quiero que se sepa de lo que me propongo?"

Una declaración personal basada en atributos y fortalezas culturales: Adriana Dawson, directora de participación comunitaria y líder global de ERG en Verizon (2022)[52]

"Las palabras tienen poder y elijo actuar desde una perspectiva basada en mis mejores cualidades", dice. "Como mujer de color, específicamente latina, mi experiencia es mi mayor fortaleza. Mis obstáculos personales y profesionales se han convertido en mis mayores lecciones de vida. Las

---

52   First-gen professional Adriana Dawson found strength in her Latina identity https:// latinasinbusiness.us/2022/12/05/first-gen-professional-adriana-dawson-shares-how-she-found-strength-in-latina-identity/ (consultado en diciembre de 2022)

fortalezas que he aplicado a mi marco profesional como resultado de mi latinidad incluyen empatía, determinación, resiliencia, ingenio, y ser un agente conector, convocante e inspirador de acción. Estos se han convertido en mis superpoderes".

Una declaración de marca personal basada en aprovechar las "debilidades" y los valores –

Linda Choi, directora de operaciones de Kabouter, (2022)[53]

"Creo que es importante admitir lo que no sabes para concentrarte en aprender y crecer. Quieres cuestionarte constantemente cómo se hacen las cosas, probar cosas nuevas y cometer errores. Si no te concentras en seguir adelante, te quedarás estancado en el statu-quo".

"Todo lo que decimos no tiene por qué estar perfectamente delineado o estructurado. Comparte tus ideas y opiniones y haz preguntas incluso si te resulta incómodo. Muchas veces en mi carrera dudé de mí misma y no hablé. Pero tuve suerte de encontrar mentores que valoraron mis contribuciones y me dieron la confianza para seguir adelante. Es fundamental encontrar defensores y un entorno que te permita ser tú mismo".

Una declaración de marca personal basada en fortalezas, atributos culturales y valores.

Stacie de Armas, vicepresidenta sénior de Iniciativas y Perspectivas de Diversidad en Nielsen (2022)[54]

"Dondequiera que fui, como presentadora latina blanca, sentí la obligación de estar con y para mi comunidad. Y se reflejó en mi trabajo. Mi

53   Linda Choi shares her remarkable career path, from immigrant to Chief Operating Officer of Kabouter https://latinasinbusiness.us/2022/08/31/linda-choi-shares-her-remarkable-career-path-from-immigrant-to-chief-operating-officer-of-kabouter/ (consultado en diciembre de 2022)

54   Stacie de Armas on breaking stereotypes and advocating for Latinas https://latinasinbusiness.us/2021/03/18/stacie-de-armas-on-breaking-stereotypes-and-advocating-for-latinas/ (consultado en diciembre de 2022)

carrera creció en el espacio de la defensa del consumidor, específicamente del consumidor latino. Esta pasión por la equidad se presentó temprano en mi vida y la he llevado conmigo a lo largo de mi carrera".

"Creo que a nosotras [las mujeres] a menudo no se nos enseña el valor de ser audaces. Confundimos ser audaces con ser agresivas. Ser audaz es asertivo, pero no agresivo. Es una habilidad que se aprende. La ventaja de ser audaz es que no es necesario insistir sobre lo mismo", dice. "Mis puntos fuertes son mi enfoque audaz pero amable, mi empatía y mi capacidad de escuchar. Me han servido a lo largo de mi carrera y me han permitido crecer y servir".

Una declaración de marca personal basada en atributos culturales y construcción de relaciones.

Nikki Watson es la fundadora de The Design Quad, con sede en Dallas, Texas. Design Quad es la empresa de Home Staging más grande del país, con más de 300 propiedades montadas al mismo tiempo.[55]

"Expandí mi negocio aprovechando cada oportunidad para convertir a nuestros clientes en fanáticos entusiastas. Si me enteraba de que un agente inmobiliario tenía un nuevo nieto, le enviaba una caja de pañales a su oficina con una linda nota de nuestro equipo", dijo. "Construir relaciones es lo que mejor hacemos como minorías. Hacer que la gente se sienta querida. Eso es lo que hice para hacer crecer nuestra base de clientes; cuando se sienten apreciados, entonces son tus mejores anunciantes".

---

55   Nikki Watson, the first Black woman in the staging business https://latinasinbusiness. us/2022/10/18/nikki-watson-first-black-woman-in-the-staging-business/ (consultado en diciembre de 2022)

Una marca personal basada en valores (creencias espirituales) y desarrollo de habilidades de liderazgo –

Dra. Harbeen Arora, líder intelectual, ícono global y visionaria de la mujer, empresaria, filántropa, humanitaria, autora, guía y oradora espiritual[56]

"El camino se revela al que lo busca. No importa en qué etapa de tu viaje te encuentres, si tienes una mente abierta y un corazón puro, la vida te colocará en el camino que se supone debes seguir para tu propio crecimiento y despertar. Cuando escuchamos nuestra voz interior, seguimos nuestra guía intuitiva, tomamos acciones y damos pasos hacia adelante en nuestro camino, así también encontramos nuestro destino", dice Arora.

"Siempre me ha apasionado trabajar y aprender. Las metas y los sueños pueden cambiar, pero lo que más disfruto es la parte del aprendizaje. Aprender, trabajar y caminar con propósito te eleva enormemente como ser humano. Esa apertura constante de la mente, la ampliación de horizontes, el cambio de perspectiva, la expansión espiritual y el florecimiento de la energía son muy importantes para mí y me impulsan como persona", añade.

Ahora que hemos establecido la importancia de tener un enunciado de marca personal para tomar el control de tu historia, pasamos a una nueva sección de este libro, Parte 2: Destacar tu marca personal: Los elementos de tu historia. Esta es tu oportunidad de construir tu narrativa con excelencia. ¡Encontrarás herramientas y recursos para llenar tu bolsa de trucos y brillar bajo los reflectores!

---

56   Dr. Harbeen Arora on Sisterhood, Spirituality, and Success https://latinasinbusiness.us/2021/04/15/dr-harbeen-arora-on-sisterhood-spirituality-and-success/ (consultado en diciembre de 2022)

PARTE 2

DESTACA TU MARCA PERSONAL: LOS ELEMENTOS DE TU HISTORIA

CAPÍTULO 4:

CREAR UNA HISTORIA CON UN GRAN MENSAJE

◆———————◆———————◆

"Estoy escribiendo mi historia para que otros puedan ver fragmentos de sí mismos".

- Lena Waithe, guionista de Bones y Master of None

Ahora que has definido el enunciado de tu marca personal, comenzarás a presentarte al mundo contando tu historia. Cuando mencionamos fragmentos de enunciados de mujeres en liderazgo en el último capítulo, analizamos cómo sus marcas personales salieron a la luz durante sus entrevistas. Ahora te toca a ti utilizar la misma táctica cada vez que aparezcas en un entorno público o profesional.

En la Parte 2, analizamos los elementos que necesitas dominar al contar las historias que harán brillar tus valores, atributos culturales, rasgos de carácter y habilidades de liderazgo. Sin embargo, igualmente importante es que tu marca personal proyecte un mensaje claro a tu audiencia. ¿Cuáles son tus metas y aspiraciones? ¿Cuál es el mensaje que atraerá a tu audiencia potencial? ¿Cuál es la lección a compartir?

Puedes encontrar fuentes de inspiración para crear historias interesantes relacionadas con tu propósito en muchos entornos, como historias y tradiciones familiares, anécdotas de colegas y compañeros de trabajo, historias que aprendiste en conferencias y presentaciones que puedes recrear para tu propio propósito, libros que has leído, obras de teatro y películas que has visto e historias de la vida real que has presenciado.

Déjame decirte dónde encontré las mías.

Cómo encontrar fuentes de inspiración

Durante la "latinización" [57] de los Estados Unidos de América, mi empresa capacitó a maestros, personal de bibliotecas y profesionales médicos para acercar sus servicios a los inmigrantes latinos. Los programas de formación en Competencia Cultural, por ejemplo, fueron uno de los servicios que ofrecía nuestra pequeña empresa. Dado el momento adecuado para ofrecer estos servicios, pudimos capitalizar el crecimiento de la población latina entre 1990 y 2006.

Como dije antes, vine a los Estados Unidos con mi familia en esa primera década. Si eres de origen latino o hispano, quizás también lo hiciste, o viniste durante la década siguiente. En 2000, el censo mostró que la población latina había aumentado en 14 millones de personas desde 1990, el mayor aumento de población inmigrante en una década en la historia de los Estados Unidos.

---

57   Latinización de América es un término utilizado por el autor Eliot Tiegel que describe la primera visión contemporánea del tipo de crecimiento dinámico de la población hispana de Estados Unidos. *Latinization of America: How Hispanics Are Changing the Nation's Sights and Sounds*, Phoenix Books, 2007.

El fenómeno no siguió el mismo patrón que otras migraciones hispanas. Los lugares con un gran número de latinos, llamados estados "de entrada" [58], continuaron recibiendo inmigrantes. Sin embargo, las áreas que anteriormente tenían una población hispana relativamente pequeña experimentaron aumentos porcentuales más significativos.[59]

Había comenzado una pequeña empresa de traducciones en mi tiempo libre mientras trabajaba para el Departamento de Salud de Nueva Jersey. Después de que la nueva administración entrante del Gobernador McGreevey me despidiera junto con varios cientos de empleados contratados, vi la oportunidad de ampliarla a una actividad de tiempo completo. Estaba en camino de convertirme en una emprendedora, ¡pero no lo sabía!

Otra oportunidad se presentó cuando una bibliotecaria de Nueva Jersey me contactó porque estaba interesada en comprar algunos libros en español para su biblioteca pública. La población hispana estaba en auge en el Estado Jardín y los recién llegados necesitaban materiales y servicios en español. La conversación fue productiva y pronto descubrí que el personal de la biblioteca tenía dificultades para servir a esta población.

Ese fue un "momento eureka". Vi una excelente oportunidad para expandir mis servicios comerciales de traducciones a una agencia de comunicación multicultural. Le propuse una combinación de un

---

[58] Los "estados de entrada" fueron los que históricamente han recibido el mayor número de inmigrantes hispanos: California, Texas, Nueva York, Florida, Illinois y Nueva Jersey. Esos estados fueron reemplazados por nuevos patrones de inmigración en la década de 1990-2000. El censo de EE.UU. muestra diferentes caminos para los migrantes nacionales y extranjeros, Population Reference Bureau https://www.prb.org/resources/u-s-census-shows-different-paths-for-domestic-and-foreign-born-migrants/ (consultado en enero de 2020)

[59] La geografía cambiante de los hispanos de EE. UU. entre 1990 y 2006: un cambio hacia el sur y el medio oeste https://www.tandfonline.com/doi/full/10.1080/00221340802208804 (consultado en enero de 2020)

taller de Competencia Cultural con la inclusión de algunas frases en español que podrían usar para comenzar a comunicarse con sus clientes de habla hispana.

Planificamos y realizamos la presentación ante un grupo piloto de seis o siete empleadas de la biblioteca; fue un gran éxito. Estaban entusiasmadas por aprender algunas frases en otro idioma y se ofrecieron como voluntarias para ofrecer sugerencias adicionales para ampliar su vocabulario.

Pronto me derivaron a otras bibliotecas, que empezaron a requerir esos servicios. Desarrollé cursos más específicos, como nuestra capacitación insignia, "Doce frases mágicas que el personal de biblioteca debe saber en español". La mayoría del personal de biblioteca era muy receptivo y estaba interesado en ayudar a sus clientes de habla hispana.

Unos años más tarde, esta experiencia y los servicios que ofrecimos nos abrieron las puertas a una maravillosa oportunidad. Me invitaron a ser parte del grupo de capacitadores en WebJunction [60] de la Fundación Bill y Melinda Gates - Programa de extensión en español para bibliotecas.

Durante mis años de formación en bibliotecas de nueve estados diferentes, escuché historias desgarradoras sobre inmigrantes recientes que intentaban adaptarse a su nuevo país anfitrión. También me invitaban a hablar con inmigrantes de habla hispana en iglesias locales y centros comunitarios para transmitirles información comunitaria importante.

---

60   Descripción general del programa de extensión en español de WebJunction (en inglés) https://www.webjunction.org/reports/webjunction/Spanish_Language_Outreach_Program_Overview.html (consultado en febrero de 2023)

Los cursos para bibliotecas pronto se expandieron a las escuelas, donde las maestras se interesaron en discutir sus propios desafíos específicos con los estudiantes de los "nuevos americanos" y sus padres. En poco tiempo amplié mis servicios al ámbito de salud, creando talleres y formación para enfermeras, especialmente aquellas que trabajaban en salas de urgencias y plantas de maternidad.

A través de las asistentes a estos talleres y mis encuentros directos con inmigrantes recientes, aprendí sobre los increíbles sacrificios que tenían que enfrentar para triunfar en los Estados Unidos. Esas historias se convirtieron en mis fuentes de inspiración para mis decisiones comerciales y así forjé mi marca personal en ese momento.

Me interesaron particularmente las historias de mujeres, muchas de las cuales llegan solas o con niños pequeños a los Estados Unidos. Sufren situaciones duras, trabajan muchas horas para mantener a sus familias y dejan a sus hijos al cuidado de extraños, una experiencia que he vivido personalmente.

Otras se alejan de sus hijos cuando inician su viaje hacia "el Norte", con la esperanza de poder traerlos poco después, pero la mayoría de las veces no sucede. Hasta la expansión de la comunicación celular y digital, muchas perdieron estas conexiones o no vieron a su familia de origen durante años. Sentí una necesidad imperiosa de dar a conocer sus vidas y sacrificios y hacer escuchar sus voces, construyendo un puente de entendimiento a través de mi negocio y sus historias. Ese se convirtió en el núcleo de mi mensaje comercial y de marca personal.

Las emociones cautivan a la audiencia

Las marcas utilizan historias con mensajes contundentes para transmitir una imagen positiva de su empresa. El mensaje, a veces llamado premisa, es el significado o moraleja de la historia, la pieza educativa que el narrador comparte con la audiencia y, si es interesante, la razón por la cual la historia cautiva la audiencia.

Pero ¿cómo logras que tu mensaje sea "cautivante"? Como consumidores, encontramos una conexión emocional directa con mensajes que reafirman nuestras creencias o preferencias personales, reflejan de alguna manera nuestra propia historia o valores, o nos brindan una expectativa positiva; esa es la razón por la cual las citas y los eslóganes son tan frecuentes en las redes sociales, un breve "cuento" con moraleja en tan solo una frase que nos resuena.

Un mensaje convincente educa, nos hace reflexionar o reafirmar nuestras convicciones y nos inspira a continuar nuestra búsqueda. Los mensajes deben ser aspiracionales, motivarnos a actuar y ayudarnos a convertirnos en mejores versiones de nosotros mismos.

Piensa en el dicho: "Todo sucede por una razón". Estoy segura de que lo has escuchado o incluso recuerdas esa frase en un momento difícil o revives brevemente una situación problemática cuando la escuchas. Para algunas personas, este mensaje puede brindarles apoyo emocional y ayudarles a aceptar la situación que están atravesando. Otros podrían pensar que el destino no existe y rechazarlo. El mensaje es recibido o rechazado de acuerdo cómo cada uno lo percibe según sus creencias personales.

Generalmente rechazamos o perdemos interés en historias que transmiten un mensaje que contrasta con nuestras creencias o valores, nuestra cultura o aquellos con los que no podemos identificarnos. Los prejuicios inconscientes y la intolerancia nos impiden conectarnos con aquellas narrativas que no reflejan nuestros puntos de vista o con las que no podemos identificarnos de alguna manera, lo que nos impide estar abiertos a recibir información adicional. Y quien no tenga prejuicios, ¡que tire la primera piedra!

Esto no es algo que hacemos conscientemente la mayor parte del tiempo. Sin embargo, los prejuicios y la discriminación existen y muchas personas son muy conscientes de sus sentimientos. Incluso si crees que eres la persona más imparcial del mundo, piénsalo de nuevo. Es posible que tu cerebro te esté jugando una mala pasada. Ampliaremos estos conceptos en un capítulo posterior. Por ahora, permíteme compartirte una estrategia que incorporé en mis talleres de capacitación y que me ayudó a transmitir mensajes de manera más efectiva.

Como te conté antes, durante la década de los noventa, ayudar a una población numerosa con diferentes culturas e idiomas se convirtió en un desafío para muchas agencias y organizaciones públicas que ofrecían servicios en educación y en las profesiones médicas. Muchos estadounidenses tuvieron dificultades para conectarse con historias en las que los recién llegados eran los protagonistas o personajes centrales, a pesar de que sus propios antepasados habían sido inmigrantes.

La mayoría de los estadounidenses blancos tienen ascendencia europea, y muchos afirman ser descendientes de diversos grupos étnicos europeos. Aproximadamente el 86% de los estadounidenses de origen europeo hoy en día provienen del noroeste y centro de Europa, y el 14% son de ascendencia del sur de Europa, del sudeste de Europa, del este de Europa y eurolatinos.[61]

Después de vivir en los Estados Unidos, aunque sólo sea por unas pocas generaciones, muchos olvidan las tribulaciones que atravesaron sus abuelos o bisabuelos cuando pusieron un pie en la tierra de las oportunidades. Los inmigrantes europeos (italianos, irlandeses, rusos

---

[61]   Las personas de ascendencia europea, o estadounidenses blancos (también conocidos como estadounidenses europeos y estadounidenses caucásicos), constituyen la mayoría de los 331 millones de personas que viven en los Estados Unidos, con 191.697.647 personas o el 57,8% de la población en el censo de Estados Unidos de 2020. https://en.wikipedia.org/wiki/Americans (consultado en febrero de 2023)

y alemanes) también sufrieron las consecuencias de la intolerancia y la discriminación de otras generaciones de inmigrantes que les precedieron.

Los afroamericanos vivieron una experiencia completamente diferente. Fueron forzados a desplazarse a través de la esclavitud, una situación casi opuesta a la de alguien que migra voluntariamente desde su país de origen.

Otra condición diferente es la de los últimos inmigrantes asiáticos, del Medio Oriente y latinos, que podrían estar huyendo de persecuciones y guerras religiosas, étnicas o económicas, como lo hicieron muchos inmigrantes europeos durante las guerras. Sin embargo, todavía son recibidos con resistencia en los Estados Unidos.

Entendiendo estos principios, comenzaba mis sesiones de capacitación preguntando a los participantes sobre su familia de origen, ascendencia, llegada al país, comida o tradiciones que todavía practican en casa, apellidos y cosas por el estilo. La introducción los evocaba a ellos mismos como descendientes de inmigrantes y subconscientemente los preparaba mejor para las historias de inmigrantes "más recientes" y sus tribulaciones.

Tuve que trabajar a través de sus propias historias de origen para romper esas barreras de resistencia. Mi mensaje, en resumen, era: "Todos venimos de algún lugar y con un objetivo: cumplir el Sueño Americano ".[62]

---

62   "El Diccionario de Inglés Oxford define el Sueño Americano como el ideal de que cada ciudadano de los Estados Unidos debería tener las mismas oportunidades de alcanzar el éxito y la prosperidad a través del trabajo duro, la determinación y la iniciativa."... "Con el tiempo, la frase "sueño americano" ha llegado a asociarse con movilidad ascendente y suficiente éxito económico para llevar una vida cómoda. Sin embargo, históricamente la frase representó el idealismo del gran experimento estadounidense". Sarah Churchwell, Una breve historia del sueño americano https://www.bushcenter.org/catalyst/state-of-the-american-dream/churchwell-history-of-the-american-dream (consultado en febrero de 2023)

Estas historias, las de ellos y las que contaba para ilustrar mis presentaciones, demostraban mi mensaje. Simplemente hablar de datos y cifras de inmigración y de cómo la población hispana estaba creciendo a un ritmo asombroso probablemente habría creado incomodidad y miedo y habría hecho que mi audiencia se sintiera desconectada de esas experiencias. Por otro lado, agregar historias de personas reales a los números creó la conexión emocional que necesitaban para captar mi mensaje y comprender por qué sus servicios eran tan necesarios.

Si bien esta estrategia fue apropiada para este grupo específico de trabajadores educados de clase media, quienes, a lo largo de generaciones, probablemente pudieron cumplir su "sueño americano", sabemos que no ocurre lo mismo con otros grupos demográficos.

Un artículo de Reuters comparte que los estadounidenses de raza negra están privados de sus derechos a los principios del sueño americano. "... Un número preocupante de nacidos en la clase media son ahora en realidad más pobres que sus padres", según un informe de la académica Julia Isaacs de la Institución Brookings. El informe encontró que "las personas negras están siendo excluidas de la premisa de que sus hijos estén económicamente mejor [que sus padres] ... Los niños de familias negras de clase media y media alta conllevan una caída generacional de ingresos que contrasta marcadamente con la expectativa tradicional estadounidense de que a cada generación le irá mejor que a la anterior", escribió. El estudio fue parte del Proyecto de Movilidad Económica de Pew Charitable Trusts.[63]

---

63   El sueño americano, una pesadilla para muchos negros: estudio https://www.reuters. com/article/us-usa-race- Income/american-dream-a-nightmare-for-many-blacks -study-idUSN128843820071113 (consultado en mayo de 2023))

Por ejemplo, ser propietario de una vivienda es uno de los motores del sueño americano. Más del 74 por ciento de los hogares blancos eran propietarios de sus viviendas a finales del primer trimestre de 2023, en comparación con sólo el 46 por ciento de los hogares negros, casi el 50 por ciento de los hispanos y el 62 por ciento de los propietarios asiáticos. [64] Esta brecha, mantenida por décadas de políticas económicas y de vivienda diseñadas para excluir a los compradores negros, representa la brecha de riqueza actual entre estadounidenses blancos y negros.

La encuesta de adultos hispanos del Pew Research Center de 2016 encontró que "los hispanos tienen significativamente más probabilidades que el público estadounidense en general de creer en partes centrales del sueño americano: que el trabajo duro dará sus frutos y que cada generación sucesiva estará mejor que la anterior". Sin embargo, muchos hispanos consideran que el sueño americano es difícil de alcanzar y su confianza disminuye a medida que las generaciones están más arraigadas".[65]

Eso quiere decir que ser consciente de tu audiencia, su estatus social y demográfico, y sus aspiraciones y oportunidades de movilidad social juega un papel fundamental a la hora de seleccionar tu tema y tus mensajes.

Los temas y mensajes dejan una marca

Inevitablemente, en cada historia hay mensajes que uno puede captar. Como ávida aficionada a películas, documentales y series

---

64   Vivienda y propiedad de vivienda: tasa de propiedad de vivienda https://fred.stlouisfed.org/release/tables?eid=784188&rid=296 (consultado en julio de 2023)

65   Los latinos tienen más probabilidades de creer en el sueño americano, pero la mayoría dice que es difícil lograrlo https://www.pewresearch.org/short-reads/2018/09/11/latinos-are-more-likely-to-believe-en-el-sueño-americano-pero-la-mayoría-dice-que-es-difícil-de-alcanzar/ (Consultado en mayo de 2023)

de televisión, me gusta observar cómo los escritores reflejan estos mensajes y cómo los entrelazan a lo largo de toda la trama para seguir recordándonos esa idea principal durante toda la historia. Cortos o largos, 100 minutos o 100 episodios, el mensaje principal se entrelaza y se sigue repitiendo, por lo que continúa resonando en nuestras creencias y preferencias.

Mientras que un tema expresa el enfoque del narrador en el asunto, el mensaje expresa la opinión del narrador sobre el conflicto en cuestión, cómo cree que el conflicto debería resolverse -o las razones por las que no se resuelve- y las consecuencias de esa acción.

Algunos temas universales utilizados en la narración abarcan ideas destacadas de la sociedad: el bien contra el mal; el amor y la esperanza; la redención; la valentía y la perseverancia; ritos de iniciación y crecimiento personal; y venganza. Dentro de estos amplios espacios literarios, algunos mensajes han sido utilizados desde la antigüedad como parte de nuestras culturas y tradiciones.

Millones de historias suelen derivar de estos temas. Por ejemplo, un mensaje central dentro del tema "bien contra el mal" que ha sido machacado miles de veces en las historias porque ha demostrado tener mucho éxito entre el público es "el fin justifica los medios".

La idea proviene de la época griega y romana,[66] pero no fue proclamada como teoría filosófica [67] hasta el siglo XIX. Un tema popular que refleja este mensaje es "el policía malo que al final resulta

---

66   "El dramaturgo griego Sófocles escribió en Electra (c. 409 a. C.), 'El fin excusa cualquier mal', un pensamiento traducido más tarde por el poeta romano Ovidio como 'El resultado justifica el hecho en 'Heroides' (c. 10 a. C.)". De *Wise Words and Wives' Tales: The Origins, Meanings, and Time-Honored Wisdom of Proverbs and Folk Sayings, Olde and New* (Avon Books, Nueva York, 1993).

67   Se considera que el origen de la frase refleja una filosofía política llamada consecuencialismo, o la ética de definir el bien y el mal basándose en el valor moral de una acción juzgada al observar sus consecuencias. (NA)

ser un policía bueno", buscando una salida para salvar el mundo incluso a un costo moral o violento; la lucha contra la injusticia robando a los ricos para darle a los pobres; el abogado o el médico desamparado que lucha contra el sistema, y muchos otros.

"Desde 'Dragnet' hasta 'Harry el sucio' y 'Duro de matar', las historias policiales de Hollywood han reforzado los mitos sobre los policías y el trabajo policial, ideas que resuenan dolorosamente hoy en día, cuando los tiroteos con participación de la policía y las preguntas sobre la raza y las relaciones comunitarias azotan las ciudades de EE. UU. y desempeñan un papel protagónico en las elecciones presidenciales.... La historia policial es uno de los dramas elementales de la cultura popular estadounidense, donde nos enfrentamos a los crímenes que más nos asustan en una época determinada y lidiamos con lo que queremos que hagan los policías que se supone deben detener esos crímenes. [La serie] 'Dragnet' de Joe Friday reforzó la fe pública en la ley y el orden en los años 50. 'Harry el Sucio' de Callahan avivó el terror y la rabia por la ola de crímenes violentos que comenzó en los años 60. Y 'Die Hard' de John McClane asombró al público cuando [el personaje] por sí mismo salvó toda una torre de oficinas de criminales despiadados en la década de 1980".[68]

Mensajes similares como "es mejor pedir perdón que permiso" y "teme más al arrepentimiento que al fracaso" están arraigados en nuestras vidas. ¡Incluso representan las culturas de algunas empresas y, definitivamente, las acciones de algunos políticos!

Mas aun, hay mensajes menores en una historia, sutiles pero significativos, que apoyan el pilar central o mensaje principal. Por

---

68   Dragnets, Harry el sucio y Dying Hard: 100 años de la policía en la cultura pop https://
      www.washingtonpost.com/sf/opinions/2016/10/24/how-police-censorship-shape-hollywood/
      (consultado en julio de 2023))

ejemplo, en el tema del "policía malo que resulta en policía bueno", casi siempre hay una dificultad conyugal, la falta de comprensión de una pareja o un excónyuge que los abandonó porque están "casados" con su trabajo. Ese conflicto secundario hace que la vida del protagonista sea un infierno, buscando crear una respuesta empática de la audiencia hacia el personaje incontrolable.

El protagonista también puede luchar contra una adicción o estar alejado de sus hijos, su familia y sus padres. No pueden tener relaciones saludables en sus vidas porque eligieron esa "profesión", una palabra que proviene de "profesar" o afirmar la fe o la lealtad a una religión o un conjunto de creencias[69].

Las historias de médicos, bomberos, funcionarios del gobierno y de inteligencia de Estados Unidos y otros servidores públicos también utilizan estos mensajes laterales porque son muy populares al crear respuestas emocionales de empatía y compasión.

La función de este mensaje menor o lateral es reafirmar el mensaje principal: exalta los sacrificios al tiempo que justifica el comportamiento del personaje que resulta ser, al final, un ser humano sensible y vulnerable por el que sentimos empatía. Ahí es donde nuestras emociones son cautivadas, atraídas.

El mensaje nos asegura que podemos dormir tranquilos y seguros por la noche porque alguien está haciendo grandes sacrificios para protegernos a nosotros y a nuestra patria, incluso a costa de un comportamiento inaceptable como torturar prisioneros para proteger la seguridad de nuestro país, librar guerras impías, dejar a sus hijos atrás para asumir una tarea que nadie quiere: violar la ley para protegerla. ¡Estas historias son tan convincentes que las respaldamos emocionalmente!

---

69   De Lexico.com, desarrollado por Oxford University Press, https://www.lexico.com/en/definition/profess (consultado en enero de 2020)

Sin embargo, estas historias también apuntan a nuestra brújula moral, ofreciendo una visión escenificada y glamorosa de cómo las fuerzas del orden y otras profesiones médicas y legales desempeñan sus deberes en comparación con lo que escuchamos y leemos sobre el uso excesivo de la fuerza por parte de la policía, el abuso verbal y físico de los pacientes en el ámbito de la salud y centros de atención, y los abusos sistemáticos llevados a cabo por la Agencia Central de Inteligencia de los Estados Unidos (CIA) y el ejército estadounidense durante la "Guerra contra el Terrorismo".[70]

A pesar de los esfuerzos de Hollywood, una encuesta de Gallup de 2022 encontró que " el 45% de los adultos estadounidenses encuestados confían aún menos en la policía tras el asesinato de George Floyd en 2020, un 3% menos que el mínimo anterior del 48%." La misma encuesta encontró que sólo el 30% de los no blancos estadounidenses encuestados tienen o "bastante confianza" en la policía, en comparación con el 53% de los estadounidenses blancos encuestados."[71]

El enfoque cultural de los mensajes

El mensaje "el fin justifica los medios" puede incluirse en el tema particular del bien contra el mal. Otros mensajes que buscan justicia podrían ser "sin justicia no hay paz", "tomar la ley en tus propias manos" u "ojo por ojo", este último el favorito de muchas audiencias con una profunda raíz bíblica. Los mensajes relacionados con la desigualdad, la venganza y las historias de justicieros, un individuo o miembro de

---

70   El legado del "lado oscuro": Los costos de las detenciones e interrogatorios ilegales en Estados Unidos después del 11 de septiembre https://www.hrw.org/news/2022/01/09/legacy-dark-side (consultado en julio de 2023)

71   Confidence in U.S. Institutions Down; Average at New Low https://news.gallup.com/poll/394283/confidence-institutions-down-average-new-low.aspx (consultado en julio de 2023)

un grupo que se encarga de emprender el cumplimiento de la ley sin autoridad legal, son temas prevalentes en la historia de la narración.

"Como sugiere su nombre, Vigilante [justiciero] es un antihéroe que apunta a delincuentes callejeros y jefes de la mafia en lugar de villanos sobrehumanos. Ha habido nada menos que nueve encarnaciones de Vigilante en los cómics de DC. En la versión original, Greg Saunders era un héroe de la era del Lejano Oeste que se remonta a Action Comics #42 de 1941", dice Jesse Schedeen , redactor de IGN Entertainment. "Sin embargo, el segundo Vigilante, Adrian Chase, es fácilmente el más famoso del grupo. Chase es un ex fiscal de distrito que se entrega a una vida de violencia después de que mafiosos matan a su familia." [72]

Ahora bien, el mensaje "ojo por ojo" puede representarse de manera diferente en una cultura, grupo o nacionalidad en particular. Por ejemplo, la "cultura del honor", defender o mantener intacto el honor propio o el honor de la familia, podría considerarse un mensaje universal. Aun así, en la cultura japonesa (*bushidō)*[73] se paga con la vida -suicidio ritual- mientras que en otras culturas puede generar un acto de agresión -un duelo o una matanza masiva.

La defensa de la masculinidad (parte del *machismo* en la cultura hispana) y la preservación de la castidad femenina (parte del *marianismo* en la cultura hispana)[74] también son mensajes importantes en la narración de esta cultura. Varias telenovelas latinoamericanas tratan estos temas: Un chico rico se enamora de una chica humilde pero hermosa y virginal, encontrando la oposición familiar; la vida de una famosa y poderosa

72   El justiciero del pacificador explicado: ¿Quién es el personaje de Freddie Stroma? - DC FanDome 2021 https://www.ign.com/articles/dc-vigilante-explained-who-is-peacemaker-freddie-stroma-dc-fandome# (consultado en mayo de 2023)

73   *Bushidō* https://es.wikipedia.org/wiki/Bushidō/ (consultado en mayo de 2023)

74   Susana G Baumann, MAA, MSL., *¡Hola, amigos! Un plan para el alcance latino*, Libraries Unlimited; ABC/Clio, CT, 2010

familia liderada por el patriarca "narco" (narcotraficante) involucrada en negocios sucios. Todas estas historias reflejan las tradiciones hispanas de sexismo, patriarcado y jerarquía social.

Pero las telenovelas también "son una piedra de toque cultural, especialmente para los hispanohablantes en todo el mundo. Los arcos narrativos populares, como el de familiares perdidos hace mucho tiempo, resuenan en los latinos cuyas familias pueden haber emigrado. En varias de estas series aparecerán referencias religiosas, otra piedra de toque para la población latina predominantemente católica". [75] Yo agregaría que lo mismo ocurre con las series y telenovelas de otros países, que se han hecho famosas a través de los servicios de *streaming*. Algunos ejemplos provienen de Brasil, Turquía, Alemania, Japón, Corea, Israel e India.

Otros mensajes pueden estar relacionados con temas como la superación de la adversidad, las pérdidas o el pasado; buscando la verdad, el amor, la esperanza o el perdón; encontrar tu verdadero yo o tu lugar en el mundo; elegir la libertad o ser libre a toda costa.

Sin embargo, tu cultura de origen podría definir cómo abordas estos temas. En su libro *Cultura y Psicología*, los autores Lisa Worthy, Trisha Lavigne y Fernando Romero nos advierten que, "El autoconcepto es una representación de conocimiento que contiene conocimiento sobre nosotros mismos, incluyendo nuestras creencias sobre nuestros rasgos de personalidad, características físicas, habilidades, valores, objetivos y roles, así como el conocimiento de que existimos como individuos". [76]

---

75   El poder de la telenovela https://www.pbs.org/newshour/arts/the-power-of-the-telenovela (consultado en febrero de 2023)

76   Los estudios muestran la importancia relativa de estas categorías en las respuestas de las personas a la Prueba de las Veinte Declaraciones (TST), que puede revelar mucho sobre una persona porque está diseñada para medir las partes más accesibles (y por lo tanto las más importantes) de la autoconciencia de una persona. El concepto del Yo y cultura https://open.maricopa.edu/culturepsychology/chapter/self-and-culture/ (consultado en mayo de 2023)

Mensajes como el éxito contra viento y marea, la protección de los derechos individuales por encima del bien común o el "individuo hecho a sí mismo" (*self-made*) pertenecen a las culturas occidentales o más individualistas, que perciben al yo como algo separado del ser espiritual. Las normas sociales y culturales refuerzan el enfoque en uno mismo, la independencia y la autonomía. [77] Considera consejos como "Tú eres tu propia persona" o "Deja de preocuparte por lo que piensan los demás".

Las culturas orientales, sin embargo, son conocidas por su colectivismo, que enfatiza las necesidades y objetivos del grupo por encima de las necesidades y deseos del individuo. Las relaciones con otros miembros de la sociedad y su interrelación juegan un papel central en la identidad de cada persona. La edad, la sabiduría y las fortalezas físicas y morales también se valoran y honran, y se reconocen como fuentes de arquetipos y mensajes narrativos valiosos.[78]

Y los autores de *Cultura y Psicología* continúan: "Curiosamente, los individuos biculturales que reportan aculturación tanto a culturas colectivistas como individualistas muestran cambios en su autoconcepto dependiendo de la cultura en la que están preparados para pensar... [como] cuando se les pide que escriban sus respuestas en chino, a diferencia del inglés".[79]

Cuando pienses en tus temas y mensajes, piensa desde una perspectiva cultural, lo que definitivamente hará que tu enfoque

---

77   Ibídem.

78   Los valores orientales defendidos por el budismo, el confucianismo, el hinduismo, el yoga integral, el islam, el taoísmo y el zen se basan en diferentes conjuntos de principios filosóficos y vitales fundamentales. Oriente versus Occidente, http://www.1000ventures.com/business_guide/crosscuttings/cultures_east-west-phylosophy.html (consultado en enero de 2020)

79   Ibídem. 15

sea único. Abstente de presentar tu perspectiva como una opción mejor o peor que la de la cultura dominante o de otras culturas; [80] es simplemente diferente. Explora los pros y los contras de tu enfoque en cada entorno y cómo puedes tener una perspectiva y resolución de conflictos diferentes que aporte nuevas soluciones. ¡Esta es la esencia de construir y liderar con éxito un equipo diverso!

Por ejemplo, un artículo [81] sobre el trabajo en equipos multiculturales o globales menciona al reconocido antropólogo Edward Hall, quien diferencia la comunicación intercultural en el valor que se le otorga a la comunicación directa o indirecta en cada cultura. "Las culturas de bajo contexto, como Alemania, Estados Unidos y Australia, dependen de la comunicación directa y el uso de un lenguaje concreto para transmitir su mensaje; se detallará y definirá más información en el mensaje". Y el artículo continúa: "Las culturas de alto contexto, como Japón y China, dependen más de la comunicación indirecta y no verbal. Estas culturas preferirán mantener una armonía general y evitar el conflicto a toda costa".

Aprovecha tu historia de origen, formación cultural, puntos de vista y perspectivas locales, tradiciones y cualquier otro aspecto de tu vida que te haga único. Incluso si naciste y creciste dentro de la "cultura dominante", probablemente tengas una visión diferente

---

80   "El mainstream es la tendencia dominante en la opinión, la moda o las artes. La cultura dominante es la cultura que sostiene o parece más "normal" para una gran cantidad de personas que vive en una sociedad. Incluye toda la cultura popular y la cultura mediática, típicamente difundida por los medios de comunicación. Debe distinguirse de las subculturas y contraculturas, y en el extremo opuesto se encuentran los seguidores de culto y las teorías marginales". El regreso del fandom en la era digital con el auge de las redes sociales. https://www.igi-global.com/chapter/return-of-fandom-in-the-digital-age-with-the-rise-of-social-media/237691 (consultado en febrero de 2023)

81   Oriente vs Occidente: 5 diferencias culturales que los estudiantes internacionales deben conocer https://absoluteinternship.com/blog/east-vs-west-5-cultural-differences-international-student-should-know/ (consultado en mayo de 2023)

según tu inserción socioeconómica en la sociedad, origen, tus creencias morales o religiosas y muchos otros componentes importantes de tu personalidad y carácter que te convirtieron en la persona que eres hoy. Hazlo relevante; ¡resáltalo como importante!

Cómo resuenan los temas con la audiencia

Como dijimos, la mayoría de los temas giran en torno al bien contra el mal; amor y esperanza; redención; valentía y perseverancia; crecimiento personal; y la venganza como ideas principales dentro de una historia. Incluso si los temas fueran "universales" debido a su capacidad para conectarse con una audiencia más amplia, aun así, temas específicos, como la inmigración, la persecución religiosa o étnica o la guerra, sólo pueden ser identificables por aquellos que vivieron esas experiencias en su vida o han escuchado cuentos relacionados con esta experiencia en sus familias o grupos sociales internos.

Sin embargo, los temas pueden ayudar a trascender las diferencias y construir una conexión entre grupos sociales. En una historia sobre inmigración, por ejemplo, buscar mejores oportunidades para su familia puede dejar su huella si se enmarca como un tema de valentía, perseverancia, amor y esperanza, como expliqué anteriormente en este capítulo cuando describí cómo diseñé estrategias para mis talleres de formación en competencia cultural para el personal de bibliotecas.

También pueden conectarte con personas que son como tú o que, de alguna manera, pueden identificarse con tu experiencia. Aunque los temas son aspectos muy generales de la vida humana, no todos los experimentamos de la misma manera. La atención a los temas es una excelente manera de comprender cómo reaccionan las personas ante los acontecimientos de la vida, especialmente considerando los desafíos que enfrentan los personajes o el protagonista.

Cuando te sitúas como protagonista, ¿con qué estás luchando? ¿Qué dices y haces para resolver tus problemas? ¿Cómo reaccionas ante las acciones de otras personas? Estos son los indicadores del tema más importantes, que vinculan el tema con la trama o el argumento. Utilizando temas universales, puedes crear grandes historias que se apliquen a tus mensajes.

Por ejemplo, estás a punto de realizar una entrevista para una pequeña empresa. Hiciste tu debida diligencia y descubriste la historia de origen de la empresa, una empresa familiar gestionada por varias generaciones. Vas a entrevistar con el hijo y el nieto del fundador, dos generaciones por debajo de la persona que lanzó el exitoso negocio, el abuelo. Cada uno puede tener diferentes puntos de vista sobre el futuro de la empresa.

Piensa en el componente emocional en juego cuando contratan gente. Por ejemplo, es posible que prefieran que la nueva empleada no sólo sea eficiente, sino que se preocupe por su negocio tanto como ellos. Quizás el padre indague sobre tus principios y valores empresariales, mientras que el hijo esté más interesado en cómo ves la innovación y la visión de futuro de la empresa.

Encontrar una conexión emocional en mensajes que reafirmen el tema de "cultura y honor familiar " mientras reflexionas sobre tu propia historia sería una forma de vincularte. "El honor familiar es un concepto abstracto que involucra la calidad percibida de dignidad y respetabilidad que afecta la posición social y la autoevaluación de un grupo de personas relacionadas, tanto corporativa como individualmente. La familia es vista como la principal fuente de honor y la comunidad valora mucho la relación entre el honor y la familia".[82]

---

82   Family Honor https://en.wikipedia.org/wiki/Family_honor (consultado en febrero de 2023)

Tal vez en tu relato puedas mencionar una empresa familiar propiedad de tus abuelos o de tu familia extendida. Puedes identificarte con las luchas y dificultades de construir y sostener una pequeña empresa porque lo has visto de cerca en tu propia familia. Es posible que hayas trabajado en un entorno similar antes y puedas encontrar los puntos en común que buscan.

Recuerda, eres una persona externa a su familia. La conexión emocional también podría encontrarse en la inclinación común por la industria, por un producto o servicio que ofrecen, en cómo vencer a la competencia o en tu visión de cómo el negocio evolucionará hacia el futuro.

Pero también, y lo más importante, podría enforcarse en los "valores familiares". Si la empresa es conservadora y tradicional, es posible que deseen buscar mensajes que reafirmen sus convicciones, o al menos que sean lo suficientemente identificables como para interesarse por tus puntos de vista. Verifica sus acciones pasadas relacionadas con sus decisiones de recursos humanos, si las hubo, para asegurarte de que encajarás bien en su cultura empresarial.

"Hay muchas circunstancias en las que las prácticas, creencias y puntos de vista religiosos de un individuo entran en el lugar de trabajo. Considera cómo se siente un empleado no cristiano cuando las fiestas religiosas se llaman fiestas de Navidad, cuando sólo se observan días festivos cristianos en el trabajo o cuando los horarios de trabajo entran en conflicto con las prácticas religiosas del propio empleado. Agrega a esto acciones discriminatorias, como que un gerente tome represalias contra un trabajador que busca un acomodo religioso o un compañero de trabajo que haga comentarios despectivos basados en su religión. Existe un marco legal en el que los empleadores deben abordar estas cuestiones, pero también una oportunidad de brindar un lugar de trabajo acogedor e inclusivo como factor importante para atraer y retener a los mejores talentos".[83]

Además, hay que tener en cuenta el origen demográfico de la familia. Si bien muchos hispanos dirigen empresas familiares, los inmigrantes asiáticos o indios también eligen el espíritu empresarial como vehículo para la movilidad ascendente. El enfoque podría ser singular en cada caso.[84]

En cambio, al realizar una entrevista para una gran corporación, es posible que se necesite otro tipo de narración y los valores pueden diferir. El reclutador o la persona de Recursos Humanos podría estar buscando a alguien que crea en "una cultura de equipo" frente al "éxito individual". Tus habilidades y valores de liderazgo serán un tema de conversación predominante y necesitarás encontrar historias que los ilustren. Si no surgen, debes orientar la conversación hacia asuntos que puedas controlar.

Podrían poner a prueba tu integridad o indagar si crees que "el fin justifica los medios" o compartes la filosofía de "mejor pedir perdón que permiso". Estos son mensajes implícitos que pueden surgir en historias y anécdotas sobre las que te pueden preguntar relacionadas con experiencias y acciones pasadas en situaciones o esfuerzos profesionales similares. ¿Hasta dónde estás dispuesto a llegar por esta empresa?

---

83   Accommodating Religion, Belief and Spirituality in the Workplace https://www.shrm.org/resourcesandtools/tools-and-samples/toolkits/pages/accommodating-religion,-belief-and-spirituality-in-the-workplace.aspx (consultado en julio de 2023))

84   Las culturas de honor existen en todo el mundo, pero son más comunes entre los pueblos de regiones que se extienden desde el norte de África pasando por Oriente Medio, Asia central y el subcontinente indio. Para obtener una breve explicación de las diferentes culturas del honor, consulte https://en.wikipedia.org/wiki/Family_honor (consultado en febrero de 2023).

Un trabajo en una gran corporación puede requerir un sacrificio y una crueldad extremos para proteger las ganancias de la empresa. Un ejemplo de ello fue el escándalo de Enron que involucró a la empresa energética estadounidense con sede en Houston, Texas.

Enron fue fundada en 1985 por Kenneth Lay tras fusionar Houston Natural Gas e InterNorth. Varios años más tarde, cuando contrataron al CEO Jeffrey Skilling, Lay desarrolló un equipo de ejecutivos que utilizaron brechas contables, entidades de propósito único e informes financieros fraudulentos para ocultar miles de millones de dólares en deudas de acuerdos y proyectos fallidos.

El director financiero Andrew Fastow y otros ejecutivos engañaron a la junta directiva y al comité de auditoría sobre prácticas contables cuestionables de alto riesgo para la empresa de energía Enron. Presionaron a Arthur Andersen, la firma de contabilidad de Enron y una de las cinco asociaciones de auditoría y contabilidad más grandes del mundo, para que ignorara los problemas.[85]

Entonces, ¿cuáles son los mensajes de esta historia? Para los altos ejecutivos de Enron, "el fin justifica los medios" está escrito en toda su decisión de cometer fraude. Sin embargo, como dice un empleado de Enron al final del documental "*Enron: The Smartest Guys in the Room* "[86]: "Creo que la lección más importante fue la que Enron les pidió a sus propios empleados, que fue 'Pregunten por qué'. Y... no me pregunté por qué lo suficiente. No les pregunté a los gerentes por qué lo suficiente. No les pregunté a mis colegas por qué lo suficiente".

---

85   Fuente consultada en noviembre de 2022 (https://en.wikipedia.org/wiki/Enron_scandal)

86   "Enron: Los chicos más inteligentes de la sala", un Prime Original escrito y dirigido por Alex Gibney.

En el artículo "Ejecutivos de Enron: ¿Qué pasó y dónde están ahora?" [87] Brian Dolan

describe: "Las consecuencias del escándalo de Enron sacudieron a la industria y a sus contadores, lo que finalmente resultó en la ley Sarbanes-Oxley (SOX para abreviar), que requirió más transparencia en los informes financieros y la responsabilidad personal de los ejecutivos por los estados financieros. Si bien la debacle de Enron destruyó los ahorros de toda una vida de muchos empleados de Enron al colapsar el fondo de pensiones y el valor de sus acciones (se les instaba constantemente a invertir en acciones de Enron como una buena inversión y una señal de lealtad), las reformas legales posteriores, como la SOX, podrían ayudar a prevenir el próximo Enron".

Los principales ejecutivos detrás del fraude fueron juzgados y condenados, pero otras personalidades importantes fueron actores secundarios atrapados en el escándalo. ¿Cuál sería el mensaje de tu historia si fueras parte del personal directivo de Enron que participó indirectamente y estuvieras solicitando un nuevo trabajo? ¿Cómo convertirías una situación conflictiva de integridad personal en la nueva oportunidad que buscas? Nuevamente, ¡piensa en los grandes temas!

Construir una historia basada en premisas falsas

Por último, no "construyas" historias basadas en una premisa o mensaje en el que no crees o que se basen en hechos falsos. Recientemente, se informó sobre el representante George Santos de Nueva York [88] y su currículum engañoso. Santos incluyó "algunos

---

87   Ejecutivos de Enron: ¿Qué pasó y dónde están ahora? https://www.investopedia.com/enron-executives-6831970
(consultado en febrero de 2023)

88   Goerge Santos Admits Embellising Resume https://edition.cnn.com/2022/12/26/politics/george-santos-admits-embellishing-resume/index.html (consultado en febrero de 2023)

datos" que construyeron una marca personal integral en un relato retorcido de su campaña política. [89]**¿Las razones? Sólo él** las sabe, pero los hechos que inventó intentaban atraer e impresionar a varios grupos demográficos diversos.

Tarde o temprano, enfrentarás tu propia conciencia -o la investigación judicial, como lo hizo Santos- e incluso podrías verte forzada a tomar la decisión correcta, como renunciar a tu cargo. Y esos conflictos que tú misma creaste, esos "momentos de verdad" se convierten en puntos de inflexión difíciles y, a menudo, insuperables en tu carrera, vida personal o profesional.

En otros casos, las personas aceptan oportunidades laborales basadas en una compensación financiera, pensando que su marca personal eventualmente "coincidirá" con la cultura de la empresa. No digo que nunca funcione, pero esas personas suelen tener experiencias laborales y de vida miserables.

Ahora que hemos presentado cómo pueden aparecer los conflictos en tu historia, ¡profundicemos en ello en el próximo capítulo!

---

89   La guía completa sobre las mentiras de George Santos https://nymag.com/intelligencer/2023/02/the-everything-guide-to-george-santoss-lies.html (consultado en febrero de 2023)

CAPÍTULO 5:

EL CONFLICTO DA CREDIBILIDAD A LA HISTORIA

◆———————◆———————◆

"La verdad es que nuestros mejores momentos tienen más probabilidades de ocurrir cuando nos sentimos profundamente incómodos, infelices o insatisfechos. Porque sólo en esos momentos, impulsados por nuestra incomodidad, podemos salir de nuestras rutinas y comenzar a buscar diferentes caminos o respuestas verdaderas."

- M. Scott Peck [90]

Anteriormente, hablé sobre la elaboración de historias basadas en temas universales que abarcan las ideas prominentes de nuestra sociedad: el bien contra el mal; amor y esperanza; redención; valentía y perseverancia; crecimiento personal; y venganza. Quizás te preguntes, ¿cómo? ¿Cómo puedo elaborar esas historias si mi vida es sencilla y aburrida?

---

[90] Morgan Scott Peck, El camino menos transitado, publicado en 1978. https://en.wikipedia.org/wiki/M._Scott_Peck (consultado en febrero de 2023)

Incluso la vida más sencilla puede contener historias apasionantes. La clave es encontrar luchas o conflictos que hayas vivido y colocarlos en contexto utilizando un tema, como analizamos en el capítulo anterior. Luego cuéntale a tu audiencia lo que has aprendido de esas experiencias. ¿Qué pasó? ¿Cómo te sentiste? ¿Cuál fue el resultado? ¿Qué entendiste de ello?

Grandes o pequeños, todos tenemos conflictos en nuestra vida. La diferencia entre una gran película y nuestras propias experiencias es que guionistas y narradores tienden a delinear los conflictos en detalle para llamar la atención de la audiencia. El resto de nosotros, en la mayoría de los casos, tendemos a evitar, negar o afrontar los conflictos sin pensar demasiado en ellos, incluso cuando se trata de una de las cinco situaciones más estresantes de la vida: muerte de un ser querido, divorcio, mudanza, enfermedad o lesión grave y pérdida del empleo.

Como muchos de ustedes, luché con todo tipo de conflictos mayores y menores. Mientras atravesaba esos conflictos, no podía articular el origen o la naturaleza de los desafíos. Simplemente los enfrenté de la mejor manera posible. Sin embargo, cuando llegó el momento de reflexionar, traté de comprender las causas, el proceso y el resultado de cada situación en un intento de aprender de esa experiencia. En algunos casos, necesité la ayuda de un profesional. En otros, busqué el apoyo de amigos y familiares. Déjame contarte cómo lidié con un conflicto particular que cambió mi vida para siempre.

Si reflexionas sobre tu vida, probablemente recordarás momentos de brillante felicidad y luego varias situaciones de las que te arrepientes o de las que te sientes orgulloso. De ahí la infame encrucijada: ¿has tomado el camino correcto o equivocado ? No me refiero a decisiones cotidianas, como elegir helado de vainilla o chocolate, sino un momento de tu vida en el que se tomó una decisión crucial, con consecuencias de gran alcance en el futuro. En cierto modo, algo que cambió sustancialmente tu vida.

Una encrucijada de esas que viví fue la decisión de dejar mi país de origen, Argentina, para emigrar a Estados Unidos. En ese entonces, era profesora universitaria titular, vivía con mi segundo marido, dos hijos de mi primer matrimonio y un futuro potencialmente prometedor. Tenía una carrera excelente en el campo académico y estaba satisfecha.

Sin embargo, la vida siempre "te tira una curva". Mi marido empezó a tener problemas con su negocio. Pronto lo perdió y tuvo que trabajar de empleado en un negocio minorista. Constantemente insatisfecho y culpando a la vida y a todos los demás por esta "mala suerte", empezó a barajar la idea de mudarse al extranjero para empezar de nuevo. En ese tiempo, la política en Argentina había empezado a decaer rápidamente; eran finales de los años 80 y, como mencioné, una época oscura se avecinaba en el país. En poco tiempo me convenció de que era hora de emigrar.

Dejaba atrás cuarenta años de mi vida, mi familia, mis amigos, una carrera profesional satisfactoria, y alejaba a mis dos hijos (nueve y doce) de su padre. Recuerdo vívidamente las conversaciones con mis familiares y amigos, las lágrimas, las promesas y las despedidas. Les causaba dolor y sufrimiento al dejarlo todo atrás para comenzar una nueva vida. Pero en ese momento estaba convencida de que era la decisión correcta.

Intentamos planificar la mudanza con cuidado. Mi marido viajó cuatro meses antes, llevándose 200 dólares en el bolsillo y la promesa de un trabajo. Me quedé para vender nuestros pocos bienes y hacer arreglos para mi viaje con los niños en la fecha programada, antes del comienzo del año escolar.

Mi hija, mi hijo y yo llegamos a Nueva Jersey en junio de 1990. Al principio la vida parecía maravillosa a pesar de las dificultades que implicaban acostumbrarnos a un nuevo idioma, una cultura diferente, una nueva casa en una ciudad desconocida y nuevas escuelas. Todo era confuso pero emocionante.

Muy pronto logramos avances sustanciales, trabajando juntos. Ayudaba a mi esposo con su nuevo negocio, pero decidí regresar a la universidad para obtener un nuevo título profesional. Estaba convencida de que me ayudaría a encontrar mejores oportunidades laborales. Después de 18 años como profesora universitaria en Argentina, ingresé como estudiante. Fue un desafío, pero traté de dar lo mejor de mí. Sabía que todo este sacrificio daría sus frutos de alguna manera en el futuro.

También fue difícil la adaptación de los niños. Nos instalamos en una zona muy poco diversa en el centro de Nueva Jersey, y mis hijos eran los únicos "latinxs" en una pequeña escuela de sólo 200 estudiantes. Pronto llegó el cumpleaños de mi hijo y ninguno de los compañeros a los que había invitado se presentó a la pequeña fiesta. Mientras abrazaba a su perro, lloraba: "No tengo amigos que vengan a mi cumpleaños". Tenía 13 años y mi corazón se rompió ese día.

Pero no sabía que se avecinaban más acontecimientos dolorosos. Pronto aprendí que no existe un "nuevo comienzo". El cambio de vida no solucionó los problemas de mi marido; por el contrario, empeoraron. Pronto, los problemas comenzaron a agravarse en el matrimonio. Se volvió abusivo y violento, aislándonos a los niños y a mí de nuestros pocos nuevos amigos. Me enteré de que estaba teniendo una aventura con una cliente. Era difícil adivinar quién entraba por la puerta, si doctor Jekyll o el señor Hyde.

Al vivir con amenazas constantes y abuso verbal y emocional, sentía que no tenía adónde ir. Él tenía el control completo de las cuentas bancarias y, aunque el negocio iba muy bien, tenía que pedirle dinero hasta para las compras más pequeñas. También se volvió cada vez más hipercrítico con los niños en privado mientras desempeñaba el papel de un padrastro fabuloso en público.

Después de una terrible experiencia de abuso y maltrato, dejé a mi esposo poco después de dos años de nuestra nueva vida. Estaba sola con mis hijos en un país desconocido, sin familia ni sistema de apoyo, pero pensaba que era una oportunidad de tener una vida mejor.

Como resultado de esta triste experiencia, aprendí cómo funcionaban los sistemas y el derecho de familia de los Estados Unidos. Por ejemplo, una amiga querida me dirigió a un centro para mujeres, donde encontré ayuda para personas en relaciones abusivas. Avergonzada al principio, pero luego desesperada, descubrí que las mujeres abusadas y maltratadas [91] provienen de todos los ámbitos de la vida. Aprendí que la educación formal no evita que caigas en la trampa del abuso. Unidas por nuestros problemas, las mujeres del grupo intentábamos ayudarnos unas a otras.

A través de una miembro del grupo, encontré trabajo enseñando español en un centro de aprendizaje. Eran solo unas horas, pero empezó a entrar algo de dinero. También me ayudaron a buscar un

---

[91]   Según la Coalición Nacional Contra la Violencia Doméstica, una de cada tres mujeres y uno de cada cuatro hombres ha sufrido algún tipo de violencia física por parte de su pareja íntima. En comparación, una de cada siete mujeres y uno de cada 25 hombres han sido abusados por su pareja íntima. https://espanol.thehotline.org (consultado en febrero de 2023)

defensor público para reclamar la manutención de los niños, pero mis hijos no eran suyos y la ayuda económica me fue negada.

Vivíamos en una casa grande, así que alguien me sugirió que buscara una compañera de cuarto, una experiencia que nunca había tenido. La nueva huésped de la casa fue excelente y no sólo me ayudó con el dinero, sino que también echaba un vistazo a los niños mientras yo estaba en el trabajo. Poco a poco, la vida iba volviendo a su cauce y volví a ser yo misma, la luchadora y superviviente que llevaba dentro.

Mi marido siguió intentando recuperarme durante meses. Después de cada pelea horrible, solía enviarme un hermoso arreglo de rosas rojas de tallo largo. La última vez que vinieron esas rosas, sentí que su toxicidad intentaba colarse por mi puerta con su fragancia. Devolví las rosas. Hasta el día de hoy, las rosas rojas no son mis flores favoritas.

Cómo tomar la decisión correcta

Mirando hacia atrás, recuerdo muchos momentos infelices. Sin embargo, lo importante hoy no es si tomé la decisión correcta al salir de mi país sino apreciar las oportunidades que vinieron después para mis hijos y para mí. Sí, fue una experiencia terrible y emocionalmente la pagamos muy cara, pero treinta años después, también veo todo lo bueno que salió de esa terrible situación y creo que la decisión fue correcta.

Con la ayuda de profesionales, trabajé para comprenderme y perdonarme por mi rol en esta relación problemática. Rodeada de un nuevo grupo de amigos y colegas, construí un negocio exitoso que me brindó muchas recompensas satisfactorias. Años más tarde, también tuve la oportunidad de retribuir a la comunidad que me apoyó al lanzar una iniciativa que contaba las historias de muchas latinas y otras mujeres emprendedoras de color para ayudarlas a alcanzar sus sueños.

Mis hijos se destacaron en sus profesiones a pesar de tener que superar varios obstáculos, incluida la adaptación del idioma y la cultura en el nuevo país. Mi hija es una académica reconocida y mi hijo un destacado instructor de baile. Hoy en día tienen éxito en sus profesiones, pero lo más importante, es que son personas honestas y de buen corazón con una ética de trabajo impecable, la misma ética de trabajo que ayuda a muchos inmigrantes a este país a soportar dificultades increíbles.

Como puedes ver, es importante poner cada conflicto en contexto y mirar hacia atrás durante un largo período de tiempo, reflexionando sobre lo que surgió de ello, lo que aprendimos de esta experiencia que podemos aplicar a nuestras vidas hoy y compartir este camino con otros.

¿Cuántas veces me han preguntado por qué me mudé a Estados Unidos? Miles. ¿He contado siempre la misma historia? ¡Por supuesto que no! Pero he explicado alguna versión de la verdad según quién preguntaba, para involucrarlos y convertir la mera curiosidad en una experiencia compartida o un vínculo personal o profesional. Así es como la misma historia puede contarse de diferentes formas.

Al elaborar tu historia para un objetivo potencial (tu marca, un grupo de inversores o clientes, una entrevista especial o una historia en los medios, un nuevo trabajo o ascenso, o incluso nuevos amigos), también debes estar preparada para abordar lo bueno y lo malo, las circunstancias que te llevaron a llegar donde estás hoy.

¿Por qué tu audiencia debería estar interesada en tu historia? En otras palabras, ¿qué ganan ellos, el público? ¿Cuáles son los resultados y el conocimiento compartido? ¿Cómo puedes llevarlos a la mesa? Compartir tu historia les ofrece una lección que pueden aprender, tal vez sin pasar por el mismo dolor y conflicto. Lo más importante es que tu mensaje siempre debe basarse en la esperanza, en la seguridad de que hay una luz al final del túnel.

Los tres cerditos se encuentran con el patito feo

Los niños lo saben bien y, por lo general, les piden a sus padres que les lean una y otra vez historias que les parecen fascinantes, aterradoras o mágicas porque les reafirma saber que incluso cuando algo "malo" sucede, al final ocurre algo "bueno" que va a resolverlo. Por lo general, una historia que pueden relacionar con sus propias vulnerabilidades.

El patito "feo" se convierte en un hermoso cisne. ¿Quién no se ha sentido aprensivo, inseguro o diferente a un grupo mayor y sin sentido de pertenencia? Los Tres Cerditos temen por sus vidas y están a merced del Lobo Feroz. ¿Qué niño no se ha sentido desprotegido sin la presencia de sus padres (los fuertes cimientos de "ladrillos") o indefenso en un mundo aterrador (el gran lobo feroz) ?

Esta necesidad de sostén continúa en la edad adulta. Cuando surge un conflicto, la gente se siente incómoda y perturbada. Quieren que el conflicto se resuelva o desaparezca (la reacción de enfrentarse a la lucha o huir ante el peligro) y que se recupere la armonía en sus vidas. El conflicto puede generar una variedad de emociones, como miedo, desesperación, ira, tristeza, estrés, celos, sentirse indefensa, incompetente y falto de propósito o control sobre una situación.

Sin conflicto no hay historia. Piensa en tus últimas vacaciones o viaje de negocios; ¿Qué momento de ese viaje te llamó más la atención? Tal vez el avión retrasado que casi te hace perder la reunión de negocios o el accidente que viste al costado de la carretera en el que una persona había perdido la vida, o el momento en que te separaste del grupo con el que viajabas. ¿Cómo te sentiste en ese momento? ¿Estabas desesperada, disgustada o asustada? ¿Y cuál fue la acción que tomaste en ese momento?

Escuchar cómo otros resolvieron conflictos puede ser una forma de revivir tus propias experiencias, sentimientos, miedos o incertidumbres. El conflicto se vuelve identificable y fácil de entender. Podrías reevaluar su resultado, confirmar o confrontar tus creencias o presentar una alternativa a tus pensamientos y opiniones. También es una forma de prevenir posibles conflictos en tu propia vida al aprender cómo otros manejaron ese conflicto en particular, ya sea siguiendo su experiencia o reconsiderando el camino hacia la solución que mejor se adapte a tus circunstancias.

La conexión emocional con el conflicto es, de hecho, uno de los elementos que más llama la atención en una historia, como se explicó en el Capítulo Uno cuando hablamos de la película "Los dos Papas". Independientemente de sus creencias religiosas, los espectadores sintieron una conexión emocional con el conflicto, ya sea comprometidos o desencantados por la confrontación (conflicto) y el compromiso (resolución o resultado). En última instancia, fue una manifestación de la afirmación de sus creencias.

Aquí tienes otra anécdota más agradable de mi vida. Hace unos años, mientras viajábamos por Italia con dos amigas, conducíamos hacia Roma por el *Grande Raccordo Anulare* o Circunvalación de Roma. A pesar de mis años como conductora en los Estados Unidos, el tráfico italiano era abrumador. Conducen extremadamente rápido y utilizan la bocina con tanta frecuencia como los frenos. En Estados Unidos, no te atreves a usar la bocina excepto en emergencias para evitar un episodio de violencia en la carretera. Aquí, los italianos eran extremadamente "comunicativos" y ¡también nos hacían muchos gestos con las manos!

El auto de alquiler tenía que devolverse en un horario específico para evitar cargos por atraso y sabíamos que no llegaríamos a tiempo. Los GPS en los automóviles y los teléfonos celulares eran raros en ese entonces, y nuestro auto de alquiler no incluía uno. Además, las señales al costado de la carretera eran diferentes de nuestros mapas, en términos de denominación e idioma.

Al principio bromeábamos al respecto, pero luego mis amigas y yo empezamos a sentirnos ansiosas. La tensión era tan intensa que prácticamente ocupaba un asiento. [92] Ya era tarde y el sol se pondría pronto. No sólo teníamos que devolver el coche, sino también encontrar el camino hasta nuestro hotel, que estaba en el centro de la ciudad, cerca de Piazza di Espagna.

Pensé: "Nunca saldremos de aquí solas". Entonces, me arriesgué. En la siguiente salida, sin tener idea de dónde ni en qué parte de la ciudad estábamos, giramos hacia una ruta que llevaba a uno de los suburbios de Roma. Los encantadores alrededores se veían menos ruidosos que las zonas turísticas y mucho más tranquilos que el horrendo tráfico que habíamos dejado, mostrando un animado ambiente de pueblo pequeño sin renunciar al colorido y descuidado estilo de vida romano. Aunque perdidas, nos sentimos aliviadas.

Buscamos un taxi y le explicamos al conductor adónde teníamos que ir. Una de mis amigas, que hablaba algo de italiano, se subió al taxi. Luego, el taxista nos guió hasta la ubicación de la empresa de alquiler de coches y llegamos sólo unos minutos tarde. Fueron

92 "La tensión es tan intensa que prácticamente es su propia persona la que ocupa un asiento que no tenemos de sobra".—Tahereh Mafi https://www.scribd.com/document/681574739/Fracture-me-Tahereh-Mafi-1 (consultado en febrero de 2023)

necesarias algunas discusiones y un intercambio de gestos dramáticos con las manos (¡oye, yo también soy mitad italiana!) con el miembro del equipo de alquiler de autos para cerrar el trato, pero lo logramos. ¡Si no hubiera tomado esa salida, todavía estaríamos conduciendo por la circunvalación de Roma!

Entonces, ¿cuál es el mensaje aquí? Correr riesgos puede ser imprudente, pero no hacer nada es aceptar el fracaso.

En estas dos narraciones, la de mi marido abusivo y la última sobre mis aventuras de viaje, no hacer nada hubiera significado permanecer en una situación tóxica o improductiva.

Ahora piensa en una situación en la que te arriesgaste. ¿Cuál fue la decisión? ¿Cuál fue el resultado? ¿Prevaleciste? ¿Practicaste iniciativa o demostraste habilidades de liderazgo?

Tómate un tiempo para detallar una breve historia sobre cómo te arriesgaste porque te sentías acorralada, contra las cuerdas. Describe el conflicto y el resultado. Condiméntalo con detalles sobre las circunstancias, las personas involucradas en la historia, un poco de humor y la lección que aprendiste. ¡No es tan difícil!

El papel del conflicto en tu historia

También puedes narrar una historia donde el conflicto no necesariamente tenga una conexión directa con tu audiencia. Sin embargo, gracias nuevamente a nuestras magníficas conexiones cerebrales, tu audiencia vive la historia como propia o al menos puede identificarse con ella debido a sus creencias fundamentales o experiencias previas.

El conflicto, la venganza y la codicia en un mundo de poder y lujo podrían reafirmar la creencia de algunos que "el dinero no hace la felicidad", pero me pregunto, ¿son felices cuando les falta el dinero? También podría plantear la creencia de que "el privilegio paga su precio", pero ¿acaso no disfrutamos todos del privilegio cuando se nos concede ?

Por ejemplo, siempre digo que, en los Estados Unidos, a la gente le encantan las "cosas gratis" y nos sentimos privilegiados cuando las obtenemos. Si has estado en una sala VIP de un aeropuerto, sabrás de lo que estoy hablando. En otras culturas, lo gratuito puede verse como sospechoso, "lo barato sale caro" es un dicho en español que refleja esta desconfianza.

Por otro lado, el conflicto en un mundo de poder y lujo podría aumentar la fantasía de pertenecer a ese mundo, haciendo que el público se sienta como "protagonista", pensando que tal vez podría haber enfrentado la situación con éxito o haberse salido con la suya.

¿Alguna vez pensaste que la conclusión de una película era una estupidez y que habrías resuelto el conflicto de otra manera? ¿O deseas vivir un estilo de vida privilegiado, aunque sea por un día?

Recientemente, comencé una conversación con un señor mientras esperaba turno en el salón de belleza porque me encanta escuchar a la gente, especialmente sobre temas que estoy investigando. El diálogo desembocó en los programas de televisión de moda y cómo se representa en ellos a los ultrarricos. El hombre, que probablemente rondaría los cincuenta años, dijo que le encantaría experimentar el estilo de vida de un multimillonario, aunque sea durante una semana, viviendo en un lujo extremo, relacionándose con mujeres hermosas, probando comida exquisita, viajando en aviones privados o asistiendo a fiestas locas. Estaba convencido de que sería una experiencia increíble.

Cuando se fue, continuamos la conversación con mi estilista. Descubrí que el otro cliente era un gerente de banco que probablemente trataba con clientes de grandes cuentas, alimentando sus fantasías sobre la "buena vida". Me preguntaba si también estaría consciente de los negociados, los dolores de cabeza y la oscuridad que van de la mano con ese estilo de vida, pero claro, estas son mis propias creencias y prejuicios sobre los ricos.

Me sorprende cuántas historias sobre "ricos y despiadados" se han producido (y han tenido éxito) en la televisión estadounidense últimamente. La audiencia parece obsesionada con la riqueza y los programas de televisión les permiten echar un vistazo a las vidas y relaciones de los blancos ultrarricos. Esto no es una coincidencia. Algunos ejemplos son "Sucesión", basada ligeramente en la vida del magnate de los medios Rupert Murdoch y su familia. Otra es "Billones", una serie de Showtime que terminó en su séptima temporada.

Por un lado, los medios glorifican constantemente a los multimillonarios. Promueven lo rápido que ha amasado su riqueza, fomentando la fantasía -especialmente en los jóvenes- de que pueden "triunfar" sin el esfuerzo de una larga carrera o la lealtad a una empresa o trabajando en su propio negocio. Por otro lado, la pandemia ejerció mucha presión sobre la salud mental de las personas y les hizo darse cuenta de que querían opciones diferentes a una vida laboral miserable.

Sin embargo, estas películas y programas de televisión son más atractivos porque tienen una sólida sensación de osadía al retratar a los blancos ricos. Tomemos como ejemplo el programa de televisión "Billones". En el guión se reflejan todas las creencias que la audiencia pueda tener acerca de los blancos ricos que violan la ley sin consecuencias y perjudican a todos en el camino.

Y también lo hace la imagen del "hombre del gobierno", el ambicioso fiscal estadounidense que intenta incriminar al personaje principal, pero al final, sucumbe a sus ambiciosos intereses de poder. El mensaje se basa en afirmar la creencia de la audiencia de que hay un mundo donde los delitos de cuello blanco quedan impunes y que el privilegio y el poder van de la mano con la corrupción y la pérdida del alma.

Otros programas de televisión populares tratan sobre la superación de la adicción, donde el conflicto se basa en elegir entre la "pérdida total" o la "salvación", llevando al personaje a una encrucijada extrema. Puedes perder tu trabajo o tu familia, matar a alguien en estado de ebriedad, ir a la cárcel o vivir una vida marginal, estas acciones terminan en dos posibles resoluciones, vencer o fracasar, y las consecuencias de cada una de ellas. "*Shameless*" (Sin vergüenza, de la cadena Showtime), "*Euphoria*" (Euforia, de la cadena HBO) o "*Intervention*" (Intervención, un *reality show* de Netflix) son ejemplos de historias que abordan estos conflictos.

Según un artículo del New York Times,[93] "alrededor de 77.000 estadounidenses murieron por sobredosis de opioides sintéticos como el fentanilo en el período de 12 meses que finalizó en abril de 2023, según estimaciones provisionales de los Centros para el Control y la Prevención de Enfermedades. En 2022, el año más reciente con datos completos, esta cifra fue de alrededor de 74.000... A modo de comparación, alrededor de 55.000 estadounidenses murieron en 1972 en accidentes automovilísticos, el año con más muertes de este tipo. Alrededor de 49.000 personas murieron por armas de fuego en 2021 (incluido el suicidio), el año con mayor número de muertes de este tipo".

93 Algunos datos clave sobre el fentanilo https://www.nytimes.com/2023/10/05/upshot/fentanyl-opioides-mexico-explainer.html (consultado en septiembre de 2023)

Por eso no sorprende que, con ese nivel de impacto en la vida cotidiana de las personas, estos temas atraigan a grandes audiencias en Estados Unidos. Incluso si no somos adictos a las drogas, al alcohol, al trabajo o al ejercicio, ni tenemos un trastorno alimentario, todos hemos vivido algún tipo de encrucijada, extrema o no. Por lo tanto, podemos identificarnos con estas historias y sus mensajes.

Cómo presentar el conflicto

El diccionario Merriam-Webster ofrece tres definiciones de "conflicto". [94](1) Una acción competitiva u opuesta de incompatibles: estado o acción antagónica (como de ideas, intereses o personas divergentes) como un *conflicto* de principios. (2) Lucha mental resultante de necesidades, impulsos, deseos o demandas internas o externas incompatibles u opuestos. Un ejemplo sería que la conciencia de alguien estuviera en *conflicto* con su deber. (3) La oposición de personas o fuerzas que da lugar a la acción dramática en un drama o ficción, que es la forma que hemos estado discutiendo hasta ahora.

Un conflicto crea algún tipo de tensión entre fuerzas, ideas o estados de cosas opuestos. Puede que no siempre surja de una fuente negativa. También puede ser un golpe de buena suerte: venciste al casino comenzando con muy poco dinero y pasaste de pobre a rico, o ganaste una cuenta a pesar de la resistencia del cliente porque "ideaste" una solución de manera brillante.

En estos casos, nos referimos a la situación como la "tensión" o "desencadenante de la historia", ese momento estimulante en el que la adrenalina sube, los jugos cerebrales se activan y se manifiesta el punto culminante de la historia. Los desencadenantes de la historia pueden ser objetos, símbolos, música, letras de canciones o cualquier

---

94   Conflict https://www.merriam-webster.com/dictionary/conflict (consultado en abril de 2023)

cosa que provoque una fuerte emoción en una persona. Piensa al ver la bandera de tu país cuando viajas al extranjero o escuchar la canción que tú y tu cónyuge bailaron en tu boda (¡Ja! ¡Siempre asumiendo que es un buen recuerdo!). ¿Cómo te hacen sentir estos símbolos? ¿Qué emociones se activan en esos momentos?

Ahora dime, ¿cuáles son los factores desencadenantes positivos de una narración empresarial? Los blogueros de marketing utilizan palabras que evocan situaciones como empoderar, superar, recuperar, desbloquear, felicidad, facilidad e impulsar para desencadenar emociones positivas entre sus lectores. Su objetivo es generar esperanza, certeza, felicidad, reafirmación, cooperación e interés.

Cuando desencadenamos una emoción positiva en los demás, inmediatamente forjamos un vínculo. El momento mágico ocurre cuando escuchas a la otra persona decir: "Oh, a mí me pasó algo similar..." La historia se ha vuelto identificable y la persona que siente la emoción tendrá el corazón en la mano. Estos intercambios pueden iniciar un vínculo o fortalecer uno existente. En los negocios, el principal objetivo de las marcas es crear vínculos duraderos entre los clientes y sus productos a través de emociones positivas.

Sin embargo, estamos más familiarizados con los desencadenantes negativos que generan un conflicto en una historia. Las palabras que desencadenan emociones negativas son conspiración, exposición, agotamiento, sacrificio, rendición, falta de pertenencia, discriminación y muchas otras que provocan ira, engaño, vergüenza, vulnerabilidad, tristeza, culpa e incluso hostilidad.

Las emociones negativas se pueden utilizar para generar reacciones en determinadas situaciones, como la injusticia y la venganza, para crear miedo o retraimiento, frustración o agobio. En la narración, el uso de emociones negativas siempre debe permitir a la audiencia canalizar esas emociones negativas en alguna acción resultante positiva.

Déjame contarte un ejemplo de mi vida diaria. Tengo algunas inversiones pequeñas y mi dirección de correo electrónico se ha distribuido entre diferentes publicaciones de inversiones. Recibo más de una docena de correos electrónicos o boletines informativos diariamente con noticias siniestras sobre el mercado, la economía y el futuro de las inversiones. A veces, por curiosidad, los abro y constantemente, después de una larga descripción de cómo la economía estadounidense está condenada al fracaso, intentan venderme algo con "rendimiento garantizado", la acción positiva que se aconseja.

Estas terribles estrategias de marketing generan miedo e incredulidad a través de escenarios de noticias falsas. Aun cuando sé que son estrategias de marketing negativas, de vez en cuando y durante unos segundos, una vocecita en mi cabeza me dice: "Pero y si...", lo cual es un gran recordatorio de no bajar nunca la guardia ante la publicidad engañosa.

Conflictos y desencadenantes en la narración

Ahora, exploremos tipos más específicos de conflictos y desencadenantes en las historias y analicemos las clasificaciones generales de conflictos que se encuentran ampliamente en la narración.

1. Conflicto interno

Un conflicto interno es aquel que tienes dentro de ti, tu conciencia o propósito, tus acciones y sus consecuencias. Los ejemplos de conflicto interno están relacionados con algo que va en contra de tus creencias, tu ética o tus obligaciones morales. También podría ser una encrucijada, una decisión de tomar "el camino menos transitado" o de atreverse a tomar decisiones contra todo pronóstico. Aunque muchos de estos conflictos pueden ser generados por acciones externas, la resolución o el resultado está dentro de una misma y hace que el individuo crezca, cambie o acepte su destino.

Mensaje: Confía en tu instinto ante la incertidumbre

Hace muchos años, me entrevistaron para un trabajo de tiempo completo en una editorial. De hecho, fue mi primer trabajo "real" en Estados Unidos. Después del encuentro inicial con el editor, me invitó a una segunda reunión con su pequeño equipo para discutir el proyecto que estaba a punto de gestionar. Había cuatro o cinco personas en la sala, incluido el editor, la redactora en jefe, mi futura supervisora, y otros.

El proyecto en cuestión era presentar y promocionar una guía de arte en diferentes países de América Latina, ampliando el alcance de la publicación y, al mismo tiempo, posicionándola en un mercado global -hasta ese momento sólo se ofrecía en Europa. América Latina había generado grandes expectativas para aumentar los ingresos de la empresa.

Mientras estaba en la reunión, me presentaron todos los materiales de marketing de la revista que se distribuiría en 14 países de habla hispana; no todos los países estaban incluidos. Entonces me di cuenta de que los folletos y panfletos bellamente diseñados estaban publicados en inglés.

Seguí muy angustiada la mayor parte de la reunión, pensando si debía decir algo al respecto, siendo un trabajo que sin duda necesitaba y la primera vez que me reunía con el equipo. ¿Me odiarían si lo hiciera? ¿Haría una buena impresión si no lo hiciera? Finalmente, con voz muy tranquila, sugerí que un enfoque de marketing más integral incluiría *también* folletos en español para todos aquellos clientes que no hablaban ni leían inglés.

Se hizo un pesado silencio en la habitación. El editor miró a la redactora en jefe y dijo: "¿Por qué no pensamos en esto?" Luego me ofreció el trabajo y me agradeció por notar un detalle tan importante. Al día siguiente comencé a traducir todos los materiales. El equipo reaccionó positivamente y todos me apoyaron en mi decisión. Me hice inmediatamente indispensable para el éxito del proyecto y para tomar decisiones correctas para la empresa sin mencionar ningún defecto o deficiencia del equipo.

2. Conflicto entre personas

Ya sea miembros de una pareja o entre amigos, progenitores y progenie, jefes y empleados, gobierno y electores, o nación contra nación, el conflicto entre personas parece ser el más conocido y el que ocurre con mayor frecuencia en la vida.

Mensaje: Todos compartimos experiencias similares en alcanzar objetivos de vida similares

La llegada masiva de hispanos durante la década de 1990 y 2000 generó conflictos en muchos niveles en Estados Unidos. La tensión no sólo surgió a nivel nacional con choques entre culturas, asentamientos y empleos sino también, como lo describí, en las relaciones interpersonales con los servidores públicos.

Incluso el personal de bibliotecas y de salud más dedicado y orientado al servicio con los que trabajé expresaron cierta angustia durante nuestras sesiones de capacitación. Otros se opusieron abiertamente. Recuerdo vívidamente que una participante me preguntó: "¿Significa esto que debemos aprender todos los idiomas de cada persona que viene a este país?"

Sin embargo, muchos cooperaban abiertamente una vez que aprendieron algunas herramientas para superar los obstáculos y barreras que enfrentaban. Sólo necesitaban la seguridad de que sus servicios eran necesarios y apreciados. Tan pronto como pudieron comprender algunas diferencias culturales cruciales y aprender algunas frases en español, [95] pudieron interactuar con sus nuevos clientes y crear excelentes programas en torno a nuevas necesidades.

Nuestro programa de capacitación generó una excelente respuesta en muchas bibliotecas de todo el país, que a su vez crearon programas similares en otros idiomas -como lo hizo la Biblioteca Libre de Filadelfia- o contrataron más personal de habla hispana. Como resultado de esas piezas de capacitación, publiqué mi primer libro, "¡Hola, amigos! Un plan para el alcance latino", [96] en 2010.

A través de estos programas de capacitación, construimos vínculos que beneficiaron significativamente a todas las partes involucradas. Demostramos que el mensaje de capacitación "Todos venimos de algún lugar... para lograr el Sueño Americano", como se analizó en un capítulo anterior, fue bien recibido por la mayoría de los participantes.

---

95   El programa de capacitación "12 frases mágicas que el personal bibliotecario necesita saber en español" viajó por nueve estados y fue presentado a cientos de empleados bibliotecarios. Contenía más de 600 palabras en español que aprendían en una sesión de un día. Las frases se basaban en sus necesidades de interacción diaria con los clientes de habla hispana. (NA)

96   Susana G Baumann, MAA, MLS, "¡Hola, amigos! A Plan for Latino Outreach", Libraries Unlimited, ABC-Clio, CT 2010.

3. Conflicto con la naturaleza

¿Fuiste una víctima o voluntaria para el rescate después del huracán Katrina en Nueva Orleans, María en Puerto Rico o Sandy en el noreste? ¿Un incendio en California, un tornado en Colorado o una tormenta de hielo en Illinois? ¿Has vivido algunas circunstancias extremas generadas por la Naturaleza? Incluso si no estuviste en ninguna de estas situaciones horribles, pero tuviste que lidiar con el clima u otro "caso fortuito", la forma en que las resolviste será un tema importante en la narración.

Mensaje: Prepararse vale la pena (Pequeños actos de bondad)

Viví la aterradora noche del huracán Sandy en Nueva Jersey. Tuve suerte. Mi casa y mis alrededores no sufrieron daños y solo nos quedamos sin electricidad durante dos días. Otros residentes quedaron devastados, perdieron la vida, sus hogares y sus pertenencias, y estuvieron en la oscuridad durante días o semanas.

Había seguido todas las recomendaciones: un tanque lleno de gasolina, luces de batería y velas, dos baterías nuevas para mi vieja computadora, la que tiene una unidad de DVD para al menos ver películas en la previsible oscuridad. Había almacenado suficiente comida y libros para aproximadamente una semana.

Alrededor de las diez de la noche se apagaron las luces. Me quedé despierta viendo "*Up in the Air*", una película que había visto antes, pero estaba tan distraída por los siniestros ruidos del exterior y el temblor de las ventanas que no pude terminar de verla.

Normalmente no le temo a las tormentas, pero esta vez el viento soplaba tan fuerte que era petrificante. Al mirar por la ventana, pude ver objetos voladores y viejas ramas de árboles cayendo. Pensé que, si algo malo le sucedía a mi casa, lo sabría inmediatamente. Por ahora, estaba a salvo. No había nada que pudiera hacer que no hubiera hecho ya. Tomé una pastilla para dormir y me fui a la cama.

Los días siguientes fueron aún más espantosos, viendo la devastación y la muerte que había causado la tormenta. La gente conducía frenéticamente, casi asaltando supermercados y ferreterías en busca de suministros. Las peleas a puñetazos habían aumentado en las gasolineras. La policía había estacionado grandes autobuses escolares amarillos en los cruces de semáforos para evitar accidentes. El miedo había prevalecido, lo que hizo que la gente perdiera todo sentido de comunidad.

Aunque ayudé a un vecino a conectar su electricidad desde mi casa, me sentía inútil cuando de repente mi preparación dio sus frutos. Mi hijo y su esposa tenían una recién nacida, una niña. Tenía fiebre y tosía. Era difícil conseguir gasolina, así que me pidieron que los llevara al hospital cercano. Pasamos un par de horas juntos y estuve feliz de poder ayudarlos.

También hice recados para algunos de mis vecinos mayores, que tenían miedo de conducir. Al mantenerme ocupada, gané un sentido de comunidad. Ayudar a los demás me hizo sentir nuevamente en control a medida que la vida volvía lentamente a la normalidad.

4. Conflicto con la tecnología

La ficción antigua trataba sobre robots y androides. Las nuevas generaciones se están preparando para la IA (Inteligencia Artificial). ¿Las máquinas reemplazarán a los humanos? ¿Pensarán y tomarán decisiones por nosotros?

Algunas industrias llevan años reemplazando la mano de obra humana por robótica. Ahora muchos libros futuristas describen una perspectiva sombría. El conflicto con la tecnología aparece con la confrontación mítica del "bien y el mal" cuando la tecnología se utiliza para dominar a los humanos o imponer tiranías de un grupo autocrático sobre el resto de la humanidad. En las películas y la literatura, la IA se describe como una amenaza potencial que resuelve algunas áreas del bienestar humano en oposición a la pérdida de los derechos humanos o la libertad.

Mensaje: Lo que no te mata te hace más fuerte (Resiliencia)[97]

Nos hemos vuelto tan dependientes de la tecnología que las generaciones más jóvenes podrían no saber cómo sobrevivir sin ella, o sufrirían un doloroso proceso de aprendizaje para adquirir nuevas habilidades de supervivencia si la tecnología se destruye o se inutiliza.

Sin embargo, otros creen que el futuro nos convertirá en superhumanos con la ayuda de la tecnología. Aquí hay un pasaje de uno de mis libros favoritos, "*Homo Deus: Una breve historia del mañana*" de Yuval Noah Harari, Ph.D.:[98]

"Al buscar la bienaventuranza y la inmortalidad, los humanos, de hecho, están tratando de convertirse en dioses. No sólo porque se trata de cualidades divinas, sino porque para superar la vejez y la miseria, los humanos primero tendrán que adquirir un control divino de su propio sustrato biológico. Si alguna vez tenemos el poder de eliminar la muerte y el dolor de nuestro sistema, ese mismo poder probablemente será suficiente para diseñar nuestro sistema de casi cualquier manera que queramos y manipular

---

97   La frase proviene de un aforismo del filósofo alemán del siglo XIX Friedrich Nietzsche. Ha sido traducido al inglés y citado en varias variaciones, pero generalmente se utiliza como afirmación de resiliencia. (NA)

98   Yuval Noah Harari, Ph.D., " *Homo Deus: Una breve historia del mañan* " Harper Collins Publishers (reimpresión 2017).

nuestros órganos, emociones e inteligencia de innumerables maneras. Podrías comprarte la fuerza de Hércules, la sensualidad de Afrodita, la sabiduría de Atenea o la locura de Dioniso si eso es lo que te gusta. Hasta ahora, el aumento del poder humano dependía principalmente de la mejora de nuestras herramientas externas. En el futuro, puede depender más de mejorar el cuerpo y la mente humanos, o de fusionarse directamente con nuestras herramientas".

Estoy totalmente a favor de la ciencia o los avances tecnológicos. Los avances en medicina, ingeniería, computadoras y ahora en IA son nada menos que asombrosos y aterradores al mismo tiempo. Gracias a los avances médicos, camino, bailo, nado, ando en bicicleta, en auto y más con dos prótesis funcionales de reemplazo de cadera.

Sin embargo, estoy convencida de que mis nietas no sobrevivirían en un mundo sin electricidad. Sin ser culpa suya, están creciendo en un mundo de computadoras, dispositivos móviles, Wi-Fi, redes sociales, aire acondicionado y una serie de otros dispositivos con una creciente dependencia de la tecnología y la electricidad.

Mientras tanto, el mundo libra guerras por la escasez y la dominación de las fuentes de energía. El cambio climático es sólo uno de los problemas que enfrentarán en los próximos 50 años o incluso antes. La pregunta es si podemos confiar en que los avances tecnológicos garanticen que todavía habrá un planeta habitable para las generaciones venideras.

Imagínate estar en una costa prístina y no puedes evitar sentir una sentimiento abrumador. En ese momento, te das cuenta de que no eres simplemente un observador sino un participante activo en esta lucha. El cambio climático, impulsado por las actividades humanas, ha intensificado las fuerzas naturales, desencajando su equilibrio. El aumento del nivel del mar, los fenómenos meteorológicos extremos, los incendios y las sequías, las inundaciones y los fenómenos de derretimiento del hielo polar son todas consecuencias de este choque.

¿Considerarías confrontar este conflicto y transmitir un mensaje convincente? ¿Te motiva el miedo a un futuro inestable? ¿O confías en que esto es sólo un desequilibrio de la naturaleza y que la tecnología resolverá los problemas del mañana?

Al aceptar el conflicto entre la naturaleza y la tecnología en el contexto del cambio climático, puedes infundir propósito y resonancia a tu marca personal o empresarial. Puedes optar por comunicar cómo te esfuerzas por ser una agente de cambio positivo, contribuyendo a un futuro sostenible donde la naturaleza y la tecnología coexistan en armonía.

5. Conflicto con la sociedad

¿Eres un espíritu libre o prefieres el rigor? ¿Vas contra la corriente de la sociedad, el gobierno, la gerencia en el lugar de trabajo o incluso tu familia? ¿Te problematiza cuando otros no siguen las reglas? ¿Te hace sentir incómoda? ¿Quieres que siempre ganen los "buenos" o apoyas al personaje rebelde de "Robin Hood" de la película?

Como mencioné antes, la sociedad plantea sus normas y reglas no sólo en la palabra escrita -la Constitución, las leyes, el sistema judicial- sino que transmite las reglas no escritas, e incluso implícitas, en su narración. Algunos de los temas más importantes de nuestro tiempo, como la opresión, la discriminación y la exclusión involucran este tipo de conflictos: la opresión de las mujeres, la opresión religiosa, el racismo, la homofobia, las diferencias de clases o movilidad de clases, el abuso de poder, el cambio y la evolución social, el ambientalismo, y otros.

Mensaje: Tarde o temprano, debes alinearte al statu-quo

¿Has oído más historias sobre rebeldes, forajidos y espíritus libres o más sobre conformistas? El conflicto con la sociedad es uno de los temas narrativos más prolíficos de la historia del mundo. Sin embargo, incluso los espíritus más libres eventualmente se ven enredados en seguir el Estado de derecho, si no el de otros, el que ellos crean en oposición al statu-quo.

Las revoluciones mundiales son la historia de espíritus libres que convierten las "*viejas* instituciones" en "*nuevas* instituciones". A menos que te sigas oponiendo a todo y a todos, el conflicto con la sociedad (gobierno, gestión, instituciones) eventualmente se resuelve.

Por ejemplo, la Revolución Francesa cambió la relación entre los gobernantes, el despótico Luis XVI, con los aristócratas de la sociedad francesa y aquellos a quienes gobernaban, redefiniendo la naturaleza del poder político bajo la influencia de los filósofos y el levantamiento de la clase media o burguesía. Una vez que esta clase llegó al poder, se convirtieron en los nuevos explotadores de las masas pobres.

La sociedad te envía mensajes a través de la narración de conflictos con la sociedad en los medios de comunicación: si eres un proscrito, la justicia te atrapa; si eres rebelde, ¡la madurez también podría alcanzarte! Supongamos que continúas estando en desacuerdo o siendo rebelde. En ese caso, te conviertes en un personaje "excéntrico", "tonto" o "extraño" -piensa en Phoebe Buffay en la comedia "Friends"- o podrías ser una "antihéroe", como Arya Stark en "Juego de Tronos" (la serie producida por la cadena HBO). Exploraremos los roles de personajes en un capítulo posterior.

La sociedad también utiliza la narración para que comprendas cual es "tu lugar" a través de estereotipos y consecuencias de los conflictos. Piensa en algunas de estas preguntas:

1. ¿Qué personajes femeninos son retratados como charlatanes y agresivos?

2. ¿Qué personajes femeninos se presentan como fogosos e indomables?

3. ¿Qué personajes femeninos se presentan como sumisos y manipuladores?

4. ¿Qué personajes masculinos son peligrosos y amenazantes?

5. ¿Qué personajes masculinos son narcotraficantes y delincuentes?

6. ¿Quiénes son los primeros en morir en una aventura?

7. ¿Quiénes son exóticos, misteriosos y malvados?

8. ¿A quién no se le puede confiar la tecnología y la investigación?

Es posible que se apliquen múltiples respuestas a algunas de estas preguntas, pero voy a correr el riesgo de afirmar que casi nunca es el personaje principal blanco, sea hombre o mujer. Además de la raza y el origen étnico, los estereotipos pueden estar relacionados con el género: las mujeres son vulnerables y se presentan a la luz del "complejo de Cenicienta", que supone que las mujeres dependen de los hombres en la búsqueda de una vida feliz y plena, o son maquiavélicas, dominantes y poco virtuosas, "la mujer fatal". Tradicionalmente, los hombres en el cine han sido más agresivos, poderosos, dominantes y celosos, y las mujeres más cariñosas, afectuosas, felices y dóciles.[99]

99   Estudio: Los roles de género estereotipados prosperan en el cine https://www.abo.fi/en/news/study-stereotype-gender-roles-thrive-on-film/ (consultado en julio de 2023)

"La representación de los medios, especialmente en el cine, ha tenido durante mucho tiempo el poder de influir y moldear nuestras actitudes culturales. Y a menudo, las películas representan a personas de entornos históricamente marginados como un solo tipo de personaje o narrativa, enviando el mensaje de que las experiencias fuera del guión cultural prescrito no son valiosas ni vale la pena contarlas. Además, estas obras llevan el peso de ser una representación de todo un grupo, una carga demasiado grande para que la soporte una sola obra o persona. El estrecho alcance de estas películas también crea tensiones entre grupos históricamente marginados que se ven obligados a operar dentro de una mentalidad de escasez, en la que sólo hay espacio para una narrativa diversa".[100]

Aunque Hollywood ha experimentado algunos avances, ¡todavía queda mucho trabajo por hacer!

Ahora, veamos quién se presenta como un verdadero espíritu libre que puede canalizar positiva y productivamente su agitación interna hacia resultados excelentes como la innovación, la creatividad y el descubrimiento. ¡Sólo un espíritu fuerte y libre puede soportar la pesada carga del espíritu empresarial! Las historias de los Zuckerberg, los Gates y los Jobs sobre cómo convertirse en un emprendedor exitoso, creando reglas que debes cumplir para alcanzar el éxito, avanzar en tu propósito y crear un mundo de acuerdo con tu visión.

Estos fuertes estereotipos, sus mensajes ocultos y la caracterización de quién está destinado a tener éxito y quién está condenado al fracaso tienen consecuencias en los resultados personales y profesionales.

Un conflicto controvertido con la sociedad es el popularizado "síndrome del impostor", un fenómeno psicológico recientemente

---

100   Los Oscar siguen siendo tan blancos: el problema de la diversidad de Hollywood https://www. newamerica.org/the-thread/oscars-diversity-problem/ (consultado en julio de 2023)

estudiado [101] en el que un individuo duda de sus habilidades, talentos o logros y tiene un miedo internalizado persistente de ser expuesto como un fraude en público. Temen que la sociedad eventualmente descubra su imaginada falta de competencia.

A pesar de la evidencia externa de su capacidad, quienes experimentan este fenómeno no creen que merezcan éxito o suerte. Puede tener efectos tangibles en la salud mental, el desempeño laboral y las decisiones profesionales.

"Aún no está claro qué causa exactamente el fenómeno del impostor... Las personas que experimentan el fenómeno del impostor tienden a tener problemas para atribuirse el mérito del éxito, a menudo atribuyendo los logros a factores externos, como la suerte o el momento oportuno. También tienden a castigarse por sus fracasos, culpando a su propia falta de competencia".[102]

Ahora déjame mostrarte la otra cara de la moneda. A pesar de que este sentimiento de ineptitud o "falsedad" puede ser real para algunas personas -que pueden estar experimentando problemas psicológicos subyacentes- el hecho de que el fenómeno sea percibido principalmente por mujeres, especialmente por mujeres de alto rendimiento como lo describieron en 1978 las autoras Pauline Rose Clance y Suzanne Ament Imes, [103] es la primera señal de una bandera roja.

---

101   Sandeep Ravindran (15 de noviembre de 2016). "Sentirse como un fraude: el fenómeno del impostor en el periodismo científico" . *El cuaderno abierto*. (consultado en marzo de 2022)

102   Ibídem. 82

103   El fenómeno del impostor en mujeres de alto rendimiento: dinámica e intervención terapéutica." http://mpowir.org/wp-content/uploads/2010/02/Download-IP-in-High-Achieving-Women.pdf (consultado en marzo de 2022).

¿Y si esta percepción no es interna sino adquirida?

Las mujeres recibimos años de mensajes que nos hacen dudar de nosotras mismas -no eres lo suficientemente buena, no te hagas demasiadas expectativas, no hables, haz un buen trabajo y espera a ser recompensada -la recompensa que nunca llega- sé humilde, sé cortés, no "remuevas la olla", espera tu turno... sí, ¡sigue agregando tus propios mensajes aquí!

¿Cómo podemos sentirnos confiadas y seguras de otra manera en un entorno que constantemente nos mide con una vara diferente? "Si bien las organizaciones han tomado medidas –particularmente en la gestión del desempeño (PM)– para abordar esta disparidad, la diferencia crece constantemente en cada nivel a medida que ascienden a más hombres que mujeres. El resultado: los hombres acaban ocupando más del 60% de los puestos directivos, mientras que las mujeres ocupan menos del 40%". [104] Esta disparidad también se conoce como el "peldaño roto".

A pesar de los increíbles esfuerzos de las mujeres jóvenes para lograr tasas más altas de graduación universitaria, en todos los campos y especialidades, incluidas la tecnología, la ingeniería y las ciencias, los hombres siguen duplicando a las mujeres en ocupar puestos ejecutivos altos. ¡No es de extrañar por qué las mujeres que llegan a la cima piensan que no lo merecen!

Luchan contra sus probabilidades todo el tiempo, cuando son jóvenes porque la expectativa de la maternidad es una espada sobre su cabeza. ¡Encuéntrame una persona de recursos humanos que no haya pensado, siquiera brevemente, en la "licencia por maternidad"

---

104   Una historia de dos perspectivas: cómo hombres y mujeres experimentan la gestión del desempeño de manera diferente https://redthreadresearch.com/gender-pm/ (consultado en julio de 2023)

al considerar la posible contratación de una mujer joven! También cuando son mayores, porque los estándares de juventud y belleza son implacables.

En su libro *"No estoy gritando: una guía para mujeres negras para navegar el lugar de trabajo"*, [105] cuya lectura recomiendo, la autora Elizabeth Leiba comparte: "Después de poner mi experiencia en contexto, decidí dejar de referirme a mí misma como si tuviera el 'síndrome del impostor'. La verdad del asunto era que no me sentía como una impostora. Me habían tratado como tal. ¡Había internalizado el mensaje de que era un fraude cuando era la personificación de la magia de una chica negra! No referirme a mí misma como si tuviera el 'síndrome del impostor' y caminar en el poder de que, como dijo mi amiga, no lo era (y nunca lo había sido) cambió mi vida. No quiere decir que no tenga miedos, pero soy consciente de mis fortalezas y mi poder. Puedo seguir trabajando para mejorar".

Su brillante reflexión nos recuerda que, como se analizó en la primera parte de este trabajo, un sólido sentido de autoconciencia es esencial para el bienestar general. Las personas que son más conscientes de sus atributos culturales, fortalezas y debilidades, y de cómo aprovechar esos atributos de carácter, tienen un fuerte sentido de sí mismas, tienen más confianza y una mayor autoestima.

Una vez que eliges definirte a ti misma, necesitas coherencia para plasmar tus elecciones a través de tu marca personal. Tu historia o historias reflejan tus elecciones con honestidad y autenticidad, dos cualidades importantes para el éxito de la narración.

---

[105]   Elizabeth Leiba, *I'm Not Yelling: A Black Women's Guide to Navigating the Workplace*, p. 102, published by Mango Publishing, a division of Mango Publishing Group Inc. 2022

6. Conflicto con el destino

El destino juega un papel importante en la historia de la civilización, de Oriente a Occidente y de las civilizaciones pasadas a las naciones actuales. En términos simples, el destino es una secuencia incontrolable de eventos que te guiaron hasta dónde estás hoy. En la narración, un personaje lucha contra su destino.

Expresiones como "el plan de Dios o la voluntad de Dios", "estaba destinado a ser" o "todo sucede por una razón" son creencias comunes relacionadas con el destino, mientras que "hecho por uno mismo", "contra viento y marea", "tener éxito en cualquier cosa que te propongas" y "cree en ti mismo" son expresiones de autodeterminación.

Mensaje: Sólo aquellos con una resiliencia extraordinaria pueden superar su destino

Este mensaje es uno de los favoritos del espíritu estadounidense, "el ideal de que todos los ciudadanos de los Estados Unidos deberían tener las mismas oportunidades de lograr el éxito y la prosperidad a través del trabajo duro, la determinación y la iniciativa".[106]

¿Crees en el destino o la autodeterminación? A menos que seas un creyente religioso sólido, la mayoría de las personas se definirán a sí mismas como algo "intermedio". Cuando pregunté a amigos y conocidos, sus respuestas fueron una combinación de creencias según el tema o temas en cuestión. Los estadounidenses están principalmente vinculados al espíritu de autodeterminación, especialmente en el mundo empresarial.

Algunas culturas son más propensas a creer en el destino o a someterse a él. "La voluntad de Dios" es una creencia fuerte que

---

106   The Oxford Companion to English Literature (7 ed.) Edited by Dinah Birch. Oxford University Press 2009.

presentaba una barrera cultural problemática para muchos de mis clientes en el campo médico.

Mientras capacitábamos al personal médico, escuchamos historias de muchos pacientes hispanos que se resistían al tratamiento de afecciones potencialmente mortales o incluso al tratamiento del dolor en enfermedades terminales porque atribuían su dolencia a "la voluntad de Dios" . La noción es cultural además de religiosa.

También los musulmanes profesan esta creencia. "Una de las creencias fundamentales de todos los musulmanes considera que la enfermedad, el dolor y la muerte son una prueba de Dios. También creen que cualquier dificultad imprevista es una prueba mediante la cual se lavan los pecados".[107] Otras culturas prefieren que los médicos no revelen al paciente una enfermedad terminal para mantener la esperanza del paciente y evitar angustia emocional. Piensa en tus propias creencias sobre el destino y cómo afectan tus decisiones.

Este conflicto también puede estar relacionado con lo sobrenatural. A mis nietas les encanta la película "Coco", una fantástica producción de Disney sobre el Día de Muertos y los mensajes en la vida de una familia mexicana. Hemos visto la película muchas veces. Ha generado grandes conversaciones sobre la muerte, mantener vivos los recuerdos, las tradiciones, la búsqueda de la verdad, la lengua española y la existencia de otras lenguas y creencias en el mundo, y cómo aquellos que se fueron no serán olvidados mientras los conservemos en nuestros corazones y mentes.

---

107   "Competencia cultural en la atención de pacientes musulmanes y sus familias" Basem Attum; Sumaiya Hafiz; Ahmad Malik; Zafar Shamon. https://www.ncbi.nlm.nih.gov/books/NBK499933/ (consultado en abril de 2023)

Por último, el conflicto con el destino es una de las fuentes de inspiración más prolíficas para libros, obras de teatro, programas de televisión y narraciones de todo tipo. El mensaje de estas historias suele reflejar que sólo las personas con una extraordinaria fuerza de voluntad y determinación pueden superar el destino.

Muchas historias inspiradoras en los deportes, los negocios, la música y las artes han cumplido este papel de lograr un triunfo extraordinario a pesar de las bajas probabilidades de éxito. Sin embargo, frente a los millones que lo intentan, los que lo logran son sólo unos pocos.

Vemos este mensaje en la tendencia de los "superhéroes". Los superhéroes son modelos para la sociedad, por lo que los jóvenes suelen identificarse con ellos. En resumen, sólo los superpoderes pueden ayudarte a escapar de tu destino.

Por otro lado, también vemos que la cultura del "perdedor" accede a la psique estadounidense porque Estados Unidos es una sociedad en la que se gana o se pierde. Sin carro. Sin chica. Sin amigos. Ropa vieja. Mala piel. Mala dentadura. Estúpido. Retrasado. Negro. Latino. Musulmán. Todo el vocabulario y las acciones del "bullying" reflejan problemas sociales endémicos como el racismo, la pobreza, la adicción, los bajos niveles de educación, los problemas de salud física y mental y el aislamiento social, todas formas de opresión con las que la gente lucha a diario.

Si bien las historias de los superhéroes tienen éxito porque definen sus capacidades sobrehumanas únicas, como el vuelo, la fuerza, la velocidad o la invencibilidad, muchas personas fantasean con tener esos superpoderes como una forma de superar su destino. Además, como la mayoría de las personas se esfuerzan por hacer el bien en el mundo, los superhéroes suelen tener una elevada moral.

Las historias sobre aquellos vistos por la sociedad como perdedores pero que vencen sus circunstancias con gran esfuerzo son identificables y exitosas. Estos personajes logran superar su destino a través de una gran resiliencia o capacidad para enfrentar la adversidad, algo que la cultura de este país considera que representa el espíritu estadounidense. Algunos ejemplos memorables son películas como *Little Miss Sunshine*, *Forrest Gump* y *Temple Grandin*. En televisión hemos visto Betty *La Fea* (Ugly Betty) y *Everybody Hates Chris*, el retrato de las tribulaciones de una adolescente latina y uno de raza negra en el "mundo real".

Lo opuesto seria prevalecer adquiriendo capacidades sobrehumanas. El ejemplo evidente es el de Spiderman, un adolescente tímido que adquiere habilidades parecidas a las de una araña después de ser mordido por una araña genéticamente modificada y las utiliza para luchar contra la injusticia como un superhéroe enmascarado.

Elije tus conflictos cuidadosamente

En conclusión, el conflicto es un elemento esencial de la narración. Crea tensión, drama y suspenso e impulsa la trama hacia adelante. El conflicto puede asumir muchas formas, desde luchas internas de un personaje hasta enfrentamientos externos entre personajes o grupos. También permite el desarrollo del personaje y la exploración de temas e ideas importantes.

Ahora, elige tu propio tipo de conflicto o conflictos para construir tus historias. Comprenderás mejor los problemas y estereotipos a los que te enfrentas para profundizar en tu narrativa.

Sin conflicto, las historias pueden parecer planas y poco atractivas. Al introducir obstáculos, desafíos y desacuerdos, el conflicto crea oportunidades para que los personajes crezcan, aprendan y superen la adversidad. En última instancia, el conflicto es una herramienta poderosa que permite a los narradores crear narrativas convincentes y memorables que cautivan e inspiran a sus audiencias.

Continuemos profundizando en el tema del conflicto en el próximo capítulo y cómo estar preparadas para manejar situaciones complicadas o no deseadas. ¡Sigamos adelante!

CAPÍTULO 6:

CÓMO RECONOCER Y MANEJAR EL CONFLICTO

◆———————•———————◆

"Cuando trates con personas, recuerda que no estás tratando con criaturas de lógica, sino con criaturas de emoción".

- Dale Carnegie, escritor y orador estadounidense

Una situación conflictiva puede ser mencionada en una entrevista de trabajo o de ascenso, una revisión de fin de año o cualquier otra situación en la que te enfrentes a un conflicto de tu vida personal o profesional. Un posible empleador o reclutador puede hacer una pregunta genérica tal como "¿Cómo aborda el conflicto?" para entender cómo manejas situaciones complicadas en el lugar de trabajo. Necesitas saber cómo responder a esta pregunta y estar preparada para dar un ejemplo. Pero es posible que te quedes sin palabras si no lo estás.

La pregunta de otro posible reclutador podría ser: "¿Cuáles son sus debilidades?" O "Dígame cuándo tuvo un conflicto importante en el trabajo y cómo lo resolvió". Una más podría ser: "¿Por qué deja su trabajo actual?" Todas estas situaciones necesitan una explicación clara y concisa con una historia sólida que las ilustre.

Preguntas espinosas similares pueden surgir de un "salto" en tu currículum, al ver una serie de cambios de trabajo en un corto plazo o cualquier otra señal de alerta que pueda darle al reclutador la sospecha de que es necesario investigar un poco... ¡Y ciertamente lo harán!

Seamos sinceras. No siempre estamos dispuestas a hablar o explicar los conflictos. Las preguntas conflictivas pueden tomarte desprevenida y obligarte a hablar sobre situaciones personales o laborales desagradables. Incluso si el reclutador sólo pretende saber cómo manejas los conflictos en la oficina, responder la pregunta sobre la marcha puede resultar difícil. Podrías verte enredada en tu propia telaraña de explicaciones y excusas, por lo que es fundamental estar preparada para preguntas "conflictivas".

Una primera aproximación para manejar y explicar mejor estas cuestiones es saber cómo el conflicto afecta o ha afectado tu vida. Agrupar los conflictos en tres áreas, los logros, los desafíos y las "zonas grises" en tu vida y carrera, te permite una mejor comprensión de cómo enfrentar diferentes situaciones. Cada uno requerirá un enfoque único y, lo más importante, debes tomar conciencia de las implicaciones legales de discutirlos en el trabajo o durante una entrevista. Te recomiendo encarecidamente que analices estas implicaciones antes de aventurarte en cualquier detalle.[108]

Conoce tus derechos legales para diversos conflictos personales potenciales, como licencia de maternidad, discapacidad,

---

108 La Primera Enmienda no protege su expresión en el lugar de trabajo. Su empleador privado puede restringir su derecho a la libertad de expresión sin implicar la Primera Enmienda. Para detalles adicionales: ¿Fue algo que dije? Protecciones legales para la expresión de los empleados https://www.epi.org/unequalpower/publications/free-speech-in-the-workplace/ (consultado en junio de 2023)

discriminación, etc. Algunos incluso cuentan con protecciones establecidas por leyes locales o federales. Es esencial aprenderlos para defenderte a tí misma de manera adecuada si es necesario.[109]

Los logros

Corría el **año** 2015 y había lanzado Latinasinbusiness.us, una plataforma digital para apoyar a emprendedoras latinas en el Mes de la Herencia Hispana el año anterior. Había vendido mi negocio y estaba lidiando con las consecuencias de mi accidente automovilístico sin un diagnóstico preciso. Después de lanzar el proyecto, busqué "señales" que me aseguraran que esta nueva empresa iba a tener éxito.

Lanzar un proyecto digital a los 64 años –sí, también soy una "inmigrante digital"– y con pocos conocimientos de informática requirió trabajo y determinación. Dediqué largas horas a aprender cómo crear un sitio web, busqué recursos para comenzar a alimentar la plataforma e intenté conectarme a los canales de redes sociales para promover la idea. Después de hacer una búsqueda del término "latinas" en Google, la mayoría de los resultados estaban relacionados con servicios de señoritas acompañantes. Eso era muy desalentador, pero estaba decidida a cambiar esta percepción y mostrar los logros de muchas latinas en el mundo empresarial y corporativo. Al ser un nuevo emprendimiento, mi comprensión de cómo construir un negocio era útil, pero la tecnología no era una de mis habilidades. Por el contrario, a veces era sumamente frustrante.

Alguien de mi nuevo círculo de amigos latinos me animó a presentar la plataforma al evento anual de los premios Hispanicize

---

109   Derechos de los empleados de la Comisión de Igualdad de Oportunidades en el Empleo (EEOC) de EE. UU. https://www.eeoc.gov/employers/small-business/employee-rights/ (consultado en junio de 2023).

TECLA en Miami. El proyecto era muy reciente, pero el boom de los blogs digitales apenas comenzaba y pensé que tenía una oportunidad. Así lo hice.

Unas semanas más tarde recibí la noticia de que nuestro proyecto había sido nominado entre tres blogs de negocios o financieros. Con gran entusiasmo, volé a Miami para asistir a los Premios TECLA.[110]

La noche de los premios fue estresante. Me estaba aventurando en un mundo nuevo lleno de jóvenes con un conocimiento más profundo de las recientes herramientas tecnológicas y me sentía fuera de lugar. Mis estereotipos negativos estaban funcionando, esta vez sobre mi edad. Y luego pensé que estaba allí porque alguien había visto algún valor en mi nuevo proyecto. Con este poco de aliento, estaba lista para aceptar la derrota con gracia. ¡Para mi sorpresa, nuestra plataforma Latinasinbusiness.us recibió el premio TECLA!

Este reconocimiento me dio la fuerza para centrarme aún más en el proyecto. Decidí invertir tiempo y fondos adicionales en la iniciativa y pronto la plataforma despegó, recibiendo otros galardones a lo largo de los años.

El premio también dio al proyecto un incipiente posicionamiento de marca nacional que creció posteriormente. Lo que consideraba un pequeño proyecto regional se convirtió en uno nacional, llegando a una vasta audiencia en más de 45 estados y muchos países latinoamericanos, como ya lo relaté en un capítulo anterior.

Como en este ejemplo, es posible que tengas eventos en tu vida relacionados con logros, resultados positivos, ascensos, premios,

---

[110]   Hispanicize fue relanzado bajo la dirección de NGL Collective. Los Premios Tecla continúan honrando a lo mejor de lo mejor entre los influencers latinos de las redes sociales en ocho categorías diferentes. https://hispanicize.com/tecla-awards/ (consultado en abril de 2023)

asignaciones especiales, reconocimientos profesionales, entrevistas con los medios, conferencias, oportunidades de voluntariado, nombramientos organizacionales o gubernamentales, asignaciones en el extranjero, etc. Llámalos Logros porque sientes la adrenalina corriendo por tus venas.

Los logros son situaciones favorables, pero también pueden alterar tu vida de alguna manera. Los premios TECLA me obligaron a incrementar mis esfuerzos e inversión para que el proyecto se convirtiera prácticamente en una actividad a tiempo completo.

Las interrupciones, buenas o malas, pueden tener efectos duraderos. Por ejemplo, recibiste un ascenso y te convertiste en gerente de tus compañeros, y no todos estuvieron contentos con esta nueva jerarquía. O te seleccionaron para una charla o una presentación ante un cliente importante, pero el resultado fue diferente al esperado, lo que disminuyó tu reputación. ¿Cómo recuperaste tu posición frente a la gerencia y a tus pares?

Cuando pienses en los logros, piensa en patrones o repeticiones en las que había un elemento disruptor presente. Es posible que la promoción haya funcionado bien y hayas podido ganar dinero adicional para ahorrar o invertir, lo que te brindó cierta tranquilidad para tu futuro. Pero luego invertiste en criptomonedas y ahora te encuentras en una situación difícil. [III]¿Cuántas veces has hecho inversiones arriesgadas -no solo de dinero, pero también de tiempo o de trabajo? ¿Qué aprendiste de estas experiencias? ¿Qué puedes compartir con otros para involucrarlos en tu historia?

Otro tema es la nueva tendencia en el lugar de trabajo que dice que debes alardear, presumir de tus éxitos y de tus logros. Te

---

[III]   La referencia está relacionada con la caída del mercado de las criptomonedas en 2022. (NA)

recomiendo que tengas cuidado con la forma en que presumes. No a todo el mundo le gusta la gente que se jacta. Sé muy consciente de con quién te jactas y coherente en cómo lo haces.

Los verdaderos líderes no necesitan alardear porque otras personas los alaban. Entonces, ¿cómo consigues que la gente te alabe?

Hace unos años, recibí un premio de *Red Shoe Movement*,[112] una organización de empoderamiento de liderazgo en las mujeres con sede en Nueva York, junto con otros 20 hombres y mujeres líderes en sus industrias. Cada año, la fundadora de la organización, Mariela Dabbah, selecciona a líderes que "predican con el ejemplo" y los celebra con una hermosa ceremonia de reconocimiento. Esta vez el evento fue en Warner Media y los galardonados fueron invitados a subir al escenario para recibir su reconocimiento.

En su discurso de agradecimiento, todos hablamos sobre la fundadora y la elogiamos por su rol de líder destacada. Al finalizar la ceremonia, ella hizo un comentario humorístico. "Gracias a todos por contar todas estas cosas maravillosas sobre mi persona. Les enviaré cheques después del evento".

Ella bromeó al respecto, lo cual fue un gran gesto de humildad, pero unos 20 líderes reconocidos en diferentes industrias la alabaron considerablemente. Reconocer a otras personas por sus logros crea un vínculo de estímulo mutuo. Apela a la faceta de las emociones humanas que tendemos a ignorar: hacer que las personas se sientan valoradas y apreciadas. Recuerda esto, especialmente si eres líder de equipo -ya sea en la oficina o en tu casa.

---

112   Red Shoe Movement es una organización de empoderamiento de la mujer con sede en Nueva York, https://redshoemovement.com

Y si te diste cuenta, ¡recién aproveché para jactarme de mí misma!

Los desafíos y las zonas grises

En un capítulo anterior, hablamos sobre desafíos personales relacionados con los valores y rasgos de carácter. Ahora, nos referimos a los desafíos externos, una parte esencial de tu historia sobre la que debes tomar control. Estos son los conflictos que normalmente no queremos afrontar, o los abordamos de la mejor manera posible sin reflexionar demasiado sobre las causas o consecuencias de nuestras acciones mientras estamos inmersos en la situación.

Los desafíos están relacionados con descensos de categoría, despidos, interrupciones de carrera, haber dejado un trabajo, cerrar un negocio, quiebra, divorcio, adicciones, problemas de salud, problemas con la ley (personales o familiares), violencia doméstica, intercambio de información privada en las redes sociales, pérdida de reputación, etc.

Un buen enfoque es definir tus desafíos en situaciones que estuvieron fuera de tu control (por ejemplo, mi despido laboral por parte del gobernador McGreevey o el accidente automovilístico) o en tu área de control (divorciarme de un marido abusivo o perdernos en Roma). El tercer grupo incluye eventos delicados de los que incluso podría hasta ser ilegal hablar en el espacio de trabajo: por ejemplo, discriminación, acoso sexual o problemas de salud.

a. Fuera de tu control

b. En tu área de control

c. Eventos delicados

Los desafíos son parte de la vida. Pasaste por problemas de salud o algún tipo de violencia doméstica contra ti o un miembro de tu familia. Tuviste que dejar un trabajo o mudarte a otra ciudad. Quiebra, divorcio, adicciones, reducción de personal, cualquier situación se te puede presentar en cualquier momento. ¿Estás lista para tomar el control de tu historia?

En un capítulo anterior, conté mi historia de reducción de personal en el estado de Nueva Jersey. Aunque tenía una alternativa en la que apoyarme, no fue una circunstancia agradable. Darle un giro positivo a este mal momento (cuando comencé mi aventura empresarial) hizo que la historia fuera más liviana y menos estresante. Sin embargo, además de ser "descalificada" públicamente, la pérdida del trabajo pone en riesgo tu vida y la de tu familia, lo que puede resultar sumamente perturbador.

Perder tu trabajo es una experiencia traumática que muchas personas viven con angustia y miedo. Una de mis películas favoritas es "*Up in the Air*", que se estrenó en 2009. George Clooney y Anna Kendrick protagonizaron este film que describía las secuelas de la reducción de personal corporativo durante la Gran Recesión de 2008. Estos consultores contratados cuyo trabajo era despedir gente para otras empresas, abordan la tarea según su estilo generacional. Además de las lecciones aprendidas por cada uno de los protagonistas, "*Up in the Air*" es una excelente crítica a la poca consideración que las personas reciben de las corporaciones a cambio de lo mucho que dan a su trabajo.

Ahora hablemos de algunas zonas grises, que son las más preocupantes porque no son como los logros o los desafíos, que suelen ser muy claros. Las zonas grises pueden ser prácticas discriminatorias o ilegales implícitas que son parte de la cultura de tu empresa, de sus prejuicios grupales o de tus propios prejuicios personales. Así es, todos tenemos algo que mejorar.

Incluso las preferencias personales pueden convertirse en un conflicto en la zona gris. Un cliente me contó la historia de un conocido suyo, un alto ejecutivo de empresa que no consiguió un trabajo porque durante una entrevista reveló que practicaba el deporte de paracaidismo. La empresa se preocupó por problemas médicos y licencias de larga duración. ¿Habrías revelado la actividad o la habrías ocultado para conseguir el trabajo? Y si lo hubieras revelado, ¿cómo habrías presentado el caso para asegurarle a la empresa que aún podían contar contigo en caso de un accidente? Entre bambalinas se manejan todo tipo de situaciones, ¡así que toma el control de tu historia!

Los eventos de la zona gris están relacionados con antecedentes médicos y de salud mental, religión, una vida privilegiada o pobreza extrema y falta de vivienda, problemas emocionales o terapia, exceso de compensaciones, otras cuestiones confidenciales de recursos humanos, búsqueda de empleo, vida personal, incluidas todas las formas de discriminación, preferencias sexuales, situaciones peligrosas. deportes, actividades que ponen en peligro la salud, bodas, formar una familia, criar hijos, cuidar a un miembro de la familia, etc.

Un ejemplo de películas que tocan zonas grises incluye *The Assistant* (2019), una oscura representación de un "trabajo soñado" en la industria del entretenimiento. El escenario de la película ocurre en un día laboral y el lugar es una lúgubre oficina de Nueva York. La asistente, interpretada por Julia Garner, intenta lidiar con el comportamiento abusivo de su jefe, su sospecha de acoso a futuras estrellas y el comportamiento cómplice de otros empleados de la empresa, además de las expectativas de su familia. La película habla de la toxicidad de ciertos lugares de trabajo y de la impotencia de una trabajadora joven e inexperta que lucha con sus propios conflictos internos.

Otra película que ya analizamos en un capítulo anterior sobre "conflictos solapados" en el lugar de trabajo es la estimulante película "*Sorry to Bother You*", una comedia de humor negro sobre los privilegios y las oportunidades de los blancos, y la explotación del capitalismo en una dimensión distópica. *Sorry to Bother You* es "el loco debut como director del rapero Boots Riley (mejor conocido como líder del grupo político de hip-hop El Golpe). Es una comedia animada con conciencia social, un comentario sobre la raza, el trabajo y el capitalismo estadounidense que gira en tantas direcciones que es mejor simplemente abrocharse el cinturón y dejar que te lleve a donde quiere que vayas", dijo Alissa Wilkinson. crítica de cine y cultura de Vox. [113]

Nuevamente, familiarízate con situaciones que no son legales para discutir en el lugar de trabajo. Una recomendación especial al compartir estos temas en las redes sociales: ya sean fotografías o publicaciones inapropiadas, las redes sociales pueden dañar tu carrera porque son una herramienta importante de indagación de antecedentes para las agencias de contratación y otros empleadores.

Cómo manejar conflictos o situaciones disruptivas

Como ya hemos establecido en varios temas que comentamos anteriormente, si has desarrollado una marca personal sólida -tus valores, rasgos de carácter, atributos culturales o habilidades de liderazgo-, podrás manejar los conflictos con mayor resolución. Tus fuertes rasgos aflorarán a la hora de afrontar cualquier tipo de situación disruptiva. Sabrás qué valores están en juego, cómo reaccionar ante el conflicto, los mensajes culturales que adquiriste de

---

113   *Sorry to Bother You* es una comedia satírica sobre el cambio de códigos y el capitalismo explotador. Alissa Wilkinson, https://www.vox.com/culture/2018/1/22/16918208/sorry-to-bother-you-review-boots-riley-tessa-thompson-lakeith-stanfield-armie-hammer (consultado en junio de 2023)

tu familia y tradiciones, y cómo ejercitar tus habilidades de liderazgo predominantes.

Más importante aún, debes tomar el control de tu historia cuando surja un conflicto al interactuar con otra persona o grupo. Permíteme compartir algunas situaciones que discutimos con clientes en diferentes momentos.

Regla 1. Cambia el ángulo de tus mejores cualidades.

Ejemplo: Dejar un trabajo por un conflicto de cultura empresarial.

Hace unos años, me consultó una joven estadounidense-asiática de ascendencia india que trabajaba para una empresa en Nueva York. Tenía un puesto de alta dirección en una empresa global de cazatalentos y las presiones la estaban afectando. Su trabajo implicaba contratar altos ejecutivos en las industrias farmacéutica y médica, y su remuneración y cargo se basaban principalmente en el desempeño.

La muchacha estaba muy aculturada, había nacido y crecido en los EE. UU. y estaba casada con un profesional estadounidense. Dado su alto ingreso, la pareja había decidido que él se quedaría en casa con sus dos hijos pequeños mientras ella sería el sostén de la familia, lo que añadía otra capa de presión a su ya difícil situación. Sus horarios eran espantosos y además tenía que viajar con bastante frecuencia.

En nuestras conversaciones, me confió que la empresa le ofrecía poca consideración ante cualquier asunto familiar. El comité ejecutivo era un "club de hombres blancos" de la vieja escuela, y ella era la única mujer a la que habían promovido por su extrema dedicación.

Sufriendo de ansiedad y muchas noches de insomnio, su desempeño empezó a atrasarse. Una noche, en casa, su hijo menor tuvo una fiebre alta mientras ella se preparaba para un viaje intercontinental. La pareja llevó al niño a la sala de urgencias. Los médicos les dijeron que debían mantener al pequeño en observación.

Llorando todo el camino hasta el aeropuerto, mi clienta tomó la decisión de dejar la empresa. Ningún trabajo, me dijo, era más importante que su hijo. "Los lazos familiares -especialmente con nuestros hijos- son una fuerte tradición cultural. Por mucho que trato de compensarlo con dinero, siempre me siento culpable", afirmó.

Esa no era la primera vez que no estaba allí para cuidar a su hijo. Después de sus embarazos, apenas se había tomado licencia por maternidad. El día que su hijo mayor cumplió un año estaba en China para cumplir una misión. Las funciones escolares y las reuniones con los maestros estaban completamente fuera de su alcance. "Me estoy perdiendo los mejores años de sus vidas", confesó.

Discutimos el tema y cómo presentar su versión de los hechos a posibles empleadores. Estaba dispuesta a dar un paso atrás en una empresa que estuviera más abierta a las necesidades de su vida familiar. Sin embargo, no quería quemar las relaciones con su antiguo empleador porque esperaba una buena recomendación.

Las empresas siempre buscan candidatos dedicados y ella no tuvo muchos problemas para encontrar interés en varias empresas. Ahora, la historia debía tener sentido y ser coherente sin destruir a su antigua empresa. Después de considerarlo, aceptó hacer prevalecer sus valores y atributos culturales, algo que había tratado de ocultar en el pasado.

Le aconsejé que nunca se situara como víctima de la cultura tóxica de la empresa, sino desde una perspectiva positiva que aportara sus mejores cualidades a la mesa de negociación. Además, cambiar el ángulo de sus fortalezas fue fundamental para explicar por qué dejaba su trabajo, en lugar de decir que estaba abrumada por la presión en una cultura empresarial "solo de hombres blancos". Básicamente, tenía que convertir cada cosa negativa en positiva.

Acordamos que ella también enumeraría sus prioridades familiares y explicaría sus inquietudes durante las negociaciones laborales en su nueva búsqueda. También trabajó mucho investigando la misión y cultura laboral de empleadores potenciales.

Cuando se le preguntó durante la entrevista: "¿Entonces cree que esos atributos y fortalezas no fueron valorados en su trabajo anterior?" Ella respondió: "Busco una empresa que claramente valore atributos y fortalezas de diversidad en su misión y mejores prácticas, especialmente en un cargo global como éste. Creo que puedo encontrar ese lugar aquí, dentro de esta empresa". Con esta afirmación, se posicionó como una candidata activa que también evaluaba a su posible empleador para lograr una relación de trabajo exitosa. Y luego, siguió hablando de "sus puntos fuertes", mencionando una anécdota que habíamos preparado en la que sus valores familiares y culturales habían facilitado una negociación difícil.

Mi cliente tenía una excelente trayectoria, pero eso no era suficiente para evitar caer en la misma trampa. Después de ayudarla a ver el panorama general y presentar lo que ella creía que eran sus "debilidades" (origen, familia, maternidad y tradiciones culturales) como cualidades, el conocimiento recién adquirido fortaleció su valor personal y profesional y todo lo que tenía para ofrecer. Con esa nueva "bolsa de trucos", se sintió más cómoda negociando sus nuevas condiciones laborales.

Regla 2. Toma el control de tu historia y no te enfades.

Ejemplo: Problemas con la gerencia

¿Quién no ha tenido problemas con un jefe? Creo que el 90% de los empleados de la fuerza de trabajo han vivido una situación antagónica con un gerente, supervisor o superior. A veces es temporal, se resuelve sola o las partes hacen el mejor esfuerzo para llegar a un acuerdo.

Sin embargo, hay ocasiones en las que la situación se vuelve imposible para una o ambas partes. Incluso como emprendedor o consultor, es posible que tengas un cliente que te vuelve loca o se vuelve exigente más allá de lo razonable. Aunque la relación con un cliente es menos complicada por lo distante pero, aun así, hay que lidiar con esa relación laboral.

Algunos comentarios que escuché de clientes y participantes en mi taller "¡Habla ya! Cuenta tu historia para influir en los demás", que da nombre a este libro, son preocupantes.

"... Creo que no me escucha cuando hablo. Me siento invisible en las reuniones, lo que me da la sensación contraproducente de que no tengo nada que aportar. Además, apenas elogia mi trabajo, aunque mi desempeño es comparable o mejor que el de otros que reciben reconocimiento de la empresa".

"... Me siento muy cohibido al hablar con ella [su jefa]. Nunca me mira a los ojos y a menudo descarta mis preguntas o inquietudes como infantiles o inapropiadas".

"Mi jefe es una persona muy negativa, siempre busca formas de evitar que el equipo fracase. Dice que es porque quiere estar listo y tener un plan B, pero la verdad es que no confía en el desempeño del equipo. Ir a trabajar todos los días es terrible cuando no te valoran a pesar de tus esfuerzos".

"El editor siempre exigió un mayor rendimiento de nuestro departamento que otros -digamos, editores para Europa o Asia- y tuvimos menos oportunidades de promocionar, viajar o establecer relaciones con los clientes. Por ejemplo, nunca me ofrecieron gastos pagados cuando sabía que otros editores recibían una tarjeta de crédito para gastos de la empresa".

"En mi empresa trabajan cuatro generaciones y, a veces, nos enfrentamos a muchos conflictos generacionales. Estos enfrentamientos podrían haberse evitado si nuestro supervisor hubiera estado más abierto a escuchar las ideas de todos los miembros del equipo en lugar de favorecer a las generaciones más jóvenes. Tengo cincuenta y tantos años y puedo sentir la presión de los jóvenes que nos presionan a irnos".

Estos son comentarios reales de participantes reales que asistieron a mis talleres: personas que van a trabajar todos los días con mucha presión y muy poco compromiso.

Muchas de estas situaciones alcanzaron su clímax durante la pandemia de Covid-19 con el "abandono silencioso", una tendencia que se ha convertido en un fenómeno laboral relacionado con personas que buscan un equilibrio entre su vida personal y laboral, y culturas laborales más "humanas".

"Según una encuesta de Gallup, la mitad de los empleados del país se definen a sí mismos en estado de "abandono silencioso", o personas que realizan el trabajo mínimo sin mucho esfuerzo. Esta tendencia se produjo a raíz de una oleada de renuncias reales, con más de 47 millones de personas que dejaron sus trabajos como parte de la Gran

Dimisión en curso. En otras palabras, los factores estresantes y las demandas de los empleados están evolucionando. El equilibrio entre vida personal y laboral, el bienestar integral y la cultura laboral son más importantes que nunca, y los líderes de Recursos Humanos ahora tienen la oportunidad de mirar el panorama general y subsanar las brechas en la cultura y los beneficios para los empleados", afirma Neha Mirchandani, de *Human Resource Executive*.[114]

Pero Jobsage.com informa sobre el tema opuesto: "¿Qué pasa con el "despido silencioso", otra tendencia relacionada? Encuestamos a 1.000 gerentes y 1.000 empleados para descubrir si los despidos silenciosos (cuando los gerentes expulsan a los empleados tratándolos mal) realmente ocurren en el lugar de trabajo", dice el artículo.[115]

Algunos de los hallazgos clave de este informe afirman que el 56% dice que tiene empleados que desearía poder despedir, casi un tercio (29%) de los gerentes dicen que han "despedido silenciosamente" a un miembro del equipo y casi uno de cada cuatro gerentes dice que sospechan más del desempeño de sus empleados gracias a las noticias sobre "renuncias silenciosas".

Los cinco signos más comunes de "despido silencioso" que menciona el informe son:

1. No hay discusiones profesionales a largo plazo con su jefe.

2. Reuniones individuales son irregulares.

3. No se le presentan desafíos ni oportunidades de crecimiento al empleado.

---

114   Renuncia silenciosa: es la llamada de atención que necesitan los empleadores. 26 de octubre de 2022 por Neha Mirchandani - https://hrexecutive.com/quiet-quitting-its-the-wake-up-call-employers-need/ (consultado en diciembre de 2022).

115   Más de la mitad de los gerentes dicen que tienen empleados que desearían poder despedir: https://www.jobsage.com/blog/quiet-firing-survey/ (consultado en diciembre de 2022)

4. Comentarios de desempeño del empleado son poco frecuentes.

5. Es excluido de eventos sociales

Si te encuentras en alguna de estas circunstancias, empieza a pensar en las mejores formas de afrontar tu situación fortaleciendo tu marca personal. Muchas situaciones no son extremas y es posible que no requieran que dejes la empresa. La gente generalmente tiende a permanecer en un entorno estable, incluso con dificultades, porque nunca se sabe si el césped es más verde al otro lado de la valla.

Entonces, veamos primero cómo puedes utilizar historias de tu marca personal para mejorar tu situación actual. Sentirte invisible e ignorada puede deberse a una percepción negativa que tu jefe. La percepción no es un hecho concreto sino una impresión mental. La psicología nos dice que la percepción se refiere a cómo se organiza, interpreta y experimenta conscientemente la información sensorial, produciendo una reacción particular relacionada con experiencias y expectativas previas.[116]

En el intercambio de comunicación entre dos individuos, muchos factores o estímulos previos crean la percepción de la otra persona. Inconscientemente, podrías recordarle a alguien con quien tuvieron un conflicto en el pasado y te evitarán. Quizás hayan creado un muro de comunicación invisible para sentirse protegidos. La actitud de tu jefe, por otro lado, ha afectado tu personalidad tímida, o te distanciaste lentamente de la relación, tratando de mantenerla en un nivel mínimo para protegerte.

Volver a tus fortalezas y debilidades podría ser la mejor manera de explorar sin miedo tus sentimientos al intentar cambiar esta dinámica.

---

116 Sensación versus percepción https://pressbooks.umn.edu/sensationandperception/chapter/chapter-1/ (consultado en junio de 2023)

Compara tu interacción con tu jefe con la que tiene con otras personas en su vida. ¿Ves algún patrón que se repite? ¿Tiendes a distanciarte de situaciones difíciles? ¿Prefieres abstenerte de comunicarte y deseas que el problema desaparezca o se resuelva solo? ¿Puedes cambiar algo de tu parte que pueda ayudarte a "mover el queso"?

Además, analiza la interacción de tu jefe con otros empleados y observa a quién favorece o con quién establece una relación mejor o similar. ¿Son más extrovertidos? ¿Hacen las cosas de manera diferente? ¿Qué habilidades de liderazgo valora más tu jefe? Más importante aún, ¿qué habilidades de liderazgo valoras en tu jefe?

Si bien un rasgo de personalidad o carácter no es algo que puedas cambiar de la noche a la mañana, aquí hay algunas situaciones en las que puedes usar tu marca personal, tus fortalezas y tu propósito para iniciar un cambio significativo en tu comportamiento y en cómo los demás podrían percibirte:

a. Explora y prepara historias cortas que incluyan investigaciones, información o tendencias de la industria relevantes que hayan demostrado ser relevantes al discutir un tema. Si te sientes cohibida al hablar en público, ensaya en casa frente al espejo del baño. Toma una clase de improvisación o prueba clases de comedia en vivo. Estudia tus expresiones y gestos y desarrolla tu confianza. ¡Probablemente lo hayas visto en más de una comedia! Los mejores oradores públicos ensayan constantemente sus discursos, juegos de palabras, chistes y gestos, moviéndose por la sala y conectándose con la audiencia.

b. Hazte la promesa de participar de diferentes maneras en las reuniones. No es necesario ser la voz principal de la reunión, pero sí mostrar interés en el trabajo del equipo. A veces, reafirmar la contribución de otro miembro, pedir una aclaración o agregar tu experiencia a su opinión puede dejar una huella. Empieza a tomar notas mentales de situaciones en las que puedas decir algo. ¿Qué podrías haber dicho cuando Alana explicó su estrategia de ventas? ¿Qué se podrías haber añadido cuando Marc respondió a esa pregunta? ¿Cómo puedes contribuir a sus ideas? Empieza despacio y construye a partir de ahí.

c. Comunícate con los colegas con los que te sientas más cómoda y proponles algunas "ideas de equipo" o temas en los que puedan colaborar, especialmente con aquellos que creas que tienen el mejor lado de tu jefe. Explora la cultura de tu lugar de trabajo convirtiéndote en una observadora dedicada. ¡Pronto descubrirás las causas de muchos comportamientos disfuncionales o simplemente diferentes!

d. Las primeras impresiones cuentan, pero las últimas quedan grabadas en la memoria. Sé genuina y apasionada cuando hables y escucha realmente lo que dicen los demás; evita las distracciones del teléfono celular durante una reunión. Apoya las ideas y la participación de tus colegas y muestra verdadero interés. ¡Definitivamente te recordarán cuando los escuches genuinamente!

e. En cada acción que planifiques, muestra las fortalezas de tu marca personal y tus valores de liderazgo con "pequeños actos de bondad". Solicita la opinión de un colega en un asunto laboral o privado; pregúntales sus preferencias en películas o libros y recomiéndales algo que hayas visto o leído; muestra interés por sus hijos o mascotas; organiza una pequeña actividad de vinculación para la oficina si eso es algo permitido. Los vínculos personales pueden ser de gran ayuda, ¡especialmente en un entorno corporativo de rápido crecimiento!

En general, evita ponerte en contra de tu jefe o intentar reclutar a tus colegas para tu causa en su contra. Vivimos en una sociedad que sigue siendo en gran medida la cultura del "sálvese quien pueda". Si crees que esto es solo algo entre tú y tu jefe, sé discreta.

Y definitivamente no sigas el ejemplo de Nick, Dale y Kurt de *"Horrible Bosses"* (2001), quienes odian a sus jefes, pero no están lo suficientemente locos como para renunciar a sus trabajos en tiempos económicos difíciles. En cambio, se emborrachan y discuten hipotéticamente cómo asesinarlos. Antes de que se den cuenta de la barbaridad cometida, contratan a un asesino a sueldo para que los ayude a eliminar el sufrimiento de sus vidas.

En *"Horrible Bosses 2"*, tienen que enfrentarse a otro "jefe", esta vez un inversor para su posible negocio. Aunque la exageración cómica de las situaciones a veces resulta molesta, es posible que algunos de estos escenarios laborales te resulten familiares a ti o a alguien que conoces.

Ahora, si decides renunciar a tu empleo, ¿qué historia le presentarías al posible reclutador que revelaría tu marca personal (valores, convicciones, atributos) y al mismo tiempo evitaría comentarios negativos contra tu jefe actual? ¿Cómo evitas que los demás te perciban como el quejoso, el resentido o el que se rinde?

En mi experiencia y cómo asesoro a mis clientes, es fundamental que tomes el control de la situación y la presentes como "tu decisión" de hacer un cambio de carrera. "Decidí cambiar mis objetivos profesionales y avanzar en una dirección diferente, buscando una relación gerencial que me ayude a desarrollar nuevas habilidades.

Luego continúas con lo mejor de tus fortalezas y rasgos de carácter y cómo planeas contribuir al crecimiento de la futura empresa.

Este enfoque difiere radicalmente de decir: "Él era un gerente horrible mientras yo intentaba ser el mejor empleado del equipo". O "Él me ignoró" o "Ella me pasó por alto para los ascensos".

Regla 3. No expliques situaciones difíciles o conflictos con demasiado detalle. En su lugar, crea un guión y no improvises.

Ejemplo: Decirle a la gerencia que estás formando una familia.

Muchas mujeres de alto nivel ejecutivo no discuten este tema con la dirección de su empresa hasta que el trato está cerrado y muestran su barriga. Tener hijos es algo generalmente aceptado, pero todavía no es bienvenido en muchas empresas. Quizás te sorprenda saber cuántas empresas todavía tienen algo que decir de tu vida personal, como es el caso de la empresa fundada por el locutor de radio Dave Ramsey que ha despedido al menos a nueve empleados en los últimos años por tener relaciones sexuales prematrimoniales.

Según un artículo de 2021 de NBC News, [117] una de esas trabajadoras despedidas presentó una demanda federal sosteniendo que fue despedida porque estaba embarazada.

"Caitlin O'Connor presentó la demanda el año pasado en el Tribunal Federal de Distrito para el Distrito Medio de Tennessee, alegando que su despido violaba la Ley de Licencia Médica Familiar y la discriminaba por su sexo. O'Connor fue contratada en 2016 y trabajó como asistente administrativa en el departamento de tecnología de la información antes de su despido".

---

[117] La empresa de Dave Ramsey despide a empleados por sexo prematrimonial, según documentos judiciales https://www.nbcnews.com/business/business-news/dave-ramsey-s-company-fires-employees-over-premarital-sex-court-n1262498 (consultado en junio de 2023)

El artículo continúa: "En una respuesta este mes, la compañía dijo que había despedido a O'Connor por violar su política de 'vida virtuosa' y que su reclamo de discriminación no fue aceptado. Ramsey Solutions dijo en un expediente judicial del 8 de marzo que despidió al menos a ocho empleados por tener relaciones sexuales prematrimoniales en los últimos cinco años, además de O'Connor, y que la mayoría de ellos 'no estaban embarazadas' en ese momento; cinco de ellos eran hombres, dijo la empresa".

Aunque no tengo tanta experiencia en el ámbito de Recursos Humanos, recomiendo encarecidamente que las mujeres que están listas para tomar esta decisión exploren sus actitudes en el lugar de trabajo y discutan no solo sus derechos sino también que pueden ser madres y empleadas productivas al alinear sus historias con sus objetivos. Sé que es doloroso e incluso exasperante que todavía tengamos que "explicarnos" por ejercer los que son nuestros derechos naturales, pero siempre hay que equilibrar la confrontación con el resultado.

Elaborar un guión es la mejor manera de estar preparado para analizar tus opciones antes de formar una familia. Sigue lo que ya has aprendido. Define las circunstancias que rodean tu decisión o tu "entorno", como por ejemplo el que consideras este como el mejor momento para formar una familia tanto para ti y como para la empresa. Describe tu narrativa y cómo la maternidad no afectará tu desempeño al tener un buen sistema de apoyo en casa. Sin embargo, incluye negociaciones sobre la licencia por maternidad y el tiempo libre adecuado para prevenir posibles acontecimientos inesperados en el futuro. No comprometas tu devoción al trabajo ni subestimes tu dedicación al recién nacido. Las mujeres tendemos a pensar que podemos hacer todo, o prometemos más de lo que podemos para compensar en exceso lo que es solo justo. La realidad no es así.

Pinta una visión vívida y detallada de cómo te adaptarás a las nuevas circunstancias y cómo la maternidad beneficiará tu productividad añadiendo nuevas habilidades. Sí, tus habilidades como madre pueden ser muy valiosas en el lugar de trabajo, como se cita en este artículo, "8 habilidades de la paternidad que te hacen mejor en tu trabajo". [118]No estará de más ofrecer planificar con anticipación los compromisos o tareas durante tu ausencia. Desarrolla un borrador detallado del plan de trabajo para cubrir tus responsabilidades y ofrécete a revisarlo con tu supervisor.

Si la respuesta de la gerencia o de recursos humanos parece positiva, entonces sabrás que cuentas con apoyo. Si tienes dudas, o percibes que no te apoyarán, piensa esta situación con claridad y evalúa si este es el lugar de trabajo para criar esa familia o a qué costo. Nunca está de más conocer tus derechos legales, la política de la empresa y los beneficios del seguro de salud disponibles durante la licencia familiar o de maternidad.

Si no estás lista, no te enredes

Por último, y como regla general, no hace falta que des largas explicaciones cuando alguien saca a relucir una situación negativa que pasó en tu vida. Y eso es muy común durante entrevistas y revisiones de trabajo o simplemente en chismes de la oficina.

Cuando abordas un conflicto, normalmente es cuando tu audiencia te prestará más atención. Y cuando digo "una audiencia", puede ser una persona en una sala o 1.000 personas en un estadio.

Manejar conflictos es una de tus habilidades más esenciales en el trabajo, y no me refiero solo al conflicto interpersonal entre colegas.

---

118   8 habilidades de la paternidad que te hacen mejor en tu trabajo https://www.fdmgroup.com/blog/parenting-skills-improve-work-performance/ (consultado en junio de 2023)

Lo mismo puede decirse de tu vida personal. Manejar el conflicto está relacionado con aprender y evaluar los resultados de cada experiencia, no insistir en el conflicto en sí.

Disminuye el drama y aumenta la experiencia de aprendizaje para hablar sobre el conflicto. Por ejemplo, sufriste una pérdida personal o comercial que afectó tu carrera y no te has recuperado por completo. Una muerte o un divorcio pueden afectarte mucho, y a veces se necesitan años para comprender qué sucedió y cómo superar una pérdida particular. El fracaso empresarial puede sentirse como un fracaso personal, pero es más saludable si lo consideras parte de tu experiencia y una oportunidad de aprendizaje que puedes compartir con otros.

Cuando sientas un conflicto particular como un fracaso personal, este es el momento de volver a tu Guía de autoconciencia y reescribir tus fortalezas y debilidades, reflexionando sobre cómo sucedió esto o aquello. ¡Profundiza en tu interior y encontrarás tus respuestas!

Pero acepta que puedes no estar preparada para hablar de ello. Entonces no hables de eso. No menciones el tema. En español tenemos un dicho: "*En boca cerrada no entran moscas*", similar a "*loose lips sink ships*" (los labios sueltos hunden los barcos). ¡Y el barco podrías ser tú!

Si alguien más lo menciona, reconoce la situación y vuelve a tomar el control de tu historia. Reconoce que esa experiencia te ocurrió si es verdadera. Y luego aclara lo que aprendiste de esa situación, que podías seguir adelante y construir una vida diferente, tomar otra posición, o lo que sea que quieras mencionar como lección aprendida.

Nuevamente, la mejor manera de hacerlo es "guionizar" el conflicto. Reflexiona y escribe sobre esos momentos hasta que te sientas cómoda con "tu" versión del conflicto y cómo lo resolviste.

1. Considera el entorno y las circunstancias (Hazte las cinco preguntas - Quién, Qué, Dónde, Cuándo y Por qué).

2. Define "el conflicto". ¿Está fuera o bajo tu control? (Regresa a los logros, los desafíos y los grises)

3. Enfatiza los sentimientos, los resultados, las lecciones aprendidas y tus acciones para seguir adelante.

4. ¿Cómo/qué pueden aprender/beneficiarse otros (colegas, subordinados directos, la empresa) de tus experiencias?

Escribe un guión preliminar con tantos detalles como puedas. Luego comienza a reducir los detalles espantosos, el drama, los chismes o cualquier cosa que sea dañina y no sea necesaria revelar porque no contribuye a la experiencia de aprendizaje. Edita hasta que estés satisfecha con la versión. Esta no es tu historia final, pero sirve como una versión temporal que se incluirá una vez que estés lista para agregar todos los componentes de la narración.

Muéstraselo a alguien en quien confíes y ensáyalo hasta que te sientas segura de esta versión particular del conflicto y su resolución. ¡Podrás hacerlo y hacerlo bien!

Habla con intención

Muchos de mis clientes expresan dificultades para hablar en público en reuniones o presentaciones. Si tienes una personalidad introvertida, no reacciones exageradamente ni entres en pánico. Disminuye la velocidad, concéntrate en el tema en cuestión y muestra tu marca personal agregando tu perspectiva sobre el tema.

Los líderes con marcas sólidas a menudo utilizan "fragmentos" o frases hechas y los repiten cuando es apropiado. La repetición permanece en la memoria de otras personas por lo que la publicidad utiliza la repetición de anuncios para estimular a las personas a actuar.

Las marcas suelen repetir un eslogan, ¿por qué tú no? Algunos ejemplos son:

Nike: Solo hazlo.

L'Oréal: Porque lo vales.

Maybelline: Quizás haya nacido con eso.

Burger King: Hazlo a tu manera.

Bounty: El que absorbe más rápido.

Dunkin Donuts: Estados Unidos marcha con Dunkin.[119]

Las personas con marcas personales sólidas también suelen utilizar frases pegadizas o fragmentos de sonido. Veamos algunos ejemplos e intentemos descubrir cómo su marca personal se desprende de esos eslóganes o frases:

- "Los ganadores nunca se rinden y los que se rinden nunca ganan." Vince Lombardi, entrenador en jefe de los Green Bay Packers: perseverancia, superación y habilidades de liderazgo.

- "Se necesitan 20 años para construir una reputación y cinco minutos para arruinarla. Si piensas en eso, harás las cosas de manera diferente". Warren Buffett, magnate empresarial, inversor y filántropo estadounidense: integridad, credibilidad y confianza.

- "No he fallado. Acabo de encontrar 10.000 formas que no funcionan". Thomas Edison -persistencia en la resolución de problemas y la innovación.

---

119   Las traducciones son aproximadas de los eslóganes en inglés y no expresan con precisión el sentido. (NT)

- "Un líder es aquel que conoce el camino, sigue el camino y muestra el camino". John C. Maxwell, autor, orador y pastor estadounidense que ha escrito muchos libros, centrándose en el liderazgo: autosuficiencia, valentía, marcar la diferencia y ser un líder de servicio.

Intenta agregar tus propias impresiones sobre estos lemas. ¿Cuál sería tu propio eslogan que muestre tus valores, atributos o habilidades de liderazgo?

Tus conflictos son sólo tuyos

La naturaleza de tus conflictos podría haberte ayudado a construir tu marca personal. Pueden estar relacionados con tus experiencias de vida, circunstancias o tu historia de origen. Los conflictos en tu vida personal pueden haber impactado tu vida laboral y creado un elemento único en tu marca. Su impacto puede ser favorable para tu experiencia, aun cuando las circunstancias pueden parecen turbias en el momento del conflicto.

Muchas mujeres emprendedoras iniciaron sus negocios u organizaciones para abordar un problema o conflicto personal. Yo los llamo " el sello o el origen de la marca". Si fueron víctimas de violencia doméstica, inician una organización que ayuda a otras mujeres y hombres maltratados. Si tienen alguna alergia, crean un producto que soluciona ese problema para ayudar a otras personas con la misma condición.

Por ejemplo, Jessica Alba declaró que fundó *The Honest Company* después de convertirse en madre primeriza y darse cuenta de que muchos productos para bebés contenían sustancias químicas nocivas. Steve Abrams luchó contra la adicción al alcohol hasta que creó *Sober Vacations*, una empresa que organiza giras internacionales para los miembros del programa de los 12-Pasos de Alcohólicos Anónimos.

Otro ejemplo es *Hey Jane*, una startup que tuvo auge después de la revocación de la ley Roe vs Wade en los Estados Unidos, brindando atención de embarazo y aborto para todas las personas, independientemente de su identidad de género. Basándose en sus historias personales, las fundadoras de *Hey Jane* "creen que quienes se ven más afectadas deberían controlar la narrativa en torno al aborto y que son las más capacitados para tomar decisiones sobre su salud reproductiva".[120]

Esas grandes historias dan origen a historias emocionales y marcas sólidas.

Las generaciones más jóvenes también están asumiendo la responsabilidad y el control sobre la construcción de sus negocios y carreras o eligiendo un lugar de trabajo con un propósito, como resolver el cambio climático, aumentar la equidad y la igualdad en los derechos humanos o civiles y crear productos que resuelvan la pobreza o la escasez en todo el mundo. ¡Esos son excelentes "sellos de marca" que pueden ayudarte a construir la tuya!

Siguiendo las pautas que analizamos en páginas anteriores, puedes reflexionar sobre tus conflictos para asegurarte de que tu historia sea cautivante y que otros estén interesados en saber cómo los enfrentaste. Es más difícil hablar de algunos conflictos que de otros, o es posible que no comprendas completamente cómo te afectaron. Y como dije, es perfectamente aceptable; tú eres la jefa de tus conflictos y nadie más que tú puede decirte cómo manejarlos.

Una última palabra: sé consciente de las implicaciones legales que pueda tener en el ámbito laboral hablar de determinados "hechos conflictivos" de tu vida. Como informamos anteriormente, la Primera Enmienda garantiza a los ciudadanos la protección de la libertad de

---

120   Hey Jane https://www.heyjane.com/articles/history-of-abortion (consultado en abril de 2023)

expresión frente a la intrusión del gobierno federal. Aun así, la Primera Enmienda no se aplica a los actores privados, y los empleadores son actores privados. Si bien algunos temas son simplemente incómodos, como la política y la religión, otros pueden exponerte a una demanda por acoso sexual o incluso al despido. ¡Y por favor, evita los chismes a toda costa!

Me alegro de haber cubierto este desagradable tema de cómo abordar los conflictos y de que podamos pasar a temas más divertidos y emocionantes. ¡Continuemos hablando de los personajes y de qué personaje eres en tu historia!

CAPÍTULO 7:

LOS PERSONAJES

"El programa no sólo recorre el arco de Walt desde Mr. Chips hasta Caracortada, como lo describió Gilligan, o desde Walt hasta Heisenberg; también traza su viaje de ser un 'maricón' a ser un 'hombre'.

- Laura Hudson,[121]

Construir tus personajes es una de las tareas más críticas en tu arte narrativo, ya que tu trabajo es involucrar a tu audiencia. Contar "algo que pasó" no es contar historias. Transmitir un mensaje a través de una historia bien estructurada debe ser tu objetivo principal, y la historia debe construirse para lograr este propósito. Es una táctica, una habilidad con un método. Es más que *"Te cuento lo que me pasó"* o *"Esta es mi historia"*. Tiene que haber más matices en la narración.

Habitualmente nos consideramos protagonistas o -secretamente- heroínas de nuestras historias. Podríamos serlo o no, pero de hecho somos las narradoras. Verás en este capítulo por qué ser la narradora es uno de los roles más importantes de todos; sí, incluso el de heroína.

---

[121] "Morir como un hombre: la masculinidad tóxica de *Breaking Bad*", Laura Hudson, Wired.com. https://www.wired.com/2013/10/breaking-bad-toxic-masculinity/ (consultado en junio de 2020)

Quizás prefieras situarte como protagonista. Sin embargo, hay otros roles que puedes asumir, como la anti-heroína que salvó el día a pesar de las condiciones del entorno o la antagonista en una situación en la que finalmente demostraste que el supuesto protagonista no era quien decía ser. Ser la personaje compañera que ayudó al protagonista a lograr su misión puede demostrar que eres una buena integrante de equipo. Discutiremos algunas de estas situaciones en este capítulo.

Usaré ejemplos extensos de películas y programas de televisión, así que te aviso que en algunos casos se van a develar detalles importantes del relato, por si no los viste previamente, con este aviso [¡ALERTA!]. Mira o vuelve a ver algunas de los programas o filmes mencionados en este capítulo si así lo deseas. ¡Diviértete con ellos!

Nuevas tendencias en el campo laboral y la narración de historias

Antes de profundizar en el fascinante mundo de crear tu propio personaje, exploremos lo que está sucediendo en el campo laboral y qué tipo de "personajes" buscan las empresas. Ya sea que estés solicitando un nuevo trabajo o buscando un ascenso hasta llegar a la dirección ejecutiva de una empresa, la forma en que te presentes –"tu personaje"– será fundamental para lograr ese objetivo.

Cada vez más las empresas se centran en contratar personas que encajen en su cultura. En otras palabras, buscan personajes que se adapten a su visión, aspiraciones y mejores prácticas. Por otro lado, los candidatos potenciales buscan empresas que coincidan con su marca personal o "narrativa" corporativa ideal. Cuando solicitas un nuevo trabajo, investigas la empresa por su propuesta de valor para los empleados o EVP [122], ¿verdad? (¡o deberías hacerlo!) Bueno, el proceso exactamente inverso ocurre por parte del empleador.

Digamos que buscan formar el mejor equipo de Marvel. ¿Quién preferirías ser, uno de Los Vengadores o Los Cuatro Fantásticos? ¿Tus aspiraciones están en A-Force o en Guardianes de la Galaxia?

Según Indeed.com, "si bien las habilidades duras (como la capacitación técnica y la educación) son importantes, los empleadores también buscan habilidades interpersonales que influyan directamente en el tipo de empleado que será cada candidato".[123] Las últimas tendencias de contratación se centran en el liderazgo, el propósito inspirador, el respeto por las personas y el trabajo orientado al equipo.

Según Tech Target Network, una empresa de software de contratación, "La pandemia ayudó a que 2021 fuera el año de la experiencia de los empleados y la tendencia ha continuado. Aceleró la necesidad de establecer programas de consideración de las preferencias de los empleados y de desarrollar una práctica que mantenga la salud y el bienestar de los empleados, promueva un equilibrio positivo entre el trabajo y la vida personal y les brinde una experiencia positiva que los anime a quedarse después de que termine la pandemia. Este énfasis en brindar una buena experiencia también se extiende a los candidatos que tienen tantas opciones disponibles. Es más importante que nunca garantizar que la experiencia del candidato sea sencilla y les permita

---

122   La propuesta de valor para los empleados o EVP, la más comúnmente favorecida por los empleadores líderes, comprende una declaración de marca clara y concisa respaldada por tres a cinco cualidades de apoyo, a menudo denominadas pilares. *Marca de empleador: una muestra de propuesta de valor para el empleador* por Richard Mosley https://www.dummies.com/business/marketing/branding/employer-branding-sample-employer-value-proposition/ (consultado en febrero de 2020)

123   15 cualidades principales que los empleadores buscan en los candidatos a un puesto de trabajo https://www.indeed.com/career-advice/finding-a-job/qualities-employers-want (consultado en septiembre de 2023)

postularse rápidamente para puestos de trabajo".[124]

Sin embargo, las empresas utilizan cada vez más la analítica para contratar candidatos perfectos que se adapten a su cultura de marca. "El uso de analítica en los procesos de adquisición de talento ayuda a la toma de decisiones basada en datos y ayuda a proporcionar información para identificar áreas fuertes y débiles. También puede reducir el costo de las prácticas de adquisición de talento, identificar problemas y bloqueos en el proceso y cubrir puestos vacantes más rápidamente", dice el mismo artículo.

Finalmente, el artículo menciona una tendencia crucial. "Evaluar habilidades y competencias y utilizarlas para buscar, seleccionar y emparejar candidatos para vacantes abiertas se está convirtiendo en un tema mucho más candente gracias al poder de la IA. Aunque las habilidades y competencias se han utilizado en la gestión de talento desde hace bastante tiempo, particularmente para identificar y encontrar sucesores en puestos clave o trayectorias profesionales, no siempre se han utilizado de manera efectiva en la adquisición de talento. Algunos proveedores de software de recursos humanos ahora incluyen otros atributos, como habilidades interpersonales, aspiraciones y motivaciones en sus sistemas".[125]

El conocimiento de determinadas habilidades sociales y competencias puede ser fundamental para contratar al miembro adecuado del equipo. ¿Qué importancia tienen las habilidades blandas?

---

124   Ocho tendencias de adquisición y contratación de talentos en 2023. https://www.techtarget.com/ searchhrsoftware/feature/7-talent-acquisition-and-recruitment-trends (consultado en abril de 2023)

125   Ibídem.

Según People First Productivity Solutions,[126] "En un estudio de Wonderlic, el 93% de los empleadores calificaron las habilidades interpersonales como 'esenciales' o 'muy importantes'. En otra encuesta, los empleadores calificaron las habilidades sociales, como la capacidad de trabajar en equipo, por delante de las habilidades 'duras' tradicionales. Al mismo tiempo, estos datos de LinkedIn revelaron que el 59% de los gerentes de contratación creen que es difícil encontrar candidatos con suficientes habilidades interpersonales".

Medir las habilidades sociales y las competencias es difícil a través de la analítica, afirma la empresa de desarrollo de personal, pero existen técnicas de entrevista como la entrevista de comportamiento (BI por su sigla en inglés).

"BI es una técnica para recopilar información específica sobre lo que un candidato ha hecho realmente en el pasado. Al sondear situaciones reales, podrá determinar si un candidato tiene o no las habilidades, conocimientos y rasgos necesarios para realizar el trabajo.... Cuando haga preguntas de BI, no obtendrá respuestas escritas que engañen a los entrevistadores. En cambio, obtendrá ejemplos e historias que ilustran exactamente lo que hizo el candidato en una situación. La premisa aquí es que los comportamientos pasados son el mejor indicador del comportamiento futuro".

¿Cómo demuestras que encajas dentro de los pilares de la marca desde el momento en que entras en esa entrevista de comportamiento? Porque una vez que hayas superado con éxito la "maquinaria del mal" (IA, análisis y automatización de procesos robóticos, RPA cifra en inglés, definitivamente te encontrarás con otro ser humano. Y esa es tu única oportunidad para hacer que tu historia resalte y tu personaje brille.

---

126   Measuring Soft Skills in the Workplace https://blog.peoplefirstps.com/connect2lead/how-to-measure-soft-skills-in-the-workplace (consultado en mayo de 2023)

Describir tus trabajos, los títulos que obtuviste, los clientes a los que atendiste o la cantidad de dinero que ganaste para otra empresa no dejará huella. Esa descripción debería estar en tu currículum. Los reclutadores ven gente tras gente recitando sus títulos y trabajos sin decir quiénes son o qué representan.

Por otro lado, si eres reclutadora, las generaciones más jóvenes prefieren trabajar con empresas que cumplan con sus valores, como la sostenibilidad, el propósito y la inclusión. ¿Cómo demuestras a estos candidatos potenciales que ofreces lo que buscan? Contar la historia del origen de la empresa a los candidatos potenciales durante la entrevista puede demostrarte rápidamente, como reclutadora, si captan "de qué se trata." Narrar por qué te uniste a la empresa, tu experiencia como integrante de equipo y lo que se espera de las posibles contrataciones también se puede estructurar de una manera que muestre propósito y mensaje.

Para las fundadoras y emprendedoras, ¿cómo pueden demostrar a sus inversores que sus productos o servicios son adecuados para las necesidades de los consumidores? Según Slidebeam, [127] "Uno de los aspectos más importantes de tu propuesta es el problema que resuelve tu producto o servicio. Los inversores quieren saber que has identificado un problema real y que tu solución lo aborda de manera única y eficaz".

¡Este es el propósito de contar historias! Por lo tanto, quién eres en la historia y el rol que desempeñas en ella debe tener un impacto en el reclutador, el candidato potencial o el inversor.

---

127   Cómo dirigirse a los inversores con éxito https://slidebean.com/blog/how-to-pitch-to-investors-with-success/ (consultado en mayo de 2023)

En un capítulo anterior, compartí un breve pasaje sobre mi decisión de mudarme a los Estados Unidos. Yo era la narradora de la historia, pero ¿era la protagonista? En verdad, mi exmarido comenzó como protagonista y acabó siendo el villano -¡por supuesto! Asumí el papel de compañera del personaje, luchando con él contra las adversidades de su mala suerte en los negocios y siendo persuadida de empezar de nuevo en otro país. Pero como recordarás, ¡eso no salió muy bien!

Sin embargo, encontré un mensaje positivo para compartir porque mi historia era una de "segundas oportunidades". Me redimí al superar la situación y encontrar un futuro para mí y mis hijos en el nuevo país.

Podría haber compartido el mismo pasaje con otra intención o mensaje en esa historia. Por ejemplo, podría haber mencionado que irme fue mi decisión debido a la situación política en Argentina en ese momento, como también lo describí en un capítulo anterior.

Además, podría haber dicho que mi sólido conocimiento del idioma inglés y mi familiaridad con la cultura estadounidense nos determinaron a elegir los Estados Unidos como destino. Había asistido a una escuela estadounidense -una escuela primaria y secundaria fundada por la Iglesia Metodista en Rosario, Argentina, a fines del siglo XIX- y estaba familiarizada con el estilo de vida estadounidense. En ese caso, sería la protagonista.

Todas estas historias son ciertas, y las he contado todas y otras, como dije, dependiendo de la situación y de quién era mi público. Cuando tomas el control de tu(s) historia(s), también puedes elegir qué contar dependiendo de quién esté escuchando y cuál sea el propósito de la historia.

Ahora, analicemos varios personajes de ejemplos de ficción con los que quizás estés familiarizada debido a su popularidad, y tratemos de encontrar la intención detrás de la narración. ¡Sigamos adelante y veamos con que personaje te identificas!

El narrador

Cada historia tiene un narrador, la persona que cuenta la historia, y define su punto de vista. El narrador puede adoptar muchas formas. A veces, el protagonista es el que narra -como lo serías tú si cuentas tu historia en primera persona.

Pero puedes ser el narrador de la historia de otra persona. La narración podría no incluirte al contar la historia en tercera persona.[128] Ese sería el caso de una historia de la que fuiste testigo directo y elegiste contarla desde tu perspectiva para transmitir un mensaje específico.

Otras veces, el narrador es alguien que tiene acceso a los pensamientos y sentimientos de un personaje o conoce toda la historia sin ser parte de ella (un narrador omnisciente). Un ejemplo sería una historia transmitida por tus antepasados que incluye sus efectos y consecuencias en las tradiciones familiares actuales. Discutiremos algunos ejemplos de estos diferentes puntos de vista.

¿Por qué hago estas distinciones sobre el narrador? Porque cuenta la historia desde su perspectiva. Puedes estar contando algo que te pasó a ti -por lo que eres la protagonista- o algo que le pasó a otra persona para marcar un mensaje específico. El mensaje final vendrá desde tu punto de vista. El narrador es el que conduce.

---

128   Para obtener información adicional sobre el tipo de narradores, consulte: Cómo establecer la voz de su protagonista para generar confianza con su lector. https://nybookeditors.com/2016/01/how-to-establecer-your-protagonists-voice-to-build-trust-with-your-reader/ (consultado en mayo de 2023)

Podríamos argumentar que el narrador final de una película o serie de televisión es el director. A partir del guión, el director toma todas las decisiones creativas, incluidas aquellas que afectan el lugar y el momento del rodaje, los ángulos de filmación, las actuaciones de los actores e incluso los efectos especiales. Su trabajo es presentar la historia de una determinada manera, con una perspectiva específica.

La narración se puede contar desde muchos ángulos y puntos de vista diferentes. Un ejemplo que me viene a la mente es *"The Playlist"*, una serie original del servicio de streaming Netflix. Seis personajes narran la historia del nacimiento de la empresa sueca Spotify desde su propio punto de vista. Cada episodio es contado por alguien que ha sido fundamental para el éxito de la empresa. Luego, el público puede comparar las seis narraciones y sacar sus propias conclusiones sobre la historia.

Otra forma es traer la visión del narrador, como en *"The Shawshank Redemption"*, en la que Red, interpretado por Morgan Freedman, es el narrador, pero también juega un papel importante. Red, un asesino convicto que cumple cadena perpetua, narra la historia de su amistad en prisión con Andy, el protagonista interpretado por Tim Robbins, y los acontecimientos que se desarrollan después de que Andy es declarado culpable y encarcelado en la prisión de Shawshank por el asesinato de su esposa. Al final, ambos personajes logran sus objetivos de manera diferente, transmitiendo que la voluntad humana nunca puede ser aprisionada. Aunque no es una película reciente, se destaca por su trama bien concebida y sus personajes convincentes.

Una visión poco común es la narración en segunda persona, como en la serie de televisión "YOU", un thriller psicológico estadounidense basado en los libros de Caroline Kepnes. La serie sigue al vendedor de una librería y asesino en serie a la vez que desarrolla una obsesión con sus contrapartes femeninas. El personaje narra la historia en off o voz superpuesta, dirigiéndose directamente al objeto de su obsesión.

Piensa en la última reunión de tu oficina en la que se discutieron temas complejos. ¿Cuántas personas había? ¿Cómo contaría cada uno la historia de lo que pasó ese día en esa reunión? ¿Quién sería el protagonista y quién el villano? ¿Quién se consideraría un personaje secundario? ¿Cómo contarías *tú* esa historia si fueras una mosca en la pared? ¿Qué le explicarías a cada uno de ellos si tuvieras la oportunidad de abordarlos sin consecuencias?

Estas son buenas preguntas para recordar a la hora de elegir el punto de vista de tu historia.

Personajes centrales: protagonista y antagonista

Las historias suelen incluir varios personajes, cada uno de los cuales desempeña un papel diferente en la trama. Sin embargo, independientemente de los muchos personajes que puedas encontrar en una novela clásica o una telenovela, los papeles centrales típicos en una historia tradicional son el protagonista y el antagonista.

El protagonista y el antagonista son personajes opuestos. El protagonista suele ser el personaje central de la historia, que logra su objetivo contra viento y marea. Si la historia es cautivante, "la voz de tu protagonista es más que una simple elección de palabras. Incluye la perspectiva y la actitud del protagonista, cómo elige hacer valer su opinión y cómo reacciona ante el mundo que lo rodea. Debería ser identificable de forma única".[129]

Para ilustrar este punto, elegí un artículo del Washington Post. Me llamó la atención el titular, "*Cómo ganar en las cartas y en la vida, según*

---

129   Ibídem.

la superestrella autista del póker", porque sugería una lección aprendida -ganar en la vida- que llamó mi atención. Esta es la historia de Dan Cates, "quien comenzó a jugar al póker en la escuela secundaria y tuvo dificultades en un principio, incluso aceptó un trabajo en McDonald's para cubrir sus pérdidas. Las ganancias de su carrera en juegos en línea y en vivo ahora superan los U$S 23 millones". Cates recuerda que muchas de las cualidades de su condición autista que le causaron tanta frustración en la infancia, ser hiper-concentrado, analítico y decidido, le ayudarían a lanzar una carrera meteórica en el mundo del póker.

El artículo afirma que, en la mesa, Cates a menudo opera a niveles que la mayoría de la gente no puede apreciar. "Una clave: mantener alerta a los oponentes. En dos de sus mayores victorias en torneos, en 2021 y 2022 en el *Poker Players Championship*, considerado uno de los eventos más prestigiosos del calendario, compitió disfrazado. Vestido el año pasado como Savage, el luchador profesional brusco y de ojos desorbitados, Cates buscó defender su título recurriendo a algún método de actuación, manteniendo su personaje mientras murmuraba en la mesa, tal vez una actuación para las cámaras de televisión, pero también una distracción para sus contrincantes. Mientras tanto, leía a los otros jugadores y esperaba su oportunidad de apostar en grande". [130]¡Vive tu personaje y mantente enfocada!

Ahora bien, el antagonista de toda historia es el malo, el villano o la villana. Sin embargo, a veces es posible que apoyes a un villano, incluso cuando su caos daña constantemente al héroe. Abundan los

130   Cómo ganar en las cartas y en la vida, según la superestrella autista del póquer https://www.washingtonpost.com/sports/2023/05/02/jungleman-poker-dan-cates-autisic/ (consultado en mayo de 2023)

ejemplos masculinos, pero Darth Vader ha sido votado como el "mejor villano" de todos los tiempos.[131]

Necesito dedicar aquí un párrafo especial a las villanas. Aunque no son tan frecuentes como los villanos masculinos, las villanas a menudo no agradan o son ignoradas porque pueden romper algunas reglas y ser rudas.

En su blog "10 villanas fascinantes de las que tenemos mucho que aprender", Arundhati Chatterjee dice: "¿Qué es lo que las mujeres obtenemos gratis durante toda nuestra vida? ¿Aparte de consejos no solicitados? El alto pedestal de ser la *sushil sanskari naari*.[132] La sociedad nos eleva a un estatus exaltado, en virtud del cual nunca podemos hacer algo incorrecto, y luego comparte una larga lista de cosas que no podemos hacer en absoluto. Desde descruzar las piernas y sentarnos cómodamente, hasta ocupar [demasiado] espacio física y metafóricamente, desde decir no, hasta decir sí. Se espera que cumplamos con estas reglas estrictas y somos castigadas si infringimos alguna. Y es quizás la antítesis de este *sushil sanskari naari* lo que nos atrae hacia villanas y mujeres de moral confusa, como el personaje de Taapsee Pannu, Rani, en su última película, *Haseen Dillruba*."[133]

La película se estrenó en Netflix en 2021 y fue el mayor éxito visto en India y otros 22 países ese año. La actriz Taapsee Pannu declara: "Los personajes femeninos se ajustan a este estereotipo: vamp o *sati*

---

131   Los mejores villanos del cine de todos los tiempos https://www.empireonline.com/movies/features/best-movie-villains/ (consultado en abril de 2023)

132   Traducción aproximada: culta; educada y conocedora (NA)

133   10 villanas emocionantes de las que tenemos mucho que aprender https://tweakindia.com/culture/discover/lessons-we-learnt-from-11-female-villains-who-dared-to-be-ruthless-in-a-mans-world/ (consultado en abril de 2023)

savitri . [134] Muchas actrices también temen que la gente las identifique con sus personajes y evitan papeles grises. Pero las mujeres también pueden ser líderes que toman decisiones cuestionables. Podemos ser malvadas; podemos ser antihéroes porque también tenemos la opción de ser simplemente malas", afirma. ¡Ah, me encanta!

Personajes centrales: malos jefes

No siempre es necesario que los personajes centrales sean dos personas. El antagonista también puede ser la búsqueda del protagonista, los obstáculos a superar, el camino elegido u otro conflicto interno.

Algunas historias se han elaborado en torno a un personaje en solitario, como en "127 Horas". [135] La trama está basada en la historia real del barranquista Aron Ralston, que queda atrapado en una montaña de Utah. En este caso, el antagonista es la lucha del protagonista por la supervivencia, que registra en un diario en vídeo. El triunfo de la voluntad propia sobre las circunstancias atenuantes es otro favorito del imaginario social estadounidense.[136]

Mientras Steve Jobs estaba vivo, fue el "personaje principal" de la historia de la marca Apple, incluso cuando fue expulsado de su propia empresa. Sir Richard Branson, el fundador del Grupo Virgin,

---

134 'Sati', 'Savitri' suenan como los términos utilizados para las mujeres sumisas, tímidas y mansas que supuestamente son esposas perfectas en las familias hindúes tradicionales. Ambos términos apuntan hacia una esposa dedicada que puede rogar a los dioses por la vida de su marido o incluso morir ella misma después de la muerte de su marido. La Sociedad Literaria. https://www.litsocsscbs.com/post/the-curious-case-of-sati-savitri (consultado en abril de 2023)

135 "127 Hours" es una película biográfica británica de 2010 coescrita, producida y dirigida por Danny Boyle. La película está protagonizada por James Franco, Kate Mara y Amber Tamblyn.

136 John B. Thompson define el imaginario social como "la dimensión creativa y simbólica del mundo social, la dimensión a través de la cual los seres humanos crean sus formas de convivir y sus formas de representar su vida colectiva", "*Studies in the Theory of Ideology*" Polity Press, 2015.

que hoy controla más de 400 empresas en diversos campos, es otro ejemplo de un fuerte protagonista en solitario. La marca Martha Stewart, construida alrededor de la leyenda de su fundadora, continuó promoviendo su historia incluso durante y después de su liberación de prisión. [137] Ahora, ¡esa es una historia para hablar sobre desafíos y zonas grises!

Sin embargo, la mayoría de las narraciones presentan una variedad de personajes que ayudan al interés de la trama. Las historias tradicionales incluyen personajes centrales como el héroe, el antihéroe, el adversario o el villano, y otros roles que lo acompañan.

Un jefe abusivo y su víctima son algunos de los personajes con los que puedes identificarte en las historias más populares y atractivas sobre el lugar de trabajo, desde comedia hasta drama. Para el Día Nacional del Jefe de 2021, el servicio de transmisión transaccional de Fandango, Vudu, [138] compaginó una lista de los jefes más memorables y enloquecedores. ¡Presta especial atención a estos personajes porque es posible que te resulten familiares en tu lugar de trabajo!

Los peores jefes del cine:

1. Espacio de oficina (Gary Cole)

2. El diablo viste de Prada (Meryl Streep)

3. 9 a 5 (Dabney Colman)

4. Wall Street (Michael Douglas)

5. El abogado del diablo (Al Pacino)

---

137   Para ver un retrato interesante del tiempo de Martha Stewart en prisión, Cómo fue el tiempo de Martha Stewart en prisión por Chris Heasman y Laura Willcox https://www.mashed. com/240834/the-truth-about-martha-stewarts-time-in -prisión/ (consultado en enero de 2023)

138   Fuente: Media Play News https://www.mediaplaynews.com/vudu-picks-top-bad-boss-movies-and-tv-shows-for-national-boss-day (consultado en noviembre de 2022)

6. Jefes horribles (Jennifer Aniston)

7. Scrooged (Bill Murray)

8. El lobo de Wall Street (Leonardo DiCaprio)

9. La red social (Jesse Eisenberg)

10. Chica trabajadora (Sigourney Weaver)

11. Sala de calderas (Ben Affleck)

12. La propuesta (Sandra Bullock)

13. Glengarry Glen Ross (Alec Baldwin)

14. Mundo Jurásico (Bryce Dallas Howard)

15. Robocop (Ronny Cox)

Los peores jefes de los programas de televisión:

1. "The Office" (Steve Carell) y "The Office" (Ricky Gervais) – empatados

2. "Hombres Locos" (Jon Hamm)

3. "Betty la Fea" (Vanessa Williams)

4. "Parques y recreación" (Nick Offerman)

5. "Los Simpson" ("Mr. Burns" con la voz de Harry Shearer)

Es posible que hayas visto un par de estos programas o películas populares y te hayas identificado con algunos de los personajes, si no tú misma, alguien de la oficina con quien trabajas. Ya sea comedia o drama, ¡cómo cuentas la historia es tu elección!

La belleza de *Breaking Bad*

Mientras escribía estos pasajes, he estado reexaminando películas y programas de televisión, incluido "*Breaking Bad*", una de mis historias favoritas de la pantalla chica. La serie de televisión de drama criminal estadounidense fue creada y producida por Vince Gilligan.[139] El programa se emitió en 2008 durante cinco temporadas y recibió 58 nominaciones a los premios Emmy. El título se refiere a una expresión usada en el sur de los Estados Unidos que significa algo así como perder el rumbo o salirse del buen camino.

No vi el programa cuando se estrenó. Nunca creí que me interesaría, principalmente por el tema, que pensé que era sobre tráfico de drogas. Sin embargo, una vez que comencé, ¡la vi sin parar durante semanas! Usaré este programa y otros ejemplos para analizar algunos de los roles o personajes que sirven a nuestro propósito. También es una oportunidad indiscutible para analizar cómo se retrata la cultura mexicana en el programa. ¡Vamos a volver a esto más adelante!

El increíble éxito de "*Breaking Bad*" reside en los personajes bien definidos que enfrentan todo tipo de conflictos y vulnerabilidades para reafirmar el mensaje principal que transmite el protagonista, el profesor Walter White: la fuerza corruptora del poder personal. Ten cuidado porque el personaje más amable de la historia podría engañarte sobre quién es en realidad...

El protagonista cuestionable

Ahora, analicemos el papel del protagonista. En la mayoría de las historias, el protagonista tiene una meta que cumplir y varios conflictos que superar que se hacen evidentes durante la trama, impartiendo una resolución final con una lección aprendida.

---

139   George Vincent Gilligan Jr. (nacido el 10 de febrero de 1967) es un escritor, productor y director estadounidense. https://www.imdb.com/name/nm0319213/ (consultado el 05/02/2020)

Sin embargo, es posible que el protagonista o personaje principal no siempre sea digno de elogio. Muestran vulnerabilidades, debilidades e incluso vicios, pero provocan un compromiso emocional de parte del público que los convierte en héroes. La audiencia quiere ver a este personaje prevalecer. ¿Por qué?

Analicemos el papel de Walter White en *Breaking Bad*. [¡ALERTA!]. Walter es un profesor de química introvertido pero brillante en una escuela secundaria local que se siente acorralado y toma decisiones extremas. Aunque felizmente casado, su vida no ha sido exitosa desde el punto de vista financiero. Apenas llega a fin de mes con el salario de un maestro, un hijo adolescente que lucha con las secuelas de una parálisis cerebral y un bebé en camino. Luego recibe una noticia devastadora: tiene un cáncer de pulmón avanzado.

Enojado con la vida y consigo mismo, el profesor educado y respetuoso de las leyes se encuentra en su primera encrucijada al enfrentarse a la abrumadora cantidad de dinero que le costaría intentar sobrevivir su enfermedad. Quiere ver crecer a su pequeña hija, pero aún peor, se imagina dejando a su familia en un caos financiero total. Decide dedicarse al negocio de "cocinar " y vender metanfetamina para asegurar el futuro de su familia.

Otra protagonista cuestionable es Annalise Keating en la serie de televisión "Lecciones del Crimen" (*How to Get Away with Murder*) producida originalmente por la cadena ABC Network. La protagonista es una abogada defensora y profesora de derecho en una prestigiosa universidad de Filadelfia que se ve envuelta en un asesinato.

Interpretada por Viola Davis, el personaje de Annalise es una mujer profesional que se mueve con confianza en los entornos políticos y académicos. A medida que la trama evoluciona y ella se involucra en múltiples crímenes con sus asociados, enfrenta desafíos emocionales, incluida su adicción al alcohol. La serie de televisión se estrenó en ABC en 2014 y concluyó en 2020. Las reposiciones se pueden encontrar en varios servicios de streaming.

La clave del éxito de estos personajes son sus vulnerabilidades, su humanidad y los resultados imprevisibles de sus decisiones emocionales. ¿Qué debemos hacer nosotros, como seres humanos, cuando estamos acorralados por la vida y nuestras circunstancias? ¿Cómo reaccionarías en esas circunstancias y qué tan creíbles son estos personajes? ¿Qué podemos aprender de ellos y de sus resultados? Todas estas son buenas preguntas para reflexionar cuando trabajes en los desafíos y zonas grises de tu historia.

Socios, compañeros o compinches

Un "compinche" es una definición de lenguaje común para un personaje que hace brillar al protagonista en comparación. Se asocian para superar el conflicto y conquistar el objetivo de la historia. Puede ser el contrapunto o el contraste, un personaje habitual de la historia, un compañero de calidad que mejora toda la historia. Un claro ejemplo de personaje compañero es el papel de Robin en Batman y Robin.

El compañero y cómplice de Walter es Jesse Pinkman. Desesperado por la situación de su vida, Walter se reencuentra con Jesse Pinkman, su exalumno, que está involucrado en un pequeño tráfico de drogas. Se asocian para cocinar "metanfetamina". La trama adquiere una nueva dimensión: Walter expresa claramente su epifanía en un diálogo: "Me siento vivo". Aunque la relación con su compañero Jesse es complicada y conflictiva, incluso antagónica en ocasiones, los dos personajes desempeñan un contrapunto emocional que continúa la historia con maestría.

Otra compañera es la "buena esposa" de *Breaking Bad*, la juiciosa Skyler White. Es una esposa y madre fuerte que lucha por apoyar emocionalmente a Walter durante su tratamiento contra el cáncer. Sin embargo, sospecha cada vez más de las actividades de su marido y su comportamiento cambia a medida que avanza la historia.

Skyler White es un tipo diferente de "mujer fuerte". Es equilibrada y dedicada a su papel familiar. Aunque su profesión es la contabilidad, lucha por la recuperación de su marido sin medir las consecuencias financieras. Ella lo niega hasta la tercera temporada, cuando se da cuenta de la verdadera participación de White en las drogas. Skyler deja que su juicio emocional la domine y toma sus propias decisiones.

Hagamos un paréntesis aquí para analizar las compañeras femeninas de superhéroes que aparecen representadas en las películas como individuos con poderes extraordinarios por encima de las capacidades humanas. Storm, un personaje de Marvel [140], es miembro de una subespecie ficticia de humanos conocida como mutantes en la serie "X-Men". Otro ejemplo es Gamora, de "Guardianes de la Galaxia" y el principal interés amoroso de Peter Quill, y su eventual novia; una guerrera asesina entrenada cuya vida bajo la ira tortuosa de su padre adoptivo Thanos la lleva a volverse contra él. [141]

Muchos capacitadores y *coaches* profesionales recurren a superhéroes para aplicarlos a la narración preguntando: "¿Cuáles son tus superpoderes?" En mi opinión, los superhéroes sirven como

---

140   Marvel Entertainment, LLC es una subsidiaria de propiedad total de The Walt Disney Company https://www.marvel.com (consultado en enero de 2020)

141   Perfil en pantalla de Gamora https://www.marvel.com/characters/gamora/on-screen/profile (consultado en enero de 2020)

modelos a seguir a los que aspira la sociedad. Su representación comunica una amplia gama de normas, valores y comportamientos aceptables o inaceptables relacionados con los roles de género. Los superhéroes y las superheroínas no siempre reciben las mismas consideraciones.

Por ejemplo, una compañera obligada a asumir un papel de liderazgo es Shuri en "Black Panther: Wakanda Forever" de la serie Marvel Comics distribuida por Walt Disney Studios Motion Pictures.

Shuri es la princesa de Wakanda que asume un papel de liderazgo tras la muerte de su hermano. Desempeña un papel vital como personaje principal en la precuela "Black Panther 1". Sin embargo, las circunstancias la obligan a convertirse en la Pantera Negra para proteger a su gente en Wakanda Forever, solo para descubrir al final que su papel de liderazgo será reemplazado por el linaje masculino, lo cual fue un poco decepcionante, que es lo menos que puedo decir.

¿Conoces a alguien que recibió un ascenso a un puesto de liderazgo "interino o temporal"? Así es como se ve: te elogian por tu gran trabajo y luego no te ascienden permanentemente a ese puesto, sino que alguien más viene a ocupar ese lugar. Sí, puedes argumentar que "ya sabías que era temporal", pero si has estado haciendo un trabajo *tan* bueno, ¿no sería lógico ofrecerte el trabajo en primer lugar, especialmente si tuvieras las calificaciones necesarias?

Para cerrar con el rol de compañero o compinche, piensa si alguien en tu historia desempeña ese papel. ¿Alguien que te apoya pero que a veces te llama a razonar, reflexionar y reagruparte? ¿O alguien que te presiona hasta el punto sin retorno? ¿Quién te ayuda a expresar lo mejor de ti misma? ¿O lo peor?

Piensa en todas las personas en tu vida que han jugado un papel en tu historia, incluido tus padres, cónyuge o pareja, jefes, colegas, mentores, mentoras, amigos, amigas, hijos e hijas e incluso extraños. También reflexiona sobre tu compinche laboral -a veces referido como tu "esposo o esposa laboral"-, alguien con quien pasas muchas horas tomando decisiones y compartiendo gran parte del día. Quién y cómo es esa persona puede revelar mucho de tu historia.

El antagonista o adversario

El antagonista o adversario es la fuerza, persona o circunstancias que se oponen al protagonista o los obstáculos que debe superar para lograr su objetivo o finalizar su búsqueda. El antagonista generalmente crea una interrupción , y puede permanecer en el mismo personaje, fuerza o circunstancia o tomar otra forma sin perder el objetivo principal: mantener la historia en el mensaje. Los adversarios tradicionales de Batman serían The Joker y Catwoman.

El profesor White en *Breaking Bad* se enfrenta a su primer antagonista, una enfermedad terminal en forma de cáncer de pulmón, que parece imposible de superar hasta que encuentra la esperanza en un tratamiento médico experimental. Sin embargo, también tiene que pagar un alto precio en todos los sentidos. Su siguiente conflicto es interno, una decisión entre su vida y el bienestar de su familia.

A medida que se desarrolla la historia, encuentra obstáculos adicionales que superar. Aunque Walt tiene una gran formación en química, él y Jesse no tienen experiencia en el tráfico de drogas. Jesse lucha con su propio antagonista, la adicción a las drogas, que lo vuelve descuidado y poco confiable.

Walt no tiene experiencia en gestión empresarial y se mete en todo tipo de situaciones de riesgo. La historia muestra cómo estos dos "aspirantes a narcotraficantes" aficionados sintonizan cada vez más con su entorno criminal. Finalmente, cuando el cáncer entra en remisión, es demasiado tarde para que Walt se aleje del malvado negocio. Ahora hay conflictos internos y externos que lo mantienen apegado a su adicción al poder.

Otros antagonistas adoptan diferentes formas y personajes: lucha con su conciencia y su codicia, que son conflictos internos; con su cuñado, Hank Schrader, agente de la DEA que representa "la ley"; y con pandillas y cárteles, "los enemigos brutales". A medida que el negocio evoluciona hacia una actividad multimillonaria, aparecen personajes antagónicos secundarios adicionales que se suman a la historia.

¿Cuáles son las fuerzas antagónicas en tu historia? ¿Quiénes eran los adversarios que necesitabas derrotar o superar para alcanzar las metas que te habías propuesto? ¿Sigues sufriendo los mismos obstáculos? ¿Qué decisiones emocionales o racionales tomaste para superar esas fuerzas adversarias o las personas a las que tuviste que enfrentarte en tu historia para lograr tus objetivos? ¿Cómo te sentiste con esas decisiones? ¿Cuáles fueron los resultados y cómo crees que esos resultados impactaron tu vida ahora que ha pasado algún tiempo? Continúa trabajando en tu historia con estas preguntas en mente.

Aprendamos del sesgo cognitivo

Cuando hablamos de la película "Los dos papas" en el capítulo uno, analizamos la capacidad de nuestro cerebro para ayudarnos a construir historias. El cerebro procesa una experiencia imaginada como si fuera real. Las películas y las novelas se reviven como historias reales en nuestras mentes, especialmente si la historia se cuenta o se interpreta de manera brillante, lo que hace que una historia ficticia sea creíble al rebotar en nuestros momentos experienciales pasados.

Ahora, agreguemos aquí un concepto más, el sesgo cognitivo[142]. "Aunque a la gente le gusta creer que es racional y lógica, el hecho es que estamos continuamente bajo la influencia de sesgos cognitivos. Estos sesgos distorsionan el pensamiento, influyen en las creencias y repercuten en las decisiones y juicios que las personas hacen todos los días", dice la autora Kendra Cherry, MS.[143]

Entonces, ¿por qué ocurre el sesgo cognitivo? "La atención es un recurso limitado", continúa Cherry. "Esto significa que no podemos evaluar todos los detalles y eventos posibles cuando formamos pensamientos y opiniones. Debido a esto, a menudo dependemos de atajos mentales que aceleran nuestra capacidad para emitir juicios, pero que a veces nos llevan a sesgos o prejuicios".[144]

Ejemplos de sesgos cognitivos son: "Pensar que las personas guapas también son más inteligentes, amables y divertidas que las personas menos atractivas. Creer que los productos comercializados por personas atractivas también son más valiosos. Pensar que un candidato político que muestra confianza en sí mismo debe ser también inteligente y competente... Este sesgo cognitivo puede tener un impacto poderoso en el mundo real. Por ejemplo, los solicitantes de empleo percibidos como atractivos y agradables también tienen

---

142   El sesgo cognitivo como concepto fue introducido por primera vez por Amos Tversky y Daniel Kahneman en 1972. Puede que no sea posible eliminar por completo la predisposición del cerebro a tomar atajos, pero comprender que existen sesgos puede resultar útil a la hora de tomar decisiones. "Cognitive Bias" https://www.techtarget.com/searchenterpriseai/definition/cognitive-bias/ (consultado en mayo de 2023)

143   Lista de sesgos cognitivos comunes: tipos comunes de sesgos que influyen en el pensamiento por Kendra Cherry, MS https://www.verywellmind.com/cognitive-biases-distort-thinking-2794763/ (consultado en mayo de 2023)

144   Ibidem.

más probabilidades de ser vistos como competentes, inteligentes y calificados para el puesto".[145]

Los sesgos cognitivos están afectados por la raza, el género y la capacidad y favorecen a los individuos convencionalmente atractivos definidos por la cultura dominante. Sin embargo, ¿cómo se define "convencionalmente atractivo"? Es más probable que las empresas en Estados Unidos contraten y promuevan candidatos que cumplan con los estándares de belleza occidentales o eurocéntricos, sostiene el artículo de Cherry.

Cuando vi al Papa Francisco en Roma, mi cerebro simplificó mis percepciones priorizando y manejando grandes cantidades de información rápidamente. Procesó la información a través del filtro de experiencias personales que había vivido durante mi infancia. Como mis experiencias habían sido emocionalmente positivas, me sentí conmovida por la visión del Papa en Roma y tuve muchas ganas de ver la película.

Sin embargo, otras personas no reaccionaron de la misma manera en las reseñas de "Los dos papas". Estaban enojadas y decepcionadas con el punto de vista de la película porque no reafirmaba sus conocimientos y experiencias anteriores sobre la Iglesia Católica.

Hagamos una escucha social en Rotten Tomatoes [146] sobre los personajes de *Breaking Bad* y el punto de vista de la película. La serie obtuvo un 96% en el "Promedio de Tomatoer", la crítica especializada, y un 98% en el "Puntuación promedio de la audiencia".

---

145   Ibídem.

146   Rotten Tomatoes es un sitio web estadounidense de recopilación de reseñas de cine y televisión (NA)

Puntuación y comentarios de la audiencia de Rotten Tomatoes[147]

"Vince Gilligan se compromete con una visión de una historia, emplea creatividad visual y música impecable; combine esto con una actuación poderosa y obtendrá un espectáculo que sigue siendo excelente 10 años después de su estreno. A través del desarrollo profundo de los personajes a lo largo de cinco temporadas, el programa también explora muchos temas que invitan a la reflexión, como la filosofía de la moralidad y la psicología de las personas".

"Es un espectáculo fantástico. Una especie de logro en la historia de la Televisión. Porque la transición de un hombre inteligente y bien intencionado al mal puro y absoluto es tan poética que no puedes evitar apoyar al tipo que termina envenenando a un niño pequeño. Incluso después de toda la mierda horrible que hizo, sigue siendo el personaje que quieres que gane. Eso es desarrollo de personajes y escritura fantástica".

"Lo que aprendí de esta temporada es las consecuencias de tener muuuucho [sic] dinero al ser coherente con sus historias falsas y tener cuidado de no dejar pruebas. Me hace darme cuenta de que tener MUCHO dinero no te da tranquilidad, especialmente si lo ganaste de manera pecaminosa. Otra lección es sobre la confianza y el sacrificio. A veces, tu esfuerzo e intención son insuficientes para justificar las malas acciones. Al igual que en la temporada pasada, Walter White derrotó hábilmente a los matones que le quitaron sus millones creando una máquina armada a control remoto y salvar a Jessie Pinkman de su esclavitud muestra su amor paternal e incondicional".

---

147   Rotten Tomatoes Todas las reseñas de la audiencia https://www.rottentomatoes.com/tv/ breaking_bad/s05 (consultado en mayo de 2020)

"Una película tremenda para obtener información completa sobre cómo funciona la mafia de las drogas, cómo funciona el sistema de tráfico de drogas, cuántas dificultades enfrentará una persona normal en esta industria y cuánto dinero hay en juego en este mercado negro. Es una película llena de acción y crímenes, pero también es una montaña rusa de emociones. Cuando la veas, te apegarás emocionalmente al personaje de Jesse. Me encanta el diálogo cuando Walt dice que no existe un maldito Dios, así que no esperen por él y resuelvan sus malditos problemas. Es interesante cómo un padre de familia maneja su vida familiar y su vida criminal por separado y hace conexiones y vínculos con sus palabras para que no lo descubran. Me encantó la serie". [148]

En resumen, el cuestionable protagonista Walter y la relación con su compañero antagonista Jesse involucran emocionalmente a la audiencia. No conocemos los sesgos cognitivos de estas personas que hacen comentarios, pero se apegan fervientemente a personajes masculinos cuestionables y justifican sus comportamientos. Perciben la evolución de los personajes hasta convertirse en forajidos, pero aun así los consideran héroes. Incluso reconociendo sus malas acciones, ¡todavía los apoyan!

Este es un favorito del espíritu y carácter estadounidense, el rebelde que lucha contra todo pronóstico y logra el fin por medios cuestionables. Se rigen por ideales relacionados con la libertad o el patriotismo, la lealtad a la patria, el poder y el éxito a cualquier precio. Los ejemplos abundan en las películas y series de televisión estadounidenses, pero algunas que pueden verse incluyen "Primicia

---

[148]   Todos los comentarios han sido transcritos tal como están escritos en el sitio sin correcciones gramaticales o tipográficas. (NA)

Mortal" (*Nightcrawler*),[149] "Psicópata Americano" (*American Psycho*),[150] muchas películas del director Quentin Tarantino y la mayor parte de la filmografía del director Clint Eastwood.

Aprovecha el punto de vista del narrador

Al comienzo de este capítulo, discutimos el papel del narrador como alguien que está en el asiento del conductor porque puede contar la historia desde un punto de vista específico.

"El punto de vista (POV) es una herramienta poderosa que los cineastas utilizan para involucrar a la audiencia emocional, intelectual y estéticamente. Al controlar la información que recibe el público y cómo la recibe, los cineastas pueden dar forma a la interpretación que el público hace de la historia y los personajes", dice Dhruv Jogdand en su blog "Importancia del punto de vista en la escritura cinematográfica: comprensión de su significado e importancia" (en inglés).

Ahora que sabes esto, puedes estructurar tu historia con intención eligiendo un punto de vista específico. ¿Qué quieres decir? ¿Qué mensaje te gustaría transmitir? Parece mucho trabajo al contar una historia breve y sencilla. Sin embargo, tener control sobre tus personajes y cómo se comportan impactará con mayor precisión a la persona que escuche tu historia.

¿Es lo mismo tener un personaje imprudente y salvaje para justificar una decisión cuestionable o alguien mesurado y reflexivo

---

149   Nightcrawler (en Hispanoamérica: Primicia Mortal) es una película estadounidense de 2014 del género crimen-thriller (noir) escrita y dirigida por Dan Gilroy. https://es.wikipedia.org/wiki/ Nightcrawler_(película) (consultado en mayo de 2023)

150   American Psycho (titulada Psicópata Americano en Hispanoamérica) es una película estadounidense de 2000 de terror y humor negro coescrita y dirigida por Mary Harron, basada en la novela homónima de Bret Easton Ellis. https://es.wikipedia.org/wiki/American_Psycho_ (película) (consultado en mayo de 2023)

pero acorralado por las circunstancias de la vida, como en el caso de Walter White? ¿Merecería redención alguien imprudente en su juventud pero que ha aprovechado su "segunda oportunidad"? ¿Cómo vuelven esos errores para atormentarlos más adelante en la vida? Considera estas preguntas y estarás en camino de lograr personajes cautivantes.

El sesgo cognitivo y el mensaje

Los sesgos cognitivos también alimentan los mensajes de cualquier historia. Los cineastas no están exentos de provocar la reflexión con temas como la filosofía de la moral y la conciencia de las personas. Aquí está el resumen de las interpretaciones de algunos mensajes de los críticos de Rotten Tomatoes:

- *Lo que aprendí de esta temporada es las consecuencias de tener muuuucho dinero al ser coherente con sus historias falsas y tener cuidado de no dejar pruebas.*

- *Me hace darme cuenta de que tener MUCHO dinero no te da tranquilidad, especialmente si lo ganaste de manera pecaminosa.*

- *Otra lección es sobre la confianza y el sacrificio. A veces, tu esfuerzo e intención son insuficientes para justificar las malas acciones.*

- *... obtenga información completa sobre cómo funciona la mafia de las drogas, cómo funciona el sistema de tráfico de drogas, cuántas dificultades enfrentará una persona normal en esta industria y cuánto dinero involucrará en este mercado negro.*

- *Me encanta el diálogo cuando Walt dice que no existe un maldito Dios, así que no esperen por él y resuelvan sus malditos problemas.*

- *Cómo un padre de familia gestiona su vida familiar y su vida criminal por separado*

La audiencia, en estos casos, vive la historia como una historia real y precisa, incluso cuando no hay datos o evidencia de que la misma se base en hechos reales, como obtener "información completa sobre cómo funciona la mafia" o "cuánto dinero está involucrado en este mercado negro". Aunque la intención de los realizadores no sea difundir información falsa, el cerebro de los espectadores les hace creer que la historia está basada en hechos reales.

Las interpretaciones también revelan algunas de las creencias religiosas o morales de la audiencia. Mensajes de moralidad como *"su esfuerzo e intención son insuficientes para justificar malas acciones"*, comportamientos aceptables o inaceptables, como "un *padre de familia maneja su vida familiar y su vida criminal por separado"*, como advertencia sobre comportamientos fuera de la ley, e incluso una declaración religiosa como *"no existe un maldito Dios, así que no esperes por él y resuelve tus malditos problemas"*, son algunos de los mensajes que los espectadores descubren por sí mismos.

Ahora que sabes más sobre el sesgo cognitivo, aprenderás más sobre mis sesgos cognitivos personales y qué mensajes principales y menores encontré en la historia:

Mensaje principal: La fuerza corruptora del poder personal

El mensaje o tema principal de la serie radica en la ambición de Walter por adquirir poder personal con una justificación. La historia no lo revela hasta el final, pero se ve venir. No está naturalmente inclinado a cometer actos malos; sin embargo, secretamente anhela poder, respeto y avance. Su búsqueda de poder personal no tiene fin hasta el desenlace.

Mensaje 1: Virilidad y qué es "ser hombre".

Este mensaje lo repiten Walter White, Gus Fring -el narcotraficante en temporadas posteriores-, Hank Shrader, cuñado de Walt y agente de la DEA, y varios miembros de la mafia mexicana. Diferentes connotaciones y acciones, pero una línea recta de pensamiento: un hombre se encarga de las circunstancias de su familia. Un hombre no acepta la caridad, ni siquiera en las peores condiciones; un hombre hace cualquier cosa -incluso ilegal- para asegurar y proteger el futuro de su familia; un hombre nunca muestra miedo o vulnerabilidad; un hombre vive y muere según sus propios términos.

Mensaje 2: Un hombre es responsable por su honor y su familia

En relación con el mensaje anterior, el honor y la familia siguen siendo responsabilidad del hombre, tanto en la cultura estadounidense como en la mexicana, como se muestra en la película.

La serie tiene una trama fuerte en la que los personajes principales son hombres. Sin embargo, se pudieran haber elegido personajes femeninos famosos traficantes de drogas y líderes de cárteles, como Griselda Blanco, conocida como la Madrina de la cocaína, la Madrina y la Viuda Negra (nacida el 15 de febrero de 1943 en Santa Marta, Colombia; fallecida el 3 de septiembre de 2012 en Medellín). Esta traficante de cocaína colombiana amasó un vasto imperio y fue una figura central en las violentas guerras contra las drogas en Miami en los años 1970 y 1980.[151]

O María Dolores Estévez Zuleta (1906-1959), comúnmente conocida como Lola la Chata, quien fue la primera narcotraficante importante que traficaba con marihuana, morfina y heroína en

---

[151] Griselda Blanco https://www.britannica.com/biography/Griselda-Blanco (consultado en diciembre de 2022)

México entre los años treinta y cincuenta. Se hizo conocida gracias a la cobertura de los periódicos sensacionalistas. Ella fue una precursora de la actual cultura del narcotráfico en el país.[152]

Entonces, el narrador podría haber elegido un camino diferente en la trama, pero el mensaje "machista" está presente en ambas culturas -a pesar de manifestarse de diferentes formas - reafirmando los valores del honor masculino interiorizados por la mayoría de los espectadores.

Mensaje 3: El respeto es un valor cultural y de liderazgo importante

Este es un mensaje fundamental en una historia, especialmente si visualizas tu marca como global. La competencia intercultural es esencial cuando se cruzan ciertas fronteras, aun de demografías diferentes dentro de los Estados Unidos.

La historia de *Breaking Bad* crea una tensión constante entre las formas igualitarias y jerárquicas de relaciones interpersonales, retratadas como las "marcas" estadounidense y mexicana. Después de todo, esto es un "negocio" y se deben seguir las reglas comerciales.

Mientras que en una relación interpersonal igualitaria [153] el respeto se "gana", no se otorga, en un modelo jerárquico como el de México, el respeto se impone por tu género, educación, cargo -ocupación o títulos- y edad que prevalecen sobre cualquier otra calificación. Un personaje clave que lo demuestra es Héctor Salamanca, rol de

152   Lola La Chata https://en.wikipedia.org/wiki/Lola_la_Chata (consultado en diciembre de 2022)

153   "La Declaración de Independencia de los Estados Unidos es un ejemplo de afirmación de la igualdad de los hombres ya que "Todos los hombres son creados iguales" y la redacción de hombres y hombre es una referencia tanto a hombres como a mujeres, es decir, a la humanidad. A veces se considera a John Locke como el fundador de esta forma. Igualitarismo https://en.wikipedia.org/wiki/Egalitarianism/ (consultado en mayo de 2023)

Mark Margolis, respetado por su edad y su posición a pesar de su incapacidad física.

El modelo jerárquico mexicano se muestra una y otra vez en la interacción entre las pandillas, los capos de la droga y Walter y Jesse. Walter lucha con la autoridad del narcotraficante Fring. Sin embargo, se siente empoderado cuando comienza a ganar millones gracias a su actividad ilícita. Busca el respeto y reconocimiento de su familia -que lucha por obtener- de la misma manera que aprendió de Gus Fring y su "familia" -empleados, pandilleros, etc.

Otra tensión en el valor del respeto entre culturas es cómo el agente de la DEA Hank Shrader, una figura de poder y autoridad, trata a sus compañeros de trabajo y a su familia. Incluso su compañero y único personaje latino "bueno", el agente de la DEA Steven Gómez, es tratado con irrespetuosamente. Walter se enfrenta a Shrader cuando siente que su autoridad se ve amenazada frente a su hijo.

Mas aun, otra tensión constante sobre el respeto es la relación entre Walter y Jesse. Desconfían el uno del otro y se desprecian mutuamente por sus habilidades (o la falta de ellas). Nunca logran respetarse mutuamente; sin embargo, construyen una relación de amor familiar incondicional para enfrentarse y apoyarse mutuamente en el entorno que los rodea.

Mira el episodio 10 de la temporada 4 para ver el momento del choque entre culturas relacionado con el respeto cuando llevan a Jesse al laboratorio mexicano para entrenar a los miembros del cartel a cocinar metanfetamina. ¡Te dejo con la intriga!

Mensaje 4: Vive la vida en tus propios términos

Este es, en gran medida, uno de los mensajes más potentes de la serie. Este es el viaje de Walter, donde comienza y termina su personaje, o "el arco del personaje ", un concepto que exploraremos más a fondo en el próximo capítulo. Aunque al principio no lo sepa, hacia allí se dirige. Déjame explicarlo.

Walter ha llevado una vida complaciendo a los demás, siendo un buen padre y marido, un profesor de modales suaves que lucha por llamar la atención de sus alumnos y evita los enfrentamientos. Perdió la oportunidad de ser parte de una empresa de tecnología multimillonaria que ayudó a iniciar debido a este defecto de carácter. En definitiva, se percibe a sí mismo como un "perdedor".

Como comentamos anteriormente, en la división sociocultural de Estados Unidos, algunos son vistos como "ganadores" (dinero, poder, prestigio) y aquellos a quienes esos "ganadores" consideran "perdedores". Vivir la vida según sus propios términos es una prerrogativa del ganador; sin embargo, incluso cuando Walter se vuelve muy rico, no puede obtener el estatus de "ganador", ni siquiera frente a su familia, los jefes de la droga o incluso su socio Jesse.

A medida que su negocio crece, se obsesiona con tener control total sobre "su imperio". Su creciente poder ante el cartel de la droga, su excelencia como químico y su éxito en los "negocios" lo hacen sentirse intocable incluso cuando Jesse sube de nivel en la calidad de su producción. A medida que la historia evoluciona, Walter se aleja de la culpa y de la responsabilidad por todos sus crímenes. Él determina quién vive y quién muere y cómo deben morir. Sus palabras "Gané" en la temporada 5 expresan precisamente ese sentido de derecho.

[¡ALERTA!] En los episodios finales, alquila un automóvil con licencia del estado de New Hampshire cuya matrícula dice claramente: "Vivir libre o morir".

Mensaje 5: Aceptación, perdón y redención

Al principio de la serie, cada personaje muestra un cierto grado de vulnerabilidad o debilidad, "malas acciones", si se quiere, y continúa durante todo el programa. Obviamente, la diferencia en las acciones equivocadas es extrema: cocinar y vender metanfetamina y cometer asesinatos no son comparables con, por ejemplo, la cleptomanía de la esposa de Schrader o la infidelidad de Skyler.

Sin embargo, cada personaje tiene la oportunidad de aceptación, perdón o redención porque cada vez tiene un motivo o una causa plausible que lo apremia a realizar esa acción. Todos se arrepienten o se confiesan de alguna manera, pero no todos tienen las mismas posibilidades de alcanzar el perdón o la redención.

La aceptación, el perdón y la redención son temas destacados en todas las religiones. En el cristianismo, católicos y protestantes difieren en cómo ven el perdón, la redención y la salvación. Yom Kipur es una jornada de profunda introspección y conexión con Dios para los judíos. El Islam enseña a los seres humanos a perdonar y si alguien sinceramente pide perdón, la persona agraviada debe perdonarlo. Todas las religiones practican alguna forma de perdón.

¿Es el arrepentimiento suficiente para la salvación? ¿Es necesaria la confesión para el perdón? Cualesquiera que sean tus creencias, tenlas en cuenta porque te invadirán cuando estés trabajando en tu historia, tus debilidades y tus vulnerabilidades, como vimos en un capítulo anterior.

Mensaje 6: Estereotipos negativos de los inmigrantes

Por mucho que me encantó la serie, no podría ser honesta conmigo misma si no mencionara los estereotipos negativos sobre los inmigrantes. La falta generalizada de interés en las cuestiones de los inmigrantes mientras se retrata a los hombres blancos como superiores, una perspectiva común de los escritores de Hollywood, es inconcebible y reprensible.

En la serie, los inmigrantes, principalmente mexicanos y otros latinos, son retratados como criminales que manejan el negocio de las drogas en Estados Unidos o como trabajadores de bajo nivel que no hablan inglés y traicionan sus valores por dinero fácil.

Otras menciones sutiles de estereotipos de origen incluyen a Bogdan Wolynetz, el personaje rumano propietario del lavadero de autos, y Saul Goodman, el abogado corrupto, que menciona su ascendencia irlandesa. Sin embargo, a veces se presenta a sí mismo como judío para generar "confianza con clientes específicos", el estereotipo de codicia comúnmente asignado a los judíos.

Un artículo de Clara Chang, excolaboradora editorial de *The Atlantic*, hace referencia a un nuevo estudio realizado por el Centro Norman Lear de la escuela USC Annenberg y la organización sin fines de lucro del periodista José Antonio Vargas, Define American [154] que analizó 143 episodios de 47 programas de televisión que se emitieron en 2017 y 2018, y menciona lo siguiente:

> *"Los inmigrantes televisivos en el estudio también tendían a asociarse con estereotipos de crimen, encarcelamiento y bajos niveles educativos.*

---

154   Un estudio realizado por el Centro Norman Lear de la Escuela USC Annenberg y la organización sin fines de lucro del periodista José Antonio Vargas, Define American, https://defineamerican. com (consultado en junio de 2020)

Aunque múltiples estudios han demostrado que los inmigrantes no cometen más delitos que los ciudadanos nativos, el 34 por ciento de los inmigrantes televisivos estaban vinculados a un delito pasado o actual, y el 11 por ciento de los personajes fueron mencionados sobre un encarcelamiento actual, anterior o futuro."[55]

Christopher Huang, escritor, fotógrafo y narrador de Medium. com[156], hace este comentario:

"Debajo de toda esa hermosa vestimenta hay una historia cansada, vieja, poco original y ampliamente regurgitada de suprematismo blanco de una persona blanca recién llegada... siendo mejor que las personas de color en cosas que ellos han estado haciendo durante más tiempo y conquistándola una por una".

Y continúa: "Walter White, el recién llegado, creó la metanfetamina más pura jamás creada, mejor que la metanfetamina que la operación de Fring ha estado fabricando durante años. Definitivamente son alusiones a la superioridad aria y la pureza de la blancura. Werner Heisenberg, a quien White idolatraba y cuyo nombre le dio nombre, era... un nazi. [157] *De alguna manera, a pesar de lo torpe que es White, logra burlar a uno de los criminales más meticulosos de la historia de la televisión, Gustavo Fring..."*

---

155   "Los estereotipos de los inmigrantes están en todas partes en la televisión", de Clara Chan, The Atlantic, publicado el 21 de octubre de 2018. https://www.theatlantic.com/entertainment/archive/2018/10/immigrant-portrayals-tv-stereotypes-annenberg- estudio-rafael-agustin-jane-the-virgin/573427/ (consultado en junio de 2020).

156   *Breaking Bad* and Better Call Saul: los blancos son mejores en cosas que las personas de color han estado haciendo durante mucho más tiempo por Christopher Huang - https://christopherhuang.medium.com/breaking-bad-and-better-call-saul-white- people-being-better-at-things-people-of-color-have-been-771487dac084 (consultado en diciembre de 2022)

157   Aún se debate la participación de Heisenberg en la Alemania nazi (NA) https://physicsworld.com/a/werner-heisenberg-controversial-scientist/ (consultado en diciembre de 2022)

¿Quién eres en tu historia?

Espero que hayas disfrutado este capítulo tanto como yo, analizando estos personajes y mensajes. Su objetivo es mostrar los aspectos ocultos de la representación de personajes y cómo los narradores transmiten mensajes específicos que están en línea con el espíritu de nuestra sociedad.

Ahora, piensa en situaciones de tu propia vida en las que te viste tentada por el deseo de vivir según tus propios términos, o sentiste una adicción al poder o la riqueza, o te reflejaste en el estereotipo negativo de los inmigrantes, solo como ejemplos. Pensaste que no te respetaban o te sentías responsable del bienestar de tu familia. ¿Cuál fue tu reacción? ¿Cómo te sentiste? ¿Qué emociones te generó esa situación y cómo la manejaste?

El principal punto de discrepancia aquí es lo que sucedió después de estas situaciones. ¿Te volviste rebelde o te mantuviste firme? Incluso si nunca has vivido ninguna de estas situaciones, considera esto como una oportunidad para tomar conciencia de ti misma. ¿Cómo crees que hubieras reaccionado en cualquiera de estas situaciones?

Al contar tu historia, debes ubicarte en uno de estos roles, protagonista, antagonista, compinche o compañera, o narradora y aceptar la responsabilidad de llevar la pesada carga del mensaje hasta el final, como lo hizo Walter White. Ocupó el rol de protagonista en buenas y malas circunstancias, arriesgándose al desdén o al juicio negativo de la audiencia, para perseguir sus objetivos de "ser un hombre", mantener el "honor de su familia" y "vivir o morir en su propios términos".

¿Eres la heroína o la protagonista de tus historias? ¿Los demás te vieron como una heroína cuestionable? ¿Te convertiste en la antagonista en una situación que considerabas necesaria? ¿Cómo resolviste un conflicto que cambió tu vida de una manera divertida o dramática? ¿Existe la posibilidad de que tengas que repetir tus acciones en el futuro? Y si es así ¿cuál sería el mensaje antes y después?

La protagonista no necesariamente tiene que ser una heroína ni tener superpoderes. Debe mostrar capacidad para superar las dificultades, adaptarse a los cambios y aprender de sus experiencias. En cualquier caso, debes tomar el control de tu historia. Eres la narradora, sin importar la perspectiva que adoptes, y eso siempre debería jugar a tu favor.

Para finalizar este capítulo, déjame contarte una historia divertida que me metió en una situación incómoda y de la cual aprendí sobre el sesgo cognitivo.

Estoy divorciada desde hace mucho tiempo -más de 25 años-, pero de vez en cuando me ilusionaba y empezaba a salir para encontrar a "alguien especial." Durante uno de esos "períodos de hechizo", conocí a este señor en un sitio para buscar pareja en internet. Su perfil parecía bastante bueno; era un médico jubilado, vivía cerca, tocaba el piano y respondía razonablemente a las preguntas sobre lo que le gustaba, no del tipo "Me gusta caminar por la playa tomados de la mano". (¡Sabrás a qué me refiero si has estado en uno de esos sitios!)

Después de varios intercambios de correos electrónicos, decidimos encontrarnos para cenar -esto fue hace varios años. Finalmente nos conocimos en persona después de llegar al restaurante en autos separados. Era agradable a los ojos y tenía una personalidad amigable.

Una vez que intercambiamos algunas palabras y pedimos la comida, discutimos nuestras preferencias, educación e historias personales. En mi perfil del sitio, revelé que había nacido en Argentina; obviamente, el mensaje era: *¡Hola, soy una inmigrante!*

Luego de la esperada pregunta sobre mi origen, le conté una de mis versiones de "Por qué aterrizamos en Nueva Jersey". Me responde que había vivido en América Latina durante bastante tiempo ya que había estudiado medicina en Monterrey, México. Supuse que ese comentario era un intento de encontrar puntos en común. Entonces, seguí el curso de la conversación.

Nuestros platos y un par de copas de vino están ahora frente a nosotros y la conversación continúa fluyendo. Discutimos más sobre lo difícil que era adaptarse a un nuevo país, considerando las barreras lingüísticas y culturales. De repente, empieza a divagar sobre "esos inmigrantes que vienen a quitarnos nuestros trabajos". Al principio pensé que estaba bromeando. Lo miré fijamente y le pregunté con calma: "Sabes que soy inmigrante, ¿verdad?"

Sin pensarlo dos veces, me responde: "Lo sé, pero me refiero a esos mexicanos que vienen aquí ilegalmente". Siguió una pausa en la conversación; hubo un silencio incómodo. Miré mi plato; un bistec jugoso me devolvió la mirada. Sentí pena ya que se veía delicioso. Levanté la mano hacia el camarero y le dije: "¡La cuenta!" Pagué mi parte de la factura y ahí se acabó.

Con esta historia, espero que entiendas con qué facilidad tus sesgos cognitivos pueden aparecer en cualquier momento si no eres consciente de ellos. Mantenlos a raya, especialmente si está tratando de vender una idea, un producto o, en este caso, ¡conseguir la chica!

CAPÍTULO 8:

LA NARRATIVA, EL ARGUMENTO Y LA TRAMA

◆————————●————————◆

"En el estado egoico, tu sentido de ti mismo, tu identidad, se deriva de tu mente pensante; en otras palabras, lo que tu mente te dice sobre ti mismo: tu historia, los recuerdos, las expectativas, todos los pensamientos que atraviesan tu cabeza continuamente y las emociones que reflejan esos pensamientos. Todas esas cosas conforman tu sentido de ti mismo."
Eckhart Tolle, autor de "El poder del ahora"[58]

Hasta ahora, hemos discutido los elementos que necesitas para construir una gran historia: los temas y mensajes, el papel del conflicto, ciertos tipos de conflictos y los diferentes personajes y puntos de vista desde los cuales puedes elegir contarla. En este capítulo, juntaremos las piezas que discutimos para que puedas convertirte en una narradora inteligente en lugar de simplemente una repartidora de noticias.

---

[58] Eckhart Tolle *El Poder del Ahora* (Spanish Edition) Publisher: New World Library Paperback – January 1, 2001

Esta definición de MasterClass te lo precisa. "Una historia es una narración completa. Contiene la trama y otros recursos literarios como el desarrollo de personajes, escenarios y temas. Una historia incluye el punto de vista, que es la perspectiva desde la que se desarrolla la historia: ¿Quién cuenta la historia? ¿Es desde el punto de vista de uno de los personajes? ¿Es desde el punto de vista de un narrador omnisciente? Una historia también puede incluir una lección o filosofía. Una buena historia ayuda al lector a sentir emoción y a preocuparse por la acción".[159]

Al principio, podríamos pensar que la narrativa, el argumento y la trama son intercambiables, pero me gustaría profundizar en algunas diferencias para ayudarte a entender qué, cómo y por qué contamos nuestra historia de elección.

¿Qué es la narrativa?

La narrativa es la idea predominante del relato, la interpretación de los hechos desde el punto de vista del narrador. La perspectiva del narrador es cómo se cuenta o demuestra la historia, que puede estar cerca o lejos de los hechos o del giro de los acontecimientos. Es posible que el narrador no recuerde los hechos exactamente cómo sucedieron (debido a la memoria selectiva o a la tendencia a recordar sólo lo que uno quiere recordar [160]) o puede que elija intencionalmente algunos

---

159   Trama versus historia: ¿Cuál es la diferencia entre trama e historia? https://www.masterclass. com/articles/plot-vs-story# (consultado en mayo de 2023)

160   "Memoria selectiva." Diccionario de Merriam-Webster https://www.merriam-webster.com/ dictionary/selectivememory (consultado en mayo de 2023)

hechos, pero no todos[161], como cuando me preguntaron los motivos de mi decisión de inmigrar a los Estados Unidos.

El narrador también puede optar por contar la historia en un orden diferente o utilizar ángulos de cámara o tomas específicas para conducir a diferentes interpretaciones de la narrativa si se trata de una historia visual. ¿Recuerdas esos primeros planos de *Breaking Bad*? Son parte del proceso del narrador. Veamos cómo [162] lo expresa Adam Nayman, crítico de *The Ringer*. En la serie Piloto, la primera escena muestra un par de pantalones caqui ondeando al viento.

"Sólo estábamos hablando de los pantalones caqui de Walt. La abstracción pura y caprichosa de esta escena, tomada de la primera secuencia del programa, representa un punto culminante temprano en el proyecto general de Gilligan de desfamiliarizar lo cotidiano: tiene la elegancia non-sequitur[163] de un lienzo surrealista. Por supuesto, también significa algo y funciona inmediatamente para despertar nuestra curiosidad sobre (1) los caquis, (2) su dueño y (3) cómo y por qué se separaron . Esta es la primera de una serie infinita de humillaciones abyectas e hilarantes que sufre un personaje cuya patología tiene mucho

---

161   Los recuerdos no son claros; la mayoría de las veces, muchos de nosotros, en un momento u otro, hemos luchado con qué parte de los acontecimientos de la vida deseamos recordar. Hasta cierto punto, cada individuo tiene cierto grado de prejuicio de memoria selectiva . Los pensamientos y la percepción personal de cada uno están, hasta cierto punto, influenciados por el tipo de persona que es, cómo ve el mundo, las circunstancias que rodean un evento y sus experiencias. Memoria selectiva, una descripción general https://therapy-reviews.com/blog/therapy/selective-memory-an-overview/ (consultado en mayo de 2023)

162   Los 12 planos definitorios de '*Breaking Bad*' Adam Nayman https://www.theringer.com/tv/2019/10/4/20898076/breaking-bad-defining-shots-el-camino (consultado en mayo de 2023)

163   Non-sequitur: una declaración (como una respuesta) que no se sigue lógicamente o no está claramente relacionada con nada dicho anteriormente https://www.merriam-webster.com/dictionary/non%20sequitur (consultado en diciembre de 2023)

que ver con la ansiedad sobre quién usa los pantalones en su casa. Así que sí, cosas inteligentes", dice Nayman.[164]

Un narrador de voz puede incluso elegir diferentes tonos y velocidades de narración para crear el punto de vista deseado, así como el ambiente de la historia. Piensa en esos cuentos de fantasmas que solías contarles a tus hermanos por la noche en tu habitación o en el campamento, las voces y sonidos inventados para asustarlos.

La narrativa es el por qué. ¿Por qué estás contando esta historia? ¿Cuál es el punto de vista de tu historia? ¿Qué estás tratando de demostrar? ¿Qué quieres que tu audiencia aprenda de esta historia?

¿Cuál es el argumento?

El argumento incluye la secuencia de eventos que serán narrados. Es prácticamente el esqueleto de tu historia. Puedes hacer dos preguntas sencillas para construir el argumento: ¿quiénes son las personas de esta historia (los personajes) y qué les sucede? Por lo general, cuando "contamos lo que pasó", describimos una historia en orden cronológico, algo así como uno, dos, tres.

1. Personajes: ¿quiénes son los personajes de tu historia? Como se analizó en capítulos anteriores, algunos personajes también pueden ser lugares o circunstancias.

2. Conflicto: ¿Qué les sucede a los personajes? Hemos discutido los conflictos en profundidad en capítulos anteriores.

3. Escenario: ¿cuándo y dónde tuvo lugar la historia? El escenario o escenarios pueden cambiar a medida que evoluciona la historia.

---

164   Ibídem.

¿Cuál es la trama?

En mi opinión, la trama sirve al punto de vista de la narración. Es la relación entre los acontecimientos (causa) y el efecto que generan, moviendo la narrativa a lo largo de la secuencia hasta llegar al objetivo final. La trama es el intento del escritor de seleccionar los eventos y resultados con intenciones definidas.

¿Los eventos se presentan cronológicamente o en flashbacks o flash-forwards? ¿Sucedieron los hechos en un solo día o momento o durante algún tiempo? ¿Cómo evolucionaron los personajes de un momento a otro? Estos son factores importantes a considerar al construir una trama.

Un cuento corto suele tener una sola trama, pero una novela o serie puede contener varias tramas o subtramas. Tomemos como ejemplo "La anatomía de Grey" (*Grey's Anatomy*), la famosa telenovela de televisión de larga duración. La trama gira en torno a los acontecimientos de la vida de Meredith Grey, la protagonista. Aun así, varias tramas o subtramas son tangenciales a las vidas de personajes adicionales, creando una historia extremadamente compleja que subyuga a la audiencia.

La historia continúa

Ya mencioné que en 1998 comencé a hacer algunas traducciones *freelance* además de mi trabajo de tiempo completo para el estado de Nueva Jersey. Mi hija y mi hijo ya estaban fuera de casa y en la universidad. Tenía bastante tiempo libre en mis manos. Mi trabajo era bien remunerado, pero me sentía mortalmente aburrida.

Al principio no tenía clientes directos, pero trabajaba principalmente para otras empresas de traducción y ganaba muy poco dinero. Sin embargo, debido a mi experiencia anterior como gerente de proyectos e idiomas para una empresa de comunicaciones multiculturales en la ciudad de Nueva York, sabía que había otras oportunidades. Empecé a pensar: "Si pude hacerlo para ellos, puedo hacerlo para mí". Lo intenté y pronto, al establecer contactos con viejos conocidos y algunos antiguos clientes de la empresa en Nueva York que me conocían bien, tuve media docena de clientes.

Como había aprendido en mi trabajo anterior, comencé a recomendar servicios adicionales como adaptación cultural y lingüística, especialmente a aquellos clientes de marketing y publicidad. El negocio estaba creciendo y pronto tuve que contratar a una asistente. Haciendo malabares con mi tiempo entre mi trabajo y mi negocio freelance, estaba muy ocupada, ¡pero estaba feliz!

No hay mal que por bien no venga

Pero cuatro años después llegué a otra encrucijada que ya mencioné. Recuerdo vívidamente que era un día soleado a finales de enero y estaba conduciendo de regreso a mi casa desde Trenton al mediodía. El gobernador James McGreevey había despedido a más de 700 empleados subcontratados del estado de Nueva Jersey. Yo era una de ellas. Primero en estado de shock y luego entusiasmada, aunque un poco intranquila, recuerdo haber pensado: "¡Si esto sucede en un día tan brillante, debe significar que tengo por delante un futuro brillante!"

Suena estúpido afirmar optimismo cuando se acaba de perder un trabajo bien remunerado con beneficios increíbles, incluido un plan de jubilación estatal, excelente seguro de salud y muchos otros. Sin embargo, mirando hacia atrás, creo que mi viaje empresarial comenzó ese día. Expandí mi negocio a una actividad de tiempo completo. Dejé que la aspiración de "alcanzar mis sueños" me guiara como guía a todo verdadero emprendedor. ¡Vivimos para ello y morimos con ello!

En ese momento no era consciente de la aventura que estaba a punto de emprender porque sólo puedes entender el presente cuando miras tu pasado. Nadie en mi familia había sido emprendedor o propietario de una pequeña empresa. No tenía ningún modelo a seguir, experiencia o referencia sobre cómo gestionar un negocio. Pero sentí la emoción y vi la oportunidad de finalmente tomar el control de mi vida.

Luego tuve otra oportunidad increíble al comenzar a trabajar con bibliotecas en Nueva Jersey, una línea de trabajo que se expandió a varias bibliotecas estatales diferentes, seguidas por clientes en los campos de la salud y la educación.

Pasaron catorce años desde entonces hasta la historia del accidente automovilístico que narré en la Introducción. A lo largo de esos años, construí una pequeña empresa con once empleados, tuve clientes en nueve estados y desarrollé varios productos presentados a cientos de empleados de bibliotecas, maestros, enfermeras e incluso personal de servicio de emergencias. Un resultado significativo de esa experiencia fue mi primer libro *¡Hola, amigos! Un plan para el alcance latino*, que se publicó en 2010.

Sin embargo, no todo funcionó linealmente durante ese tiempo. En un intento por expandir mi negocio, me entusiasmó la idea de lanzar un periódico bilingüe en Nueva Jersey. Nuevamente, con poco conocimiento del negocio editorial, traté de compensar con entusiasmo y trabajo duro mi falta de experiencia.

Me encantó ese pequeño proyecto, que creció rápidamente de 8 a 32 páginas en un año, pero me alejé de la realidad. En 1994, la revista

Wired lanzó el primer sitio web de revista comercial, HotWired, dando origen a la industria editorial de revistas digitales en los Estados Unidos. Sin embargo, tuvieron que pasar 13 años para que la industria de revistas se sumara al modelo de negocio digital. [165] Yo fui un editora que no saltó a tiempo y pronto perdimos anunciantes frente a otros competidores en línea. Cerré el periódico en menos de tres años, no sin algunas lágrimas y arrepentimientos.

Otro golpe a mi negocio fue la Gran Recesión de 2007-2009, cuando la mayoría de nuestros contratos con los gobiernos estatales se agotaron. Perdimos más del 50% de nuestras ventas y el resto de nuestros clientes hacían sólo lo mínimo. Pasé muchas noches sin dormir pensando en cómo continuar con el negocio y volver a hacerlo rentable.

Me gusta compartir esas verdaderas pruebas y lecciones con todos los fundadores y propietarios de pequeñas empresas. Como emprendedora, debes reinventarte constantemente. La economía cambia, el mercado colapsa, la tecnología avanza, aparecen pandemias, industrias enteras desaparecen y tú eres la capitana del barco que navega por esas aguas turbulentas.

Después de estas experiencias, me volví más persistente e inteligente como emprendedora, centrándome en la realidad de las finanzas de mi negocio. Reorganicé mi empresa como una agencia boutique de marketing multicultural que ofrecía servicios de consultoría a corporaciones y organizaciones sin fines de lucro en los campos farmacéutico, financiero y médico. Poco a poco recuperamos algunos de los contratos con los gobiernos estatales. Aunque había perdido una parte importante de nuestros clientes, reconstruí el

---

165   La historia y el futuro de las revistas digitales. https://www.linkedin.com/pulse/history-future-digital-magazines-dale-holdback/ (consultado en mayo de 2023)

negocio con menos clientes en industrias más rentables. La vida volvía a la normalidad.

Pero unos años más tarde, en 2014, mi destino me encontró nuevamente... en ese desafortunado accidente automovilístico.

El arco narrativo

Como ves en estos pasajes anteriores, el relato fluye con constantes altibajos, momentos disruptivos, conflictos y resultados. La secuencia de eventos crea una progresión que tiene como objetivo mantener a la audiencia interesada.

Para los párrafos anteriores elegí el título "La trama continúa" porque la descripción no clasifica como una narración completa, pero aún se puede ver el flujo vivido por la protagonista en la secuencia de los acontecimientos. La descripción abarca varios años, pero también se detiene en describir algunos momentos muy concretos.

Tal vez mi historia no sea tan interesante o emocionante como *Breaking Bad* o *Grey's Anatomy,* ¡o tal vez lo fuera si tuviera a Shonda Rhimes [166] de mi lado! Hmm... ¿Quién crees que debería desempeñar mi papel?

Pero incluso en narraciones breves, novelas, guiones u otras obras literarias, los escritores utilizan varios componentes en el arco narrativo. Algunos autores dicen siete, otros cinco o diez, pero para hacerlo sencillo, simplemente vamos a trabajar en una estructura de 5 pasos:

---

166   Shonda Lynn Rhimes[1] (nacida el 13 de enero de 1970) es una guionista, productora y autora de televisión estadounidense. Es mejor conocida como la showrunner (creadora, escritora principal y productora ejecutiva) del drama médico televisivo Grey's Anatomy, su spin-off Private Practice y la serie de suspenso político Scandal. https://en.wikipedia.org/wiki/Shonda_Rhimes (consultado en mayo de 2023)

1. **Escenario:** el encuadre de tu historia, en el que estableces el mundo, los personajes, el tono y el estilo de escritura.

2. **Situación Disruptiva:** cuando un evento origina el conflicto de la historia y cómo lo enfrenta el protagonista.

3. **Acción ascendente:** una situación disruptiva generalmente provoca una acción ascendente. Aquí la tensión aumenta y los personajes revelan su conflicto. Esta es la parte más significativa de tu historia.

4. **Clímax**: este es el "momento de la verdad", el punto de mayor tensión cuando los personajes deciden actuar o cuando tiene lugar la acción que resolverá el conflicto.

5. **Resolución**: se resuelve el conflicto, de una forma u otra, y se ofrece el mensaje.

Para ilustrar, volvamos a mi historia inicial, la que abre la introducción:

Una situación disruptiva: *Un accidente automovilístico cambió mi vida en 2014.*

En este caso, el lanzamiento de la situación disruptiva es breve y conciso. Le seguirá una descripción más detallada de cómo vivió la protagonista los pocos segundos durante y después del impacto. La mayoría de los miembros de la audiencia se identificarán con un accidente automovilístico, aunque no fuera grave, y encontrarán elementos familiares en la descripción: sonidos, imágenes, confusión, etc.

La situación disruptiva ha creado un conflicto en la vida de la narradora:

Pero con las lesiones sufridas en este accidente automovilístico, me pregunté si podría afrontar un nuevo capítulo, tal vez soportando restricciones físicas y constante dolor, lo cual efectivamente ocurrió. Dos años después, caminaba con un bastón. Viajar o conducir se habían convertido en un desafío. ¿Qué era lo que me esperaba?

Otras situaciones disruptivas necesitan una descripción más extensa, como la situación que se fue gestando con el tiempo (en el caso de la película "Los dos papas", la serie de circunstancias de corrupción y mala gestión que culminaron con la renuncia del Papa Benedicto XVI), y la situación disruptiva que provocó un cambio en dichos acontecimientos en el Vaticano y en la historia de la Iglesia Católica.[167]

Algunas historias pueden tener una secuencia de situaciones disruptivas, como se usa en comedias donde todo sale "mal". Los mejores ejemplos que me vienen a la mente son el clásico programa de televisión *"The Office"* y la película *"Horrible Bosses"*.

Acción ascendente:

Un auto deportivo blanco venía a toda velocidad por el mismo carril en el que estaba detenida. Alarmada al principio y luego aterrorizada, me di cuenta de que el choque era inevitable cuando vi al conductor mirando hacia abajo en vez de mirar la ruta, probablemente enviando mensajes de texto. Instintivamente, me preparé para el encontronazo. Tratando de proteger mi cuello, me lo envolví con la capucha de mi abrigo grueso y me aferré al volante.

La **acción ascendente** describe la secuencia de eventos que culminan en el clímax, el momento de mayor tensión de la historia. Este pasaje de la trama describe en detalle las circunstancias de la protagonista y los eventos que tuvieron lugar antes del clímax de la historia.

---

167   El Papa Benedicto fue el primer Papa en 600 años en dimitir de su cargo. ¿Cuándo y por qué renunció el Papa Benedicto XVI? The Washington Post https://www.washingtonpost.com/religion/2022/12/31/pope-benedict-xvi-resignation/ (consultado en enero de 2023)

Un ejemplo de varias acciones en ascenso sería la secuencia de acontecimientos que lleva al Lobo Feroz a volar las casas de los Tres Cerditos. Primero sopla la de paja; segundo, la de palos; y finalmente prueba soplar la casa de ladrillos sin éxito. El clímax se alcanza cuando el Lobo Feroz es derrotado [168] y el conflicto se resuelve.[169]

Clímax:

*El impacto impulsó mi auto hacia adelante, chocando con el vehículo detenido delante mío. Como en una película en **cámara lenta, podía oír** los ruidos de la carrocería hecha añicos a mi alrededor. Todo ocurrió en segundos.*

Todavía confundida, traté de moverme, pero me di cuenta de que no podía salir del auto. La bolsa delantera se había desplegado, presionándome contra el asiento. Me palpitaba la cabeza y mi pierna derecha no respondía. El conductor que había provocado el accidente gritaba, pero yo no podía entender lo que decía. Otros conductores se detuvieron a mi lado y me preguntaron si estaba herida.

El clímax se alcanza cuando el conflicto del personaje principal comienza a resolverse o se desata hacia una resolución. El clímax es el momento más crítico de la historia, ya sea porque es el más intenso -como el momento mismo en el que ocurre el accidente- o la parte más emotiva de la trama -el momento emocional cuando el niño perdido es encontrado con vida, se revela el verdadero asesino, o el héroe se sacrifica en nombre de la humanidad.

---

168 Existen varias versiones, la original y adaptaciones del final de esta historia. El clímax sería diferente en cada uno. Los tres cerditos https://en.wikipedia.org/wiki/The_Three_Little_Pigs (consultado en junio de 2023)

169 " Los tres cerditos" se incluyó en *The Nursery Rhymes of England* (Londres y Nueva York, c.1886), de James Halliwell-Philipps, un erudito inglés de Shakespeare, anticuario y coleccionista de canciones infantiles y cuentos de hadas ingleses. Al leer la versión original de esta historia, el cruel final del Lobo Malo no fue el mismo que recuerdo de mi infancia (NA) https://en.wikipedia.org/wiki/The_Three_Little_Pigs#Traditional_versions (consultado en diciembre de 2022)

Escenario - Configuración 1:

Un frío día de invierno, alrededor del mediodía, estaba conduciendo por el carril rápido de una ruta local en mi ciudad cuando llegué a un semáforo en rojo. Me detuve y, por casualidad, miré por el espejo retrovisor.

Escenario - Configuración 2:

Mientras esperaba ayuda, mi vida volvió en flashbacks. Me había mudado cerca de la familia de mi hijo para estar cerca de mis dos nietas pequeñas. Quería pasar tiempo con ellas cuando mi apretada agenda de negocios me lo permitía. Después de los constantes altibajos que había atravesado durante muchos años, había logrado una situación personal y profesional estable. Había superado las dificultades con las que había luchado en mi vida, incluida la muerte de mi madre a una edad temprana, haber vivido más de 20 años de dictaduras militares en Argentina, migrado a otro país, atravesado dos divorcios y casi haber perdido mi negocio durante la Gran Recesión del 2008. Hasta ese momento, había demostrado ser una sobreviviente. Si tenía salud y podía trabajar, eso era todo lo que importaba. Mi trabajo había sido la única constante segura en mi vida.

Hay descripciones de dos escenarios en esta corta historia. El primero describe la hora y el lugar (un día de invierno al mediodía, viajando en coche por una ruta local), pero brevemente. Una segunda descripción da una comprensión más amplia de las circunstancias en las que vivía la narradora/protagonista en el momento del accidente. La descripción del escenario pretende crear un estado de ánimo y proporciona el telón de fondo y el entorno para la historia.

Ahora, los escenarios pueden ser breves y vagos, pero también más amplios y específicos, dependiendo de cuánto aportan a la historia. Si hubiera dicho: "El 14 de febrero de 2014, un accidente automovilístico cambió mi vida" y luego hubiera continuado con la misma historia, la fecha específica no sería de importancia para la audiencia.

Sin embargo, si hubiera dicho: "El 14 de febrero de 2014, un accidente automovilístico cambió mi vida. Iba camino a mi boda ese día de San Valentín..." y continuaba con una historia diferente, la fecha hubiera sido significativa, mostrando a la audiencia por qué elegí compartir ese hecho.

Una descripción de los escenarios también brinda contexto a la historia, tratando de que la audiencia pueda identificarse con ella. Por ejemplo:

"Me había mudado cerca de la familia de mi hijo para estar cerca de mis dos nietas pequeñas". Vivir cerca de la familia revela mis preferencias culturales y una estrecha relación familiar. A algunos lectores también les resultará familiar en sus tradiciones culturales.

"...las dificultades con las que había luchado en mi vida, incluida la muerte de mi madre a una edad temprana..." La mayoría de las personas han tenido dificultades a lo largo de los años. Algunos pueden estar relacionados con la pérdida de uno de los padres, tal vez ser hijo de padres divorciados o ser criado por otros familiares.

"...haber vivido más de 20 años de dictaduras militares en Argentina..." Aunque esta no es una afirmación identificable en los Estados Unidos, pero sí en otros países, los estadounidenses pueden empatizar con esta circunstancia debido a lo que significa la democracia en el espíritu estadounidense.

"...migrado a otro país..." si el lector es inmigrante o proviene de una familia de inmigrantes, sabrá los sacrificios que implica mudarse a otro país.

"...dos divorcios..." El porcentaje real de matrimonios que terminan en divorcio en los Estados Unidos varía entre el 40% y el 50%, [170] lo que hace posible que la mitad de la audiencia pueda identificarse con esta situación -al menos una vez.

"...y casi haber perdido mi negocio durante la Gran Recesión..." Muchas empresas se vieron afectadas durante la Gran Recesión de 2007-2009, y muchas personas perdieron sus empleos.

La protagonista es también la narradora porque, en este caso, utilizo la primera persona gramatical para contar la historia. Compartir estas circunstancias da una idea de la personalidad de la protagonista. Esta protagonista es una persona que ha enfrentado muchos desafíos en su vida, algunos fuera de su control y otros de su propia creación. Y hasta ahora, ha prevalecido en todos ellos. La audiencia puede inferir que esta persona ha tenido varias experiencias que forjaron su resiliencia y determinación.

Para ampliar la idea de escenarios en una historia, podemos incluir varios elementos:

Ubicación geográfica: ya sea una ubicación geográfica real o imaginaria, desde tu ciudad natal hasta la galaxia, la descripción de la ubicación geográfica rápidamente genera las imágenes de la historia. A veces la ubicación geográfica está implícita, como en el cuento que estamos analizando: la ubicación geográfica es su ciudad natal y alrededores. La audiencia podría imaginar la geolocalización como aquella en la que se encuentran cuando leen la historia, puede ser los Estados Unidos o cualquier otro lugar. La ambigüedad hace que el lector pueda identificarse

---

170   35 estadísticas alentadoras sobre la tasa de divorcios en Estados Unidos para 2022. https://legaljobs.io/blog/divorce-rate-in-america/ (consultado en diciembre de 2022)

con el lugar, mientras que una descripción muy detallada puede llevar al lector a un contexto desconocido y más incómodo.

El escenario de la primera escena que describimos en *Breaking Bad* predice lo que viene en la serie. En una zona desierta, un par de pantalones lanzados al viento aterrizan en un camino de tierra y una casa rodante en movimiento pasa sobre ellos. Dentro del vehículo hay dos tipos en calzoncillos usando respiradores protectores químicos de media cara en estado de desbarajuste. Uno está conduciendo; el otro está inclinado sobre el tablero. Además del título de la serie, el escenario muestra literalmente que estos tipos no van por buen camino.

Ubicación física: una descripción de dónde se desarrolla la historia. Una sala, una oficina, un estadio o un automóvil brindan el contexto necesario para que la audiencia se ubique mentalmente y busque en el "catálogo cerebral" un contexto similar. Por ejemplo, en la historia que describimos, no hay una descripción específica del automóvil o de la carretera, por lo que la audiencia probablemente se identificaría con una imagen familiar de su entorno: su automóvil o las carreteras de su ciudad natal.

Vistas de los rascacielos de Nueva York mientras el protagonista toma un taxi amarillo, el Golden Gate de San Francisco brillando en medio de un cielo abierto, el Big Ben que suena mientras el protagonista cruza el Puente de Londres, o la Torre Eiffel iluminada por la noche en París son tomas comunes que nos dan pistas rápidas sobre la ubicación física de la historia.

Recuerdo la primera vez que viajamos a Nueva York como turistas antes de decidir migrar. Las calles y los lugares me resultaban tan familiares que me sentí como en casa. Ese fue el resultado de años de ver películas que transcurrían en la Gran Manzana, mostrando los principales sitios y edificios.

En las películas, sin embargo, las ubicaciones físicas pueden resultar complicadas. El equipo selecciona ubicaciones físicas que se adaptan a la narración. Por ejemplo, "Rogue One: Una historia de Star Wars" se filmó en lugares tropicales de las Maldivas, mientras que las escenas de "Juego de Tronos" se capturaron en Marruecos, en la ciudad fortificada de Ait Ben Haddou y la ciudad medieval de Essaouira. Algunas partes también se rodaron en los estudios Atlas de Ouarzazate. Visité los estudios en mi viaje a Marruecos y ¡fue una experiencia inolvidable!

Entorno físico: una historia se puede desarrollar en el mundo natural donde los personajes se ven afectados por las condiciones climáticas, el clima y otras fuerzas de la naturaleza. Supongamos que tu historia está relacionada con una situación que viviste en un desastre climático, un accidente deportivo o un incidente de viaje. En ese caso, todas esas situaciones hacen relevante la descripción del entorno físico donde ocurre la historia.

Un ejemplo evidente es la serie de larga duración "Perdidos" (*Lost*)[171], en la que el entorno físico determina la narrativa. "La Isla es la ubicación geográfica de los náufragos perdidos, y abarca al menos 2000 años. Desde una perspectiva literaria, los escritores de *Lost* proyectan la Isla como un lugar y una entidad, con sus propias características e influencia".[172]

---

171   Lost (conocida en España como Perdidos y en algunos países de Hispanoamérica como Desaparecidos) es una serie de televisión estadounidense emitida originalmente por American Broadcasting Company (ABC) entre 2004 y 2010, hasta completar un total de seis temporadas. https://es.wikipedia.org/wiki/Lost (consultado en mayo de 2023)

172   La isla en Lostpedia https://lostpedia.fandom.com/wiki/The_Island/ (consultado en mayo de 2023)

Período de tiempo: mientras cuentas tu historia, es necesario preguntar cuándo ocurre esta historia. ¿Una temporada, una hora del día o una estación del año? ¿Tuvo lugar en un pasado cercano o hace muchos años? ¿Eras joven entonces y estabas en la universidad? ¿Tu experiencia fue parte de tu infancia? ¿O sucedió la semana pasada?

A veces es difícil entender acontecimientos que sucedieron en el pasado cuando los vemos a través de la lente del presente. Por ejemplo, nos cuenta comprender lo difícil que era hasta hace poco tiempo para las mujeres desempeñarse en aspectos de sus vidas que hoy se dan por sentados.

"No fue hasta 1974, cuando se aprobó la Ley de Igualdad de Oportunidades de Crédito, que a las mujeres en los Estados Unidos se les concedió el derecho a abrir una cuenta bancaria por sí mismas... Técnicamente, las mujeres obtuvieron el derecho a abrir una cuenta bancaria en la década de 1960, pero muchos bancos todavía se negaban a permitir que las mujeres lo hicieran sin la firma de sus maridos. Esto significó que los hombres todavía tenían control sobre el acceso de las mujeres a los servicios bancarios, y las instituciones financieras a menudo negaban el servicio a las mujeres solteras", dice un artículo en Forbes Advisor.[173]

Otro artículo, "Estas 10 películas sobre el sexismo resaltan las intersecciones de la lucha de las mujeres por la igualdad", esta vez en Esquire, recomienda películas sobre la lucha por la igualdad de género. "En estas diez películas sobre sexismo, las mujeres luchan por la igualdad en todas partes, desde las minas de hierro hasta la NASA y la Corte Suprema. También critican las intersecciones de la intolerancia, viendo que su lucha por la igualdad de género se ve

---

173   ¿Cuándo podrán las mujeres abrir una cuenta bancaria? https://www.forbes.com/advisor/banking/when-could-women-open-a-bank-account/ (consultado en mayo de 2023)

influida por el racismo, la homofobia y otros prejuicios vergonzantes. Para las mujeres, estas películas se verán como validaciones de una lucha compartida".[174]

Aunque no es totalmente habitual en muchas familias, "el matrimonio interracial en los Estados Unidos ha sido completamente legal en todos los estados del país desde la decisión de la Corte Suprema de 1967 que consideró inconstitucionales las leyes estatales contra el mestizaje (a través de la 14ª Enmienda adoptada en 1868), y muchos estados optaron por legalizar el matrimonio interracial en fechas mucho más tempranas".[175]

En cuanto a la importancia del tiempo en el escenario de la historia, les recomiendo encarecidamente que vean "*Mad Men*", la serie dramática de televisión estadounidense de época creada por Matthew Weiner. Se emitió en la cadena de cable AMC de 2007 a 2015, durante siete temporadas y 92 episodios. La época del espectáculo se sitúa en la década de 1960-1970. [176]

James Poniewozik define la serie como una máquina del tiempo. "*Mad Men* es una especie de máquina del tiempo, pero complicada. No va en una sola dirección. Empiezas a mirar y te lleva al pasado (principios de 1960) cuando se podía fumar en cualquier restaurante y los médicos apenas empezaban a recetar la píldora. Sigue adelante: la campaña Kennedy-Nixon, Camelot y el alunizaje. Pero también te transporta desde allí a la infancia de Don como Dick Whitman en la Depresión.

---

174   Estas 10 películas sobre sexismo resaltan las intersecciones de la lucha de las mujeres por la igualdad https://www.esquire.com/entertainment/movies/g35614955/best-movies-about-sexism/ (consultado en mayo de 2023)

175   " El estigma social relacionado con los matrimonios interraciales negros todavía existe en la sociedad actual, aunque en mucho menor grado". Matrimonio interracial https://en.wikipedia.org/wiki/Interracial_marriage/ (consultado en mayo de 2023)

176   Mad Men https://en.wikipedia.org/wiki/Mad_Men (consultado en mayo de 2023)

Pasa a la Guerra de Corea, cuando el huérfano sin rumbo aprovecha la oportunidad de reinventarse, como Gatsby, robando la identidad de un camarada caído... Nos recuerda que el pasado tiene su propio pasado".[177]

Otro indicador del tiempo es el uso de computadoras y teléfonos móviles en las películas. ¿Cómo hacíamos para comunicarnos cuando no había móviles, GPS ni nada por el estilo? Parece imposible pensarlo, pero solo ocurrió hace pocos años cuando Motorola lanzó su primer teléfono de tecnología celular en 1973.

Entornos sociales y culturales: los entornos sociales y culturales de la historia son relevantes a la hora de priorizar tus atributos culturales. Las historias que ocurrieron cuando eras niña probablemente estén definidas por las tradiciones culturales de tu familia, principalmente si vivías en un país extranjero.

Las narrativas en el lugar de trabajo también tienen un entorno social y cultural que se puede describir. ¿Es el exigente entorno de Wall Street, el círculo discriminador del "club de hombres blancos" o el relajado pero competitivo Silicon Valley?

Definir el entorno social y cultural de una historia puede ser complicado, incluso cuando pueda haber buenas intenciones desde el punto de vista del narrador. Pero recuerda el dicho: "El camino al infierno está empedrado de buenas intenciones".

Viola Davis, la actriz que interpretó a Aibileen en *"The Help"*[178], recibió una nominación al Oscar por ese papel, pero la actriz y

---

177   La máquina del tiempo: cómo Mad Men montó el carrusel del pasado en la historia de la televisión https://time.com/mad-men-history/ (consultado en mayo de 2023)

178   The Help es una película dramática de época de 2011 escrita y dirigida por Tate Taylor y basada en la novela homónima de 2009 de Kathryn Stockett. https://en.wikipedia.org/wiki/The_Help_(film) (consultado en mayo de 2023)

muchos críticos estaban preocupados por la visión simplista de la película sobre las relaciones raciales.

"En 2018, Davis le dijo al New York Times que lamentaba haber aceptado el papel.... Davis es efusiva al elogiar al guionista y director Tate Taylor, que es blanco y tiene un reparto mayoritariamente femenino. 'No puedo expresar el amor que tengo por estas mujeres y el amor que ellas tienen por mí', dice. 'Pero como con cualquier película, ¿la gente está preparada para la verdad?' Davis cree que, como muchas otras películas, *The Help* fue "creada en el filtro y el pozo negro del racismo sistémico".[179]

A veces, los filtros culturales sólo se pueden "ver" cuando se ha vivido la presión del racismo, la intolerancia y la discriminación. Puedes reconocer los acontecimientos persistentes del pasado que te obligan a afrontar la misma realidad en el presente.

Como comentamos en el capítulo anterior, nadie está exento de mostrar sus sesgos cognitivos porque todos los tenemos dentro. El primer paso para volverse más sensibles a la discriminación racial es aceptar que todos hemos crecido en una sociedad donde los medios de comunicación y las instituciones están imbuidos de valores etnocéntricos y racismo sistémico. El segundo paso es practicar la autoconciencia de cuáles son esos sesgos. ¡Y eso es sólo un buen comienzo!

Resolución 1 - concluyente:

Alguien llamó a la policía y a una ambulancia. Cogí mi móvil, llamé a mi hijo quien rápidamente apareció en el lugar del accidente. Me sentí aliviada.

---

179   Viola Davis: "Toda mi vida ha sido una protesta" https://www.vanityfair.com/hollywood/2020/07/cover-story-viola-davis (consultado en mayo de 2023)

Resolución 2 – inconclusa:

Pero con las lesiones sufridas en este accidente automovilístico, me pregunté si podría afrontar un nuevo capítulo, tal vez soportando restricciones físicas y constante dolor, lo cual efectivamente ocurrió. Dos años después, caminaba con un bastón. Viajar o conducir se habían convertido en un desafío. ¿Qué era lo que me esperaba?

La resolución del conflicto se presenta de dos maneras en esta primera parte de la historia. La primera situación disruptiva, el accidente, se resuelve. La segunda, el conflicto interno de la protagonista y su dilema para enfrentar el futuro, queda inconclusa y se resuelve en una parte posterior del relato.

Como puedes ver, puedes armar tu historia sin una larga secuencia de eventos o descripciones. En este caso, el tema de la historia podría ser "enfrentar el propio destino", ya que la narradora/protagonista menciona varios acontecimientos de la vida que sucedieron antes. En el mensaje final, la autora ha demostrado su capacidad para sobrevivir o superar las peores circunstancias, pero la resolución aún no es concluyente. Presenta una pregunta abierta que deja el resultado a la imaginación del público.

La resolución es la parte de la narración que conocemos como el "vivir felices para siempre". No todas las resoluciones son edificantes o concluyentes, pero su objetivo es ofrecer un cierre a la audiencia o, al menos, dejarles la opción de reflexionar sobre cómo debería o podría ser el final. ¿Los amantes tomaron caminos separados? ¿El criminal de cuello blanco fue finalmente enviado a prisión? ¿Encontraron una vida mejor en el planeta recién descubierto? Esta última reflexión sobre toda la historia es el momento en se ofrece el mensaje y que el público lo capta -o debería captarlo.

En conclusión, comprender el arco narrativo en la narración es crucial para cualquier escritor, cineasta o narrador, especialmente cuando es personal. Esto les permite crear una estructura que atraiga a la audiencia y la lleve en un viaje con un comienzo, un desarrollo y un final claros. Con este marco, puede transmitir su mensaje de manera efectiva y dejar un impacto duradero en su audiencia.

Ya sea una novela, una película o un discurso, el arco narrativo es un elemento esencial que garantiza que la historia siga siendo memorable e impactante. Dominar esta técnica requiere práctica, pero al comprender los fundamentos del arco narrativo, puedes crear historias que resuenen en tu audiencia mucho después de que se hayan contado.

La próxima vez que estés preparando un tema para una presentación, piensa en un arco narrativo en el que tú eres la narradora, el tema es el protagonista y la presentación es la historia que estás contando. Aplica algunos de los principios y conceptos discutidos en este capítulo y verás mejores resultados. Con una historia clara en mente, no será necesario leer un papel y tu entrega también tendrá resultados más convincentes.

Para cerrar este capítulo, espero que hayas captado todos los elementos esenciales para empezar a trabajar tus historias sobre la base de una marca personal sólida. Como expliqué cuando hablé de mi historia de inmigración, tendrás varias versiones de tu historia principal que adaptarás y modificarás según tu audiencia.

Piensa en tus historias como si fuera una caja de herramientas. No utilizas la misma herramienta una y otra vez, sino que cada vez eliges la que mejor se adapta al trabajo que tienes entre manos. Piensa en tus componentes de maquillaje o en tu guardarropa; ¡No usas el mismo estilo para diferentes ocasiones! Con este pensamiento, saltemos al último capítulo.

CAPÍTULO 9:

¿QUÉ GANO YO CON ESTO?

◆—————•—————◆

"El discurso pertenece mitad al hablante, mitad al oyente".
-Michel de Montaigne, filósofo.

En el último capítulo, exploramos cómo se construye una historia. La vida de cada persona tiene abundante material para historias. Quizás te preguntes si podrías trabajar con la tuya, dada la cantidad de elementos y detalles narrativos a tener en cuenta.

Utilizando un pasaje de mi propia vida, intenté mostrarte que las historias cortas son relativamente fáciles de construir. Recuerda algunos conceptos que explicamos y sigue las sencillas plantillas que describimos.

El último tema en el que profundizamos ahora es cómo presentar tu historia o historias para generar un impacto en tu audiencia.

"Pueden olvidar lo que dijiste, pero nunca olvidarán cómo los hiciste sentir", es una declaración atribuida a Carol Buchner, Maya Angelou y otros. Un comunicador eficaz debe ser consciente de la influencia emocional de sus palabras para motivar a la audiencia a realizar una determinada acción.

Inducir emoción despierta la motivación de tu audiencia para actuar, dejando de lado la lógica o el razonamiento -que también deben ser parte de tu historia- por un momento de inspiración. Presentar tu marca personal como identificable, confiable, vulnerable y "humana" al mismo tiempo genera entusiasmo y compromiso.

Para lograr este compromiso emocional, es útil estructurar tus historias de una manera bien organizada utilizando las seis tramas básicas que analizamos en el capítulo anterior. Agreguemos algunas posibles preguntas al usar la plantilla para el arco narrativo que comparto.

Usa una guía para el arco narrativo

Ofrecí una breve guía en el último capítulo para ayudarte a desarrollar la historia. Vuelve a ella y responde estas preguntas con unas pocas frases que harán rodar la pelota. Primero escribe lo básico y luego comienza a pulir, agrega o elimina detalles innecesarios para ejecutar una narración fluida. Léelo en voz alta varias veces para oírte presentar la historia.

A. Escenario

Este es el contexto de la historia.

1. **Ubicación geográfica y tiempo:** ¿Dónde y cuándo sucedió? ¿Hace cuánto tiempo? ¿El tiempo y el lugar son importantes para la historia? ¿La historia fue durante un período prolongado o sucedió en solo unos momentos? ¿Fue en tu vida o en la de alguien más?

2. **Personajes:** ¿Quién participó en la historia? ¿Eres la narradora, la protagonista o ambas? ¿Quién más estuvo involucrado? ¿Cuál era el estado de ánimo del o la protagonista en ese

momento? ¿Puedes describir los personajes de la historia? ¿Te resultaban familiares o desconocidos?

3. **Tono:** ¿Fue una situación divertida, (jaja!), ligera o dramática? ¿Fue en un ambiente formal -como en un tribunal- o informal -como un juego deportivo? ¿Fue un escenario de negocios o es una historia de interés humano: un viaje, un evento callejero, un suceso durante una fiesta o una boda?

4. **Estilo de presentación:** ¿Está relacionado con tu lugar de trabajo o tu vida personal? ¿Fue una interrupción de una rutina diaria o algo que sucedió inesperadamente? ¿Algo que ocurrió una sola vez? ¿Es una historia personal que se conecta con el tema general de la presentación? ¿O deberías utilizar historias breves sobre cada tema específico entrelazadas con algún razonamiento y datos?

B. Situación disruptiva

Éste es el conflicto de la historia.

5. **Incidente:** El incidente que inició el conflicto. ¿Qué fue? ¿Un incidente "físico", como un accidente automovilístico, un giro inesperado de los acontecimientos o una tormenta? ¿O un incidente "creado por una persona", como la "conversación que salió mal" durante la anécdota de mi cita?

6. **Personajes:** ¿Quién originó la perturbación, tú o alguien más? Por ejemplo, alguien encuentra un error en los libros de la empresa, tu venta fracasa, un cliente te despide, un supervisor arremete contra un colega o alguien tiene un comportamiento inapropiado hacia ti o hacia otra persona.

7. **Conflicto:** ¿En qué área del conflicto se produjo la interrupción, logros, desafíos o áreas grises? ¿El conflicto te ocurrió a ti o a alguien en tu vida -a tu cónyuge, tus hijos, un vecino, un colega-, alguien de la oficina o un cliente comercial? ¿Cómo te afectó, directa o indirectamente? ¿Cómo te sentiste?

8. **Reacción:** ¿Cómo reaccionaste? Describe las acciones que tuvieron lugar antes, durante y después del incidente disruptivo. ¿Que estabas pensando? ¿Cuáles fueron las otras personas involucradas en las reacciones de la historia?

C. Acción en aumento

El conflicto se desarrolla.

9. El incidente perturbador provoca una acción en aumento. Por ejemplo, cuando le pregunté a mi cita si sabía que yo era inmigrante, eso generó una respuesta aún peor.

10. Otros ejemplos incluyen describir si otras personas de la empresa se involucraron: por ejemplo, en el asunto del error de los libros, o si el cliente llamó a tu supervisor para quejarse, o si tu colega habló mal de ti o del protagonista.

11. Describe la situación y cómo te hizo sentir: tus pensamientos, miedos, proyección sobre el futuro de estas acciones y cómo te veías o como veías al protagonista evolucionando en esta historia. Recuerda, esta es la parte más importante de tu historia, así que detente un poco a reflexionarla.

D. Clímax

Este es el momento de la verdad.

12. Aquí estamos en el punto de mayor tensión cuando los personajes deciden actuar o cuando se produce la acción que

resolverá el conflicto. Fue entonces cuando decidí dejar el restaurante y tomar las acciones correspondientes.

13. En los otros ejemplos, la dirección de la empresa se dio cuenta de que se había cometido fraude e hizo público el error contable. Elegiste afrontar las consecuencias de tus acciones y aceptaste que te despidieran, o confrontaste a tu colega para aclarar la desagradable situación.

14. En una historia personal, decidiste tomar medidas para afrontar un problema de salud: buscar asesoramiento médico, contarle a tu cónyuge la situación, etc.

15. ¿Qué resultó de tu confrontación conflictiva? ¿Consecuencias mejores, peores, a corto o largo plazo? ¿Un pequeño ajuste o un cambio completo en tu vida?

E. Resolución

El conflicto se resuelve, de una forma u otra, y se ofrece el mensaje.

16. ¿Qué siguió a las decisiones que se tomaron? Mi cita romántica terminó y reflexioné sobre cómo los sesgos cognitivos pueden aparecer inesperadamente.

17. Otros posibles resultados en estos ejemplos son que algunos ejecutivos de gestión fueran a la cárcel; no te despidieron - segundas oportunidades - y más tarde te convertiste en la venderora número uno de la empresa; tu colega asumió la responsabilidad de sus acciones y se disculpó, comenzando una amistad inesperada.

18. En una historia personal, aceptaste tratamiento médico, tu cónyuge te ayudó a tomar decisiones o tomaste decisiones

drásticas para tu futuro, como aceptar tu destino o decidiste luchar por la supervivencia.

19. En la resolución, reflexiona sobre tus valores personales y de liderazgo, cómo manejaste la situación y qué pueden otros aprender de tu historia. Este es el momento en el que la narración refleja tu marca personal.

Anticipa la respuesta emocional de tu audiencia

Ahora que has desarrollado el borrador de tu historia, insértalo en una de las seis tramas que discutimos. Usarlas te ayudará a ubicar tu historia en el tema apropiado, para anticipar la respuesta emocional de tu audiencia. Al elegir una trama específica también puedes reflexionar mejor sobre el mensaje. Cada una de estas tramas evoca un tipo diferente de emoción. Veamos una breve descripción y luego pasemos a algunos ejemplos de películas:

1. Una **historia de origen** satisface el deseo de la audiencia de conectar el pasado y el presente del personaje principal o protagonista de una manera inspiradora. También puede generar una respuesta aspiracional a imitar las acciones del protagonista si la historia se relaciona con los objetivos de la audiencia o contribuye al éxito de la marca personal. Por ejemplo, es común que los directores ejecutivos y fundadores cuenten sus historias de origen, luchas y vulnerabilidades a los miembros de su equipo y los alienten a persistir en el logro de los objetivos de la empresa. También puede ser poderoso contárselo a sus clientes, quienes luego se convierten en seguidores leales de la marca. Ejemplos como las historias del origen de Mark Zuckerberg de Facebook, Steve Jobs de Apple,

Bill Gates de Microsoft y Jeff Bezos de Amazon abundan en la escena corporativa.

2. La narración basada en **superar una fuerza maligna** provoca indignación y al mismo tiempo apoya al protagonista en su búsqueda de justicia. Esta es tu historia de "descubrir un error en los libros de la empresa". El público podría involucrarse indirectamente en el problema apoyando a las personas que fueron víctimas o esperando la derrota de la "fuerza del mal" (la "mano negra" de una corporación como en Erin Brockovich o el plan ambicioso como la historia de Enron). Las historias de la fuerza del mal también pueden relacionarse con personas que han ganado una batalla contra una enfermedad -la fuerza del mal- o han superado una condición genética o una circunstancia importante de la vida, como un veterano de guerra con discapacidad. Un ejemplo es Sofía Jirau haciendo historia como primera modelo de Victoria's Secret con síndrome de Down. También los políticos apelan a esta narrativa como George W. Bush lo hizo para lanzar la guerra en Irak.

3. Si tu historia cuenta como la protagonista llega **de la pobreza a la riqueza,** generará empatía y admiración mientras anima a tu audiencia a reevaluar sus propios valores y habilidades de liderazgo. Esta es tu historia de "ser despedido de tu trabajo para luego construir un negocio exitoso". Muchas historias de la pobreza a la riqueza también están relacionadas con historias de origen. Aun así, mientras que esta última se refiere al comienzo de la marca –como "iniciar una empresa en el garaje de tu padre"-, el primero se relaciona con los

diversos obstáculos que el protagonista tuvo que superar – como "la historia del inmigrante" que lucha por sobrevivir en un nuevo país, superando barreras lingüísticas y culturales, o de alguien que supera la pobreza, su falta de educación, redes de contacto o financiación, para finalmente tener éxito. Algunos ejemplos son Oprah Winfrey, Leonardo del Vecchio (Ray-Ban y Oakley), Jin Sook y Do Won Chang (Forever21).

4. La historia del **ganador inesperado o del desaventajado,** una de las favoritas del ethos estadounidense, ha construido muchas marcas -corporativas y personales- en el ámbito empresarial, deportivo y político. Esta es la historia del que "casi lo despiden y luego se convierte en el vendedor número uno de la empresa". Si tu historia de origen también es una de la ganadora inesperada, puedes estar segura de que tendrás éxito si la presentas de manera inteligente. La dificultad de la historia de los desaventajados es cómo te apropias del triunfo. Crearas mayor consenso con humildad, agradeciendo a quienes te apoyaron, y al mismo tiempo compartiendo tus resultados en apoyo de otras personas que podrían estar en tu situación inicial. Los ejemplos de los desaventajados abundan en el deporte, como Michael Oher (NFL), pero también en otros campos, como Eddie Fischer en el ajedrez, Erin Brockovich contra la Pacific Gas and Electric Company y Jack Ma, fundador de Alibaba.

5. Las historias de **misión o búsqueda** suelen tratar sobre un grupo de personajes principales en lugar de un protagonista. Las historias de búsqueda en los negocios son aquellas en las que, por ejemplo, una empresa más pequeña (generalmente

con menos recursos) disrumpe una industria establecida al prosperar gracias al mantenimiento de innovaciones o tiene la oportunidad de alterar un mercado existente con un producto o servicio innovador. En las historias de misión o búsqueda, ten cuidado al presentarte como "héroe o heroína". Convertirte en un protagonista todopoderoso e invencible puede infundir una sensación de inquietud en la audiencia. Muchas películas presentan al desaventajado o al antihéroe como una versión agradable de la narrativa de búsqueda. Algunos ejemplos son Sally Ride, la primera mujer estadounidense en el espacio; Katherine Johnson, Mary Jackson y Dorothy Vaughan, quienes procesaron datos para la Administración Nacional de Aeronáutica y del Espacio (NASA)[180]; y la historia de los jugadores uruguayos sobrevivientes de la tragedia de los Andes.[181] En los negocios, Henry Ford y la creación de la industria del automóvil; Elon Musk y el origen de Tesla; Max Levchin, Peter Thiel y Luke Nosek, los fundadores de PayPal y muchos más.

6. Las narrativas de **renacimiento** pueden generar optimismo, pero requieren un tremendo esfuerzo personal o grupal y, a veces, un cambio personal profundo. La gente no está dispuesta a cambiar. Las historias de renacimiento tratan sobre segundas oportunidades, pero a veces es difícil alcanzar

---

180   La película "Figuras ocultas", basada en el libro de Margot Lee Shetterly, se centra en tres mujeres afroamericanas que fueron esenciales para el éxito de los primeros vuelos espaciales. https://www.nasa.gov/from-hidden-to-modern-figures/ (consultado en mayo de 2023)

181   Estrenada en 2024 'La sociedad de la nieve': tráiler oficial, reparto y más de la película de J. A. Bayona para Netflix que relata el accidente del vuelo 571, que se estrelló en los Andes, y la supervivencia en las montañas de 16 de sus ocupantes. https://www.20minutos.es/cinemania/noticias/sociedad-nieve-trailer-fecha-estreno-sinopsis-reparto-pelicula-bayona-accidente-avion-netflix-5166801/# (consultado en diciembre de 2023)

esa etapa de redención a menos que tu vida, tus seres queridos o tu sustento estén en juego. Las historias de renacimiento son grandes historias de un cambio personal profundo -como en el caso de las adicciones y algunas narrativas de denunciantes de corrupción- o de un cambio de estrategia para sobrevivir en los negocios, y no son fáciles de conseguir. Si tu empresa o grupo, bajo tu liderazgo, se dio cuenta de una estrategia o política corporativa que estaba causando un grave perjuicio a tu empresa y pudiste cambiar el rumbo destacando el problema y luego llevándolo a la línea ganadora, tienes tu historia de renacimiento. Las historias de renacimiento son inspiradoras y motivadoras, ya que claramente añaden una manera de superar una situación desafiante. Algunos ejemplos que quizás no conozcas incluyen a Walt Disney, quien enfrentó deudas crecientes y no tenía dinero para pagar sus cuentas y se declaró en bancarrota en 1923, y George Foreman, cuyo accidentado historial financiero contribuyó a su segundo regreso al boxeo en 1994, ganando los títulos de campeonato unificado de peso pesado de la AMB, la FIB y el lineal.

Familiarizarte con estas historias y las emociones que cada trama probablemente inspiraría evita que te preguntes: ¿Cómo se sentirá mi audiencia después de mi presentación? Podrás guiar y predecir sus emociones con mayor precisión.

Y un último recordatorio: un elemento conductor es una protagonista que muestra vulnerabilidades. Parece incapaz de superar el conflicto o el incidente perturbador, posiblemente porque se enfrenta a una encrucijada extrema o a una situación completamente nueva: ser despedida, o perder su sustento o su salud, enfrentar una adicción, un conflicto interno como denunciar corrupción o abuso, intentos y fracasos hasta lograr su objetivo, etc. Es posible que carezca de los recursos o conocimientos que necesita, o que el incidente cambie completamente su vida de forma inesperada, como el accidente automovilístico de mi historia. Siente miedo, confusión, conmoción, incertidumbre, indecisión y angustia sobre el futuro y lo que traerá, todas reacciones muy humanas con las que tu audiencia se identificará.

Para superar tales obstáculos, la protagonista debe tomar decisiones que resuelvan el conflicto y actuar -enfrentándose a su jefe o a su colega-, posiblemente aprendiendo nuevas habilidades -mejorando sus habilidades de ventas o superando su miedo a hablar en público- para llegar a una mayor autoconciencia o capacidad, como convertirse en la vendedora número uno de la empresa. Describir cómo se logra esa autoconciencia es la parte más esencial de tu mensaje, tu momento de verdad del que otras personas pueden aprender.

Mostrar vulnerabilidades es difícil porque estás caminando sobre una delgada línea, en que puedes ser percibida como débil e indecisa y tener poca capacidad de juicio o ser reflexiva e introspectiva ante una situación de conflicto. En este caso, revisar los hábitos que te frenan es un punto de inflexión. Vuelve a tu plantilla de fortalezas y debilidades y reflexiona sobre los detalles relacionados con esta situación particular.

Aprendiendo de las películas que nos gustan

A estas alturas, hemos establecido que soy una fanática del cine y tomo mucho material de películas que me gustan para transmitir sugerencias útiles para contar historias. A continuación, exploro algunos ejemplos que ilustran los conceptos que transmito en este capítulo. Intenté no revelar más [¡ALERTAS!], pero no te sorprendas si encuentras una aquí y allá.

Por cierto, siempre me sorprende la gente que se molesta por las alertas (*spoiler alerts* en inglés). La mayoría de las grandes historias (películas, novelas, biografías, documentales y obras de teatro) probablemente requerirán más de una lectura o visualización para comprenderlas. A menos que sea simplemente una película de entretenimiento del tipo "comida rápida", al repetirla, encontrarás diferentes perspectivas y lecciones que no viste ni aprendiste la primera vez.

Como compartí antes, una de las películas que he visto muchas veces es "Coco", no solo porque me encanta el tema –al tener cierta edad, quieres que te recuerden- sino también porque me da la oportunidad de verla con mis nietas y transmitirles algunas tradiciones de nuestra cultura.

A algunas personas les encanta leer una obra de teatro o un libro luego convertido en película antes de ver la obra o la película, y a otras les gusta leerlos después o comparar la obra y la película si ambas han sido producidas. Otros prefieren leer una y otra vez determinadas novelas u obras literarias. Y a otros, como a mí, les encanta ver la misma película varias veces, lo que me da disfrute y el placer de la anticipación.

Otra serie de televisión que he visto innumerables veces es "Friends". Creo que ya podría recitar algunos de los diálogos de memoria. Aun así, disfruto sobre todo el talento cómico de esos jóvenes actores que hicieron sonreír a generaciones y marcaron una era. Y entender a los escritores inteligentes y su proceso de escritura, que se explicó durante *Friends: The Reunion*, y lo mucho que se divirtieron mientras hacían la serie.

Dicho esto, ésta es mi interpretación de algunos ejemplos. No soy crítica de cine ni pretendo escribir una crítica sobre ellas. Estas ideas te ayudarán a comprender mejor los conceptos que discutimos en este capítulo.

1. Historia del origen

Definición: El protagonista o narrador cuenta la historia del origen del negocio, empresa o marca, cómo comenzó hasta alcanzar el éxito, superando dificultades y derrotando a sus oponentes.

La red social (2010)

La película se sumerge en la vida de Mark Zuckerberg y la creación de Facebook. La narración presenta cómo Zuckerberg y Eduardo Saverin, su amigo y cofundador, intentan resolver un conflicto que los llevó a los tribunales y expone la naturaleza despiadada de la industria tecnológica.

Si bien esta película no es la típica película inspiradora, tiene muchos mensajes subyacentes que pueden ayudar a poner a prueba tus valores de liderazgo. Esta película muestra diferentes personajes y cómo adoptaron el espíritu de equipo para construir una de las redes sociales más destacadas de la actualidad. La historia continúa con la ruptura de la sociedad y las ambiciones de Zuckerberg para la plataforma. También muestra las luchas de los emprendedores en la vida real al iniciar un negocio, una historia en la que muchos emprendedores se sienten identificados.

El fundador (2016)

Como se mencionó anteriormente, El Fundador es la historia de cómo el vendedor Ray Kroc conoce a los dueños de McDonald's, una hamburguesería en el sur de California. Y cómo Ray convirtió el innovador restaurante de comida rápida en el negocio de franquicia más extenso del mundo gracias a su ambición, perseverancia y crueldad.

El Fundador está dirigida por John Lee Hancock y escrita por Robert Siegel. Michael Keaton interpreta el papel de Ray Kroc, el hombre de negocios.

Te recomiendo que veas El Fundador no sólo como motivación personal sino para comprender lo que se necesita para sobrevivir y hacerse de una marca en los Estados Unidos. El Fundador es una de las películas más populares sobre startups. Dar prioridad al servicio al cliente fue uno de los secretos del éxito de McDonald's. Entonces, si hay una lección que aprender es el amor por la satisfacción del cliente. La otra es que nunca es demasiado tarde para impulsar tu ambición, ya sea que estés de acuerdo o no con el enfoque de Kroc.

2. Superar una fuerza maligna

Definición: El protagonista se propone derrotar a una fuerza antagónica (a menudo criminal) que amenaza al protagonista y a su entorno.

Erin Brockovich (2000)

El drama legal de Steven Soderbergh, Erin Brockovich, presenta a Julia Roberts como personaje principal. Brockovich descubre que PG&E ha contaminado el suministro de agua de un pequeño pueblo e inicia una campaña legal contra la empresa, tratando de reclutar a los residentes para su demanda.

La perseverancia de Brockovich poco a poco va superando el escepticismo y la desconfianza de los residentes, mientras la empresa intenta todos los trucos posibles para disminuir sus esfuerzos. Basada en hechos reales, la película proporciona munición para una historia en la que la discriminación femenina y los crímenes relacionados con el cambio climático van de la mano.

Señorita Sloane (2016)

Miss Sloane es un thriller político de 2016 dirigido por John Madden y escrito por Jonathan Perera. Una feroz lobista, Elizabeth Sloane, "lucha contra el sistema" para aprobar legislación sobre control de armas. La historia es ficticia, pero transmite una idea de cómo funciona el mundo de los lobistas en Washington, DC, y de la corrupción que implica luchar por algunas causas contra "una fuerza maligna", como la industria de las armas con un increíble poder político y económico.

A pesar del "final estilo Hollywood", (mira la película y verás a qué me refiero porque ¡ese final nunca sucede en la realidad!) la película deja varios mensajes sobre las relaciones en el lugar de trabajo, una visión misógina de cómo una estratega influyente es castigada a nivel personal y de género, y las decisiones difíciles que una mujer debe tomar para salir adelante en un mundo de poder y corrupción. ¡Sí, ella da pelea hasta el final!

3. De la pobreza a la riqueza

Definición: El protagonista adquiere poder y riqueza desde orígenes muy humildes, y lo logra mediante crecimiento personal y grandes sacrificios.

La búsqueda de la felicidad (2006)

Esta poderosa película, protagonizada por Will Smith, es un truco emocional por las razones correctas. Un vendedor en apuros se esfuerza por llegar a fin de mes, pero se ve obligado a vivir en la calle con su niño. Cuando comienza una pasantía no remunerada como corredor de bolsa con un mentor que ve su potencial, puede reescribir su historia.

Esta conmovedora trama está basada en una historia real e inspira a no despreciar las oportunidades que pueden presentarse. También demuestra que nunca es demasiado tarde para cambiar tu destino, una de las favoritas en el espíritu estadounidense.

Casa de Gucci (2021)

¡Me encantó esta historia en la que una villana vehemente (Lady Gaga) se hace cargo de la acción! Dirigida por Ridley Scott, la película está basada en un libro de 2001 llamado "*La casa de Gucci: una historia sensacional de asesinato, locura, glamour y codicia* ". Con críticas muy variadas, algunos dicen que les encantó y otros la rechazan, la trama se centra en Patrizia Reggiani (Lady Gaga), una outsider de orígenes humildes que se casa con un miembro de la familia Gucci. Es siempre vista como tosca y nunca aceptada por el patriarca de Gucci. Sin embargo, con amor al principio, pero con venganza al final, logra sentarse a la mesa. El giro de los acontecimientos en la historia desencadena traición, venganza y... ¡no te cuento el final!

4. Ganadores inesperados o desaventajados

Definición: Un desaventajado (*underdog*) es una expresión estadounidense que define a una persona o grupo en una competencia del que se espera que pierda, generalmente en deportes y trabajos creativos. El favorito o líder es el equipo o individuo que se espera que gane. Cuando gana el desvalido, el resultado es una sorpresa y refleja una lección.

McFarland Estados Unidos (2015)

Si te gustan los deportes y las historias de la vida real (no la vida de Hollywood), encontré, no sin sorpresa, que esta película en particular presenta imágenes positivas de los latinos, imágenes positivas de los blancos y cómo las dos pueden combinarse para crear los resultados esperados (dirigida por la cineasta neozelandesa Niki Caro).

"Su primera intuición al ver el avance de la reciente y excelente película de deportes de Disney, McFarland USA, podría ser descartada como simplemente otra película del "salvador blanco". Después de todo, parece encajar perfectamente en el ritmo de este tema en particular: un hombre heterosexual blanco de clase media ayuda a un equipo de chicos mexicano-estadounidenses con mala suerte a apuntar a las estrellas y convertirse en uno de los mejores equipos de corredores de cross-country", dice el crítico Brandon Ambrosino.[182]

Y continúa: "Estarías equivocado. Desde su primera escena, McFarland se resiste a una categorización fácil. Su protagonista, interpretado por Kevin Costner, no es ningún salvador. De hecho, el personaje desafía la mayoría de las convenciones del género".

La historia sigue a un entrenador de fútbol de secundaria fracasado con problemas de ira que pierde su trabajo. Se ve obligado a trabajar como entrenador de cross-country en una población densamente latina en McFarland, California, una pequeña comunidad en el Valle de San Joaquín. Basada en una historia real publicada inicialmente

---

182 McFarland USA tiene éxito porque sus personajes blancos reconocen su privilegio – vox.com
https://www.vox.com/2015/3/8/8166283/mcfarland-usa-succeeds-porque-its-white-characters-own-up-to-their (consultado en enero de 2023)

en el LA Times en 1997 [183], la película describe la relación entre el entrenador y sus estudiantes inmigrantes y sus familias, que los transformó en una dinastía de carreristas de fondo, ganando el Campeonato CIF de Cross Country de 1987.

Dirigida con gran sensibilidad, la película toca temas como la responsabilidad que implica ser privilegiado y no sólo ser consciente de ello, la idea de ponerse en el lugar de la otra persona, el poder de la comunidad, el intercambio cultural entre miembros de diferentes comunidades, perder el miedo a lo desconocido y mucho más.

The Playlist (2022)

Aquí hay una historia que se puede enmarcar en diferentes temas: la historia del origen, el desaventajado o la búsqueda. Todas ellas añaden valor a la forma en que se cuenta la historia. Spotify es una empresa sueca y The Playlist es un programa sueco producido como original de Netflix.

Contado en seis episodios desde seis perspectivas de personajes diferentes, Stuart Heritage, escritor de The Guardian, [184] lo describe de esta manera: "The Playlist tiene seis episodios, todos contados desde la perspectiva de alguien esencial para el éxito de Spotify. Por ejemplo, el segundo episodio trata sobre un ejecutivo en la industria de la música que, aterrorizado por la destrucción de la industria que ama por los cambios tecnológicos, cede y se compromete con Spotify. Hay un episodio sobre el codificador jefe de la aplicación, que luchó

---

183   Columna uno: Temporada agotadora: el equipo de cross-country de McFarland se esfuerza por lograr el sexto título consecutivo
https://www.latimes.com/local/la-me-mcfarland-jim-white-19971201-story.html#page=1 (consultado en enero de 2023)

184   "La revisión de The Playlist: quédate con ella para ver el final increíblemente extraño". Por Stuart Heritage https://www.theguardian.com/tv-and-radio/2022/oct/13/the-playlist-review-netflix-daniel-ek-spotify (consultado en enero de 2023)

para alcanzar una perfección que nunca antes había existido. Un episodio sobre el abogado que sentó las bases para llegar a un acuerdo con los sellos discográficos, un episodio sobre el tipo que manejó el dinero. Spotify no fue creado por una sola persona. Todo un equipo fue responsable de su éxito y cada uno de ellos pudo exponer su argumento".

La película también puede incluirse como una narrativa de misión, ya que intervienen varios personajes. Los motivos son claros, pero los acontecimientos tienen un final predecible una vez que se pasa la emoción inicial de pensar que el fundador y su equipo están tratando de construir un mundo mejor. Es una visita obligada si estás en la tecnología, las nuevas empresas y el mundo de los sellos y licencias musicales. Incluso la estructura de la narración -cada episodio contado por un personaje diferente- muestra el poder del ego.

5. La misión o la búsqueda

Definición: El protagonista y sus compañeros se proponen alcanzar una meta importante o llegar a un lugar mientras enfrentan tentaciones y obstáculos.

Los hombres de la compañía (2010)

La historia se centra en los efectos de la Gran Recesión y en tres hombres que pierden sus puestos de nivel ejecutivo en diferentes etapas de sus vidas. La película ocurre en un entorno de trabajo. Aunque tiene un mensaje al estilo de Hollywood -crítico pero intrascendente- sobre la avaricia corporativa de que el fin justifica los medios, el tema central y edificante es el amor a la familia.

Ben Affleck es un joven de una familia de clase media que ha escalado puestos en una empresa y vive con estilo, pero de cheque en cheque. Chris Cooper interpreta a un hombre sexagenario que no puede aceptar la realidad y decepciona las expectativas de su familia. Finalmente, Tommy Lee Jones interpreta a un ejecutivo maduro que apoyó a la empresa desde sus inicios y se siente traicionado por las circunstancias. También se enfrenta a una crisis familiar que finalmente se resuelve.

Incluso si no puedes identificarte con el estilo de vida ejecutivo, todos podemos identificarnos con lo que se siente al perder un trabajo. Pero lo más importante es que la película compara las acciones de una "familia corporativa" con las de una familia propia y cómo cada uno trata a los suyos. También muestra un cambio de paradigma de la lealtad corporativa hacia el individuo.

Me encantó esta película por su retrato honesto de cómo cada personaje procesa sus propias dificultades y el crecimiento que cada uno experimenta en su vida personal. También es una historia de renacimiento y redención, especialmente para el personaje de Tommy Lee Jones. ¡Hay grandes lecciones para compartir!

Forrest Gump (1994)

Las búsquedas son las narrativas más comunes en la filmografía -especialmente en las prolíficas y no siempre edificantes producciones de Marvel o Disney- pero no todos entienden lo que significa buscar el amor verdadero. Ahora estás pensando: "Película para chicas".

Si aún no has visto este clásico americano, tómate el tiempo para verlo. Es un buen ejemplo de historia de búsqueda, y el protagonista viaja a través de muchos años de la historia estadounidense para encontrar a su novia de la infancia.

Esta búsqueda tiene dos mensajes contundentes: cualquier

persona, sin importar sus capacidades, puede lograr lo que quiere si se lo propone y vive su vida con un propósito, un mensaje muy a tono con el ethos estadounidense. El segundo mensaje trata de demostrar que cualquiera puede amar a cualquiera; ambos fueron mensajes visionarios en la época en que se produjo la película.

6. Renacimiento

Definición: Un evento obliga al personaje principal a cambiar sus costumbres y, a menudo, a convertirse en un mejor individuo o una versión mejor de sí mismo.

El mayordomo de Lee Daniels (2013)

El crítico de cine de la NNPA, Dwight Brown,[185] dice sobre esta película: "Ya era hora. Finalmente, una película de gran estreno sobre la lucha afroamericana por la igualdad contada desde la perspectiva de un hombre negro. ¿Por qué a Hollywood (también conocida como la industria cinematográfica) le ha llevado tanto tiempo hacer lo correcto?"

Y continúa: "Eugene Allen sirvió a ocho presidentes, de Truman a Reagan, durante 36 años en diversos cargos en la Casa Blanca. Sin embargo, su papel como mayordomo lo convirtió en el tema de un artículo del Washington Post en 2008, "Un *mayordomo bien servido por esta elección*", y le dio notoriedad. Ese artículo y su vida, desde los días de la segregación, pasando por el movimiento por los derechos civiles, la guerra de Vietnam y el fin del apartheid, se convirtieron en la base de esta evocadora película que inteligentemente rinde homenaje a Allen y la historia negra estadounidense. The Butler, de Lee Daniel, es un logro trascendental".

---

185   Lee Daniels's The Buttler https://dwightbrownink.com/lee-daniels-the-butler/ (consultado en
mayo de 2023)

La película es un *tour de force* a través de más de 50 años de historia afroamericana. Lo realmente interesante es cómo muestra la transformación del personaje, presionado por las circunstancias de la vida, el enfrentamiento generacional con su hijo y la relación con sus empleadores -ocho presidentes americanos- sin perder el sentido de la dignidad. También profundiza en el amplio espectro de perspectivas políticas y sociales opuestas de la comunidad negra representadas por dos generaciones.

Espejo, Espejo (2022)

Es difícil encontrar películas hispanas o latinas que no representen estereotipos negativos de sus personajes: traficantes de drogas, pandilleros y similares.

"Espejo, Espejo" es una película española, la segunda comedia dramática del director ganador del Premio Goya Marc Crehuet. La película cuenta una narrativa estrafalaria -me recordó al cine de Pedro Almodóvar- que sitúa a los personajes frente a su "reflejo de contra personalidad" que habla de quiénes son realmente pero prefieren no ver. El director utiliza su arte narrativo para desarrollar estos cuatro personajes dentro del entorno del departamento de marketing de una corporación cosmética y aborda cuestiones de imagen corporal, estereotipos de marketing tradicionales, relaciones laborales, diversidad, inclusión y pertenencia en un mundo que se está volviendo cada vez más no binario.

[¡ALERTA!] Los resultados del renacimiento de estos cuatro personajes, convirtiéndose en una versión mejor o auténtica de sí mismos, no son totalmente positivos. Álvaro pierde su trabajo, pero adquiere una sensación de libertad frente a las presiones familiares. Cristina finalmente acepta quién es, pero es rechazada por su hermana. Alberto pasa de ser "el perdedor de la oficina" a un personaje demasiado confiado y hasta rudo que derrama su amor no correspondido. Y Paula, la que origina la disrupción con su nuevo vídeo de marketing, al final compromete sus valores, terminando con una escena de purificación de fuego provocada por un quinto personaje que se siente invisible. Divertida, peculiar y breve, ¡vale la pena dedicarle tiempo!

Con la ayuda de estos últimos ejemplos que muestran qué emociones probablemente inspiraría cada trama, te animo a que continúes redactando tu historia con la ayuda de la Guía de autoconciencia y todos los elementos, consejos y plantillas que se proporcionan en estos capítulos. No tengas miedo de volver a cada ejercicio cuando lo necesites, pues ese es el propósito de estas herramientas.

¿Como termina la historia?

Empecé este libro al inicio de la pandemia mundial de Covid-19, y lo estoy finalizando cuando parece que ya se extingue. El mundo aún no ha evaluado todas las consecuencias del daño a largo plazo de este terrible virus en vidas perdidas, las consecuencias médicas (físicas y mentales) proyectadas en las personas afectadas por el virus, los embarazos, las continuas pérdidas económicas, el cambio climático, el aislamiento, la pobreza y muchas otras consecuencias de otros factores.

La pandemia ha cambiado la cara del trabajo en Estados Unidos y otras partes del mundo hacia un nuevo paradigma: trabajo híbrido o remoto, aumento de la fuerza laboral independiente y freelance. También provocó que la gente dejara sus trabajos, fenómeno conocido como "La Gran Renuncia". El desempeño y la productividad aún se están evaluando en este nuevo modelo de fuerza laboral, y muchos trabajadores ya han expresado que se sienten abandonados cuando eligen trabajar desde casa.

"Si tuvieran la opción, la mayoría de los trabajadores preferirían trabajar de forma remota. Y la flexibilidad es uno de los beneficios más importantes cuando los candidatos consideran un nuevo trabajo. Pero trabajar desde casa puede tener un inconveniente oculto", dice Elora Voyles, psicóloga industrial-organizacional y científica humana en TINYpulse, una plataforma de participación de los empleados. "Los trabajadores remotos no reciben el mismo reconocimiento por el trabajo que realizan", afirma. "En particular, hay investigaciones que demuestran que los trabajadores remotos trabajan más horas y, de hecho, obtienen mejores resultados, pero tienen un 50% menos de probabilidades de ser promovidos".[186]

En el ámbito empresarial, muchas pequeñas empresas y negocios tuvieron que adaptarse a un modelo de venta online, creando una dinámica diferente entre los empresarios y los consumidores. La relación se ha vuelto más impersonal y la gente está motivada a comprar por razones distintas a la lealtad a una marca comercial en particular o la simpatía del propietario.

Es entonces cuando adquirir el oficio de contar historias tiene más sentido que nunca. En un espacio de trabajo donde el anonimato y el ruido extremo de las redes sociales continúan silenciando todas nuestras voces, aprender a mostrar tu marca personal es esencial. Espero que hayas encontrado en este breve libro todos los elementos críticos que te guiarán en tu búsqueda de la introspección mientras construyes una marca personal sólida que hablará por sí sola.

---

186   Cómo el 'techo Zoom' podría perjudicar tus posibilidades de ascenso https://www.fastcompany. com/90715455/how-the-zoom-ceiling-might-hurt-your-chance-of-promotion (consultado en enero de 2023)

Mi historia tuvo un final feliz, no al estilo Hollywood, pero sí feliz. Después de dos años de procedimientos de columna, una cirugía de reemplazo total de cadera y una larga recuperación, estuve lista para tomar decisiones sobre mi vida laboral nuevamente.

En 2015 vendí mi pequeña empresa. Con mucho tiempo libre, pero negándome a renunciar a mi carrera profesional, lancé una iniciativa para ayudar a mujeres latinas y otras emprendedoras de color a promover sus marcas y negocios. Quería ayudarlas a evitar los obstáculos y barreras que había enfrentado como latina, mujer e inmigrante, las tres "descalificaciones" tácitas que muchas mujeres enfrentan en los negocios. Esta iniciativa fue uno de los esfuerzos más gratificantes, aunque a veces frustrante, de mi carrera.

En 2023, todavía estoy lidiando con las consecuencias de este accidente. Después de una segunda cirugía y todavía sufriendo dolores de espalda, creé una nueva consultoría que me permite trabajar de forma remota y ocasionalmente presencial. Verter mi corazón y mis experiencias pasadas a través de la escritura y hablar en público, ayudando a otros a lograr sus sueños, es una forma de lograr los míos.

Durante estos años, he aprendido que no tienes que estar dando vueltas en un carrusel hasta que estés exhausta y sin recursos. No es necesario que continúes trabajando en un entorno tóxico o disfuncional. Puedes volver a revisar tus fortalezas y debilidades, raíces culturales, tradiciones familiares, habilidades de liderazgo y valores, en suma, la esencia de quién eres, y reinventarte cada vez. Tú puedes y debes ser la que construye el sueño de tu vida.

Al aprender estas herramientas básicas que compartí en el libro, tendrás la oportunidad de mostrar tu yo auténtico y único, y espero que lo hagas con orgullo y entusiasmo. No dejes que los detractores te depriman, ya que nunca han caminado en tus zapatos. Por el contrario, te animo a que los atraigas con tu autenticidad y entusiasmo, contándoles las historias que te importan.

Y como hice yo, aprende a darte segundas oportunidades, tantas como sean necesarias.

Susana G. Baumann

Diciembre 2023

CAPÍTULO 10:

CREA TU MARCA PERSONAL: UNA GUÍA DE AUTOCONCIENCIA

Como prometimos en los capítulos anteriores, este último capítulo incluye "Crea tu marca personal: Una guía de autoconciencia", una plantilla para reflexionar y practicar todas las herramientas y estrategias que compartimos en los capítulos anteriores. Te ayudará a encontrar tus extraordinarias fortalezas y al mismo tiempo a reforzar debilidades que percibes. Espero que regreses a este capítulo repetidamente cuando necesites recordar la esencia de quién eres realmente, busques estímulo, profundices la comprensión de tus comportamientos o quieras recordar tus mejores cualidades.

Puedes descargar este capítulo en formato PDF compartiendo tu dirección de correo electrónico con nosotros en: https://susanagbaumann.com/ Luego puedes guardarlo en tus dispositivos. También me puedes contactar para dar presentaciones en persona o remotas y oportunidades para presentar mis libros completando un sencillo formulario de contacto.

Este trabajo es la ampliación de mi presentación "¡Habla ya! Cuenta tu historia para influir en los demás", un taller que ofrezco a líderes corporativos en ascenso, fundadores, dueños de negocios y emprendedores, defensores de la comunidad y todas las personas que se posicionan como líderes dispuestos a marcar una diferencia para ellos mismos y para los demás.

"¡Habla ya!", el taller virtual o presencial que ofrezco, ha recibido excelentes comentarios y críticas, muchos de los cuales me animaron a escribir este libro. La mayoría de sus participantes se sintieron particularmente motivados porque discutimos estrategias para abordar la discriminación, la exclusión, el síndrome del impostor, los conflictos del liderazgo y muchos otros temas de preocupación laboral. Estas estrategias incluyen el desarrollo de una fuerte marca personal y la selección de las historias adecuadas para compartir.

Nunca ha habido un momento más oportuno para publicar un libro que hable contra los crecientes ataques a nuestro multiculturalismo como pueblo y nuestra diversidad como país de inmigrantes. Evitando confrontaciones innecesarias, pero tratando de encontrar puntos en común, este libro te ayudará a desarrollar tus mejores cualidades a partir de tus habilidades y valores naturales de liderazgo, honrará tus atributos culturales, y te dará herramientas para defender tus puntos de vista. Finalmente, te ayudará a superar miedos y dudas con el poder de la narración.

A medida que la diversidad se expande en los Estados Unidos -y en el mundo-, las brechas étnicas, culturales, de género y de capacidades se amplían en el lugar de trabajo y la comunidad. La tensión causada entre las fuerzas que se resisten al cambio y aquellas que lo impulsan se pueden abordar con historias que nos enseñen, inspiren y nos unan.

Y es muy posible que estas poderosas historias estén en tu vida, esperando ser descubiertas. En este enfoque multicultural de la narración, te alentamos a encontrar tus mejores valores, rasgos de carácter, atributos culturales y habilidades de liderazgo para forjar las historias que son importantes para ti y te hacen único o única. Con estas herramientas podrás conquistar tus mejores deseos.

La voz de la autoconciencia

Encuentra tu voz en tus valores, rasgos de personalidad o carácter, atributos culturales y habilidades de liderazgo.

Para comenzar a trabajar en el enunciado de tu marca personal, debemos profundizar en el núcleo de la autoconciencia: discutir valores, rasgos de personalidad, atributos culturales y habilidades de liderazgo. También necesitamos hablar sobre tus fortalezas, debilidades y desafíos: cómo desarrollar tus fortalezas o manejar las debilidades y desafíos que podrías creer tener. ¡Y todo se compaginará para lograr una receta para el éxito!

Siguiendo las instrucciones de esta Guía de autoconciencia, consigue un cuaderno o un bloc de notas sencillo y empieza a escribir -también puedes tomar apuntes digitales. A lo largo de los años, he llenado decenas de cuadernos con historias, reflexiones y pensamientos que luego podría utilizar para algunas de mis estrategias narrativas. Otros simplemente me dieron una idea de dónde me encontraba dos o tres años después. ¿He mejorado esto? ¿Ya me ocupé de estos otros problemas? Te sorprendería el progreso que ves cuando miras esas notas.

Encuentra tu voz en tus valores

En base a los conceptos de este capítulo, prioriza estos u otros valores fundamentales que no te resulten negociables; si puedes, asígnales rápidamente un valor como No Negociable (NN), Depende de la Situación (DS) o No es Prioridad (NP)

1. **Servicio**: Un compromiso que se extiende más allá del propio interés; humildad personal por el bien de una causa mayor.

2. **Respeto**: Autorrespeto y respeto a los demás sin importar las diferencias; tratar a los demás con dignidad, empatía y compasión; y la capacidad de ganarse el respeto de los demás.

3. **Marcar una diferencia:** Esfuerzos personales que conducen a generar un impacto positivo en individuos, sistemas y/u organizaciones o lograr resultados positivos.

4. **Integridad:** valentía moral, fortaleza ética y confiabilidad; cumpliendo promesas y cumpliendo expectativas.

5. **Autenticidad:** Coherencia, congruencia y transparencia en valores, creencias y acciones; integrando valores y principios para crear una vida con sentido y contribuir al crecimiento de los demás.

6. **Valentía:** Poseer fortaleza propia para actuar con intención en nombre del bien común; tomar postura ante la adversidad; actuando con valentía al servicio de la inclusión y la justicia.

7. **Humildad:** Sentido de humildad, dignidad y conciencia de las propias limitaciones; Abierto a perspectivas diferentes a las propias.

8. **Sabiduría:** Amplia comprensión de la dinámica humana y capacidad para equilibrar los intereses de múltiples partes interesadas al tomar decisiones; puede adoptar una perspectiva a largo plazo en la toma de decisiones.[187]

---

187   Ibidem.

Ahora responde estas preguntas:

a. ¿Qué otros valores son importantes para ti?

b. ¿Puedes pensar por qué son importantes? Describe situaciones específicas en las que se pusieron a prueba tus valores. Se lo más explícita posible.

c. ¿Cómo reaccionaste? ¿Qué sentiste cuando tus valores estuvieron en juego?

d. ¿Alguna vez sentiste que tus valores estaban comprometidos debido a estereotipos o etiquetas? ¿Puedes recordar el evento y reflexionar sobre él? ¿Lo enfrentaste, lo rechazaste o lo dejaste pasar?

e. ¿Cuáles fueron otras situaciones en las que tus valores prevalecieron? ¿Cómo te sentiste contigo misma? ¿Cómo resultó la situación? ¿Resultados y lecciones aprendidas?

Continúa trabajando en tus valores y pensando en situaciones en las que hubo resultados productivos porque tus valores prevalecieron y en otras en las que no pudiste ejercer tus valores porque se te aplicaron estereotipos o etiquetas.

> " *Tu marca: piensa en el propósito, no en las metas. Las metas son alcanzables y limitadas. El propósito es infinito.*"

Encuentra tu voz en tu personalidad o rasgos de carácter

Piensa en los rasgos de personalidad por los que tus padres/familia/familia extendida/cuidadores (tu "familia") te elogiaban cuando eras niña.

Mi "familia" solía decir: "Él/ella/ellos...

Ahora responde estas preguntas:

a. Escribe sobre tu infancia y los principales acontecimientos que recuerdas, especialmente aquellos puntos de inflexión que fueron más significativos. Es posible que un pequeño acontecimiento te haya impresionado más cuando eras niña que una situación que te haya cambiado la vida. ¡No dejes nada afuera!

b. ¿Por qué te felicitaba tu "familia"? ¿Cuáles eran los rasgos de personalidad o de carácter que siempre fueron elogiados mientras que otros fueron criticados o corregidos? ¿Cuál fueron los mensajes que recibiste cuando eras niña?

c. ¿Todavía ves estos atributos en ti? ¿Han persistido en tu personalidad o de alguna manera han evolucionado hasta convertirte en la persona adulta que eres hoy?

d. Escribe en forma de "corriente de conciencia" para no tener que pensar demasiado en tu estilo de escritura. Menciona todos los acontecimientos que puedas recordar (¡herramientas para tu bolsa de trucos!).

Sólo mirando hacia el pasado podrás ver las circunstancias que guiaron tu vida en una dirección particular y tus acciones para cambiar esa dirección, si fue incorrecta o no intencionada, hacia tu verdadera vocación o llamado.

> *" Comprende el presente mirando tu pasado.*
> *Sólo entonces podrás ver progreso."*

Encuentra tu voz en tus atributos culturales

Siguiendo las ideas del capítulo, elige 4 atributos culturales que te definan. Al considerar tus atributos culturales, amplíalo a tu familia de origen y tradiciones, raza o etnia, género, edad, habilidades físicas o mentales y creencias religiosas, y todos los atributos que te ayudan a formar el entramado de tu marca personal única. ¡No dejes nada afuera!

Ahora responde estas preguntas:

a. ¿Cuáles son los atributos culturales que representan una ventaja para ti? ¿Cuáles son los más fuertes que te definen?

b. ¿En qué te ves diferente de los demás en tu entorno diario: trabajo, negocios, amistades sociales, grupo religioso, deportes, etc.? ¿Cuándo notas que estas diferencias juegan un papel importante en tus acciones o comportamientos, como la toma de decisiones, las actitudes en el trabajo o el juego, etc.?

c. ¿Qué tan cómoda te sientes en diferentes interacciones sociales? ¿Hay situaciones en las que te sientes más relajada que otras? ¿Puedes explorar estos conceptos?

d. Al seleccionar lo que calificas como tus mejores atributos culturales, considera aquellos puntos de vista culturales que te brindan una sólida comprensión de los problemas que otros tal vez no vean porque no comparten esos atributos.

Aprende y observa los estereotipos prevalecientes en tu lugar de trabajo. En todos los espacios laborales persisten estereotipos sobre varias cuestiones, sin importar cuán diversos o inclusivos sean. Además del género, la raza o el origen étnico, los estereotipos pueden estar relacionados con la discriminación por edad, la imagen corporal o una variedad de habilidades. Asimismo, es común encontrar prejuicios sobre capacidades físicas o mentales.

> *"Nuestras vidas son historias para contar. Nuestros valores y tradiciones se transmiten a través de la narración."*

Encuentra tu voz en tus habilidades de liderazgo

Muchas personas están dispuestas a convertirse en líderes en su lugar de trabajo, industria o comunidad, pero se desaniman ante el primer obstáculo. Un consejo estándar en la formación de liderazgo es que "los verdaderos líderes persisten en cualquier situación" y aprenden de las experiencias pasadas para estar mejor posicionados la próxima vez que surjan tales obstáculos o dificultades.

Pero también, otras personas encuentran obstáculos muy diferentes relacionados con su identidad, edad, orientación de género, raza, condición de inmigrante, creencias religiosas, habilidades o muchas otras condiciones que las hacen únicas. Es hora de hablar en voz alta sobre estas desigualdades que muchos de nosotros hemos sufrido o seguimos sufriendo en el espacio laboral.

Considera cuáles son tus mejores habilidades de liderazgo y explora en qué situaciones has ejercido esas habilidades en particular.

Elije 4 de las mejores habilidades de liderazgo que te definen; si puedes, asígnales rápidamente un valor como Excelente (E) o Aceptable (A).

- Mi pensamiento estratégico
- Mis habilidades comunicacionales
- No juzgar

- Ser un modelo a seguir

- Tener empatía

- Ser emocionalmente inteligente

- Ser inclusiva

- Saber motivar o empoderar a los demás.

- Lidiar con situaciones o personas desafiantes.

- ¿Otro?

Ahora responde estas preguntas:

1. ¿Por qué quieres ser líder?

2. ¿Qué necesitas para lograr tus objetivos de liderazgo?

3. ¿Por qué todavía no has completado tus objetivos de liderazgo?

4. ¿Crees que los líderes nacen o se hacen? ¿Cuál crees que eres?

5. ¿Aún quieres liderar en alguna de estas situaciones?

    a. *Te despiden de tu trabajo.*

    b. *Tu empresa fracasa.*

    c. *Toda tu industria desaparece.*

    d. *La organización que aspiras a liderar es dominada/fusionada/ vendida a otro grupo o propietario.*

    e. *Hay otros con las mismas aspiraciones o que apuntan a posiciones similares.*

¿Existen diferentes rasgos o habilidades en el liderazgo de acuerdo a la identidad de género?

1. ¿Existen diferencias de género en el liderazgo?

2. ¿Qué rasgos o habilidades admiras en un líder binario? (¿real o ideal?)

3. ¿Qué rasgos o habilidades admiras en un líder no-binario? (¿real o ideal?)

4. ¿Qué expectativas tienes al criar a tus hijos de acuerdo a su identidad de género?

¿Cómo relacionas el convertirte en líder con el éxito?

1. En tu opinión, ¿cómo se relaciona el liderazgo con el éxito?

2. ¿Cuál es tu concepto de éxito?

3. ¿Cómo crees que un líder puede alcanzar el éxito? ¿Cuáles son tus parámetros de éxito?

¿Te has encontrado en una situación de rechazo a tus habilidades o actividades de liderazgo debido a tu raza, etnia, género, edad, orientación sexual, religión o capacidad?

1. ¿Recuerdas algún incidente en particular o se trata de una microagresión sutil y continua en el lugar de trabajo o en cualquier otro lugar de actividad?

2. ¿Crees que trabajar de forma remota ha mejorado tu vida laboral y tus posibilidades de ejercitar tus habilidades de liderazgo?

3. Describe todas las situaciones que encontraste y que podrían entrar en esta categoría. No descartes ninguna situación pensando que "fue personal". Tal vez lo fue, pero reflexiona sobre ello en el contexto de tu cultura laboral y confirma si realmente lo fue.

Prioriza tus fortalezas

Siguiendo las instrucciones de este capítulo, selecciona dos de tus valores más relevantes, personalidad o rasgos de carácter, atributos culturales y habilidades de liderazgo. Estas son tus Fortalezas.

Valores:

Rasgos de personalidad o carácter:

Atributos culturales:

Habilidades de liderazgo:

Las grandes historias reflejan los resultados triunfantes de conflictos profundos. ¡Celebra, aunque sean pequeñas, tus victorias!

Evalúa tus debilidades

Encuentra oportunidades en tus desafíos

Tus desafíos y debilidades son oportunidades para derrotar tus pensamientos negativos. Para mejorar y fortalecer tu marca personal, debes ser consciente de tus desafíos y debilidades y trabajar para convertirlas en enterezas. Una vez que cambies un comportamiento particular, otros aspectos de tu vida también mejorarán.

Puedes elegir algunos para trabajar durante los próximos tres meses. Trabaja un día a la vez, haciendo una lista de lo que deseas sumar o restar de ese valor en particular y sigue adelante una vez que consideres que has tomado control de ese aspecto.

Encuentra oportunidades en tus valores

Los valores personales con los que luchas son los que representan tus desafíos y oportunidades más importantes. Cualquiera que aspire a dirigir una empresa, llevar a cabo un negocio exitoso, liderar una iglesia u organización comunitaria, o desempeñar un papel parental sólido debe ser consciente de los desafíos de sus valores y de las áreas que puede mejorar a medida que se consolida en su posición de liderazgo.

Selecciona posibles debilidades o desafíos en tus valores de esta misma lista:

1. **Servicio**: Un compromiso que se extiende más allá del propio interés; humildad personal por el bien de una causa mayor.

2. **Respeto**: Autorrespeto y respeto a los demás sin importar las diferencias; tratar a los demás con dignidad, empatía y compasión; y la capacidad de ganarse el respeto de los demás.

3. **Marcar una diferencia:** Esfuerzos personales que conducen a generar un impacto positivo en individuos, sistemas y/u organizaciones o lograr resultados positivos.

4. **Integridad:** valentía moral, fortaleza ética y confiabilidad; cumpliendo promesas y cumpliendo expectativas.

5. **Autenticidad:** Coherencia, congruencia y transparencia en valores, creencias y acciones; integrando valores y principios para crear una vida con sentido y contribuir al crecimiento de los demás.

6. **Valentía:** Poseer fortaleza propia para actuar con intención en nombre del bien común; tomar postura ante la adversidad; actuando con valentía al servicio de la inclusión y la justicia.

7. **Humildad:** Sentido de humildad, dignidad y conciencia de las propias limitaciones; Abierto a perspectivas diferentes a las propias.

8. **Sabiduría:** Amplia comprensión de la dinámica humana y capacidad para equilibrar los intereses de múltiples partes interesadas al tomar decisiones; puede adoptar una perspectiva a largo plazo en la toma de decisiones.[188]

---

188   Ibidem.

Ahora responde estas preguntas:

a.   ¿Por qué te preocupan estos valores como desafíos o debilidades?

b.   ¿Puedes describir situaciones específicas en las que se probaron estos valores? Sé lo más explícita posible.

c.   ¿Cómo reaccionaste? ¿Qué sentiste cuando tus valores estuvieron en juego? ¿Te sentiste vulnerable o tuviste dudas sobre ti misma? Otros sentimientos pueden incluir culpabilidad, sentir limitaciones, falta de pertenencia, síndrome del impostor, etc.

d.   ¿Alguna vez sentiste que tus valores estaban comprometidos debido a estereotipos o etiquetas? ¿Puedes recordar el evento y reflexionar sobre él? ¿Lo enfrentaste o lo dejaste pasar?

e.   ¿Te sentiste marginada en la interacción con una persona, un grupo o una situación en la que tus valores estaban en juego? ¿Cuál fue tu reacción y cuál fue el resultado?

Continúa reflexionando sobre la lista, pensando en anécdotas o situaciones en las que sentiste que tus valores estaban comprometidos porque no respondiste bien al desafío o te sentiste presionada en una situación en la que estabas acorralada. Además, considera el resultado. ¿Qué has aprendido de esta experiencia? Escríbelos, ya que se convertirán en material para ensayar en tu "bolsa de trucos".

> *"La narración es una excelente herramienta para la autoconciencia. Llega a comprender y amar a tu mejor amiga."*

Encuentra oportunidades en tu personalidad o rasgos de carácter

Reflexiona sobre esos rasgos de carácter que elegiste antes como fortalezas de la niñez. ¿Qué pasó con todas esas grandes fortalezas y esos rasgos de carácter por los que eras elogiada cuando eras niña? ¿Se convirtieron hoy en cualidades fuertes? Y si no lo hicieron, ¿puedes pensar en las razones por las que ello no ocurrió?

Es posible que hayas adaptado los rasgos de tu carácter a tu entorno laboral para tener éxito. Usar el cambio de código puede ser un acto de autoconservación o de desempeño en situaciones en las que sientes que las dinámicas de poder desiguales no están a tu favor.

-¿Cómo impactan negativamente algunos de tus rasgos de personalidad o carácter en la persona que eres hoy? (Vuelve a Encuentra tu voz en tu personalidad o rasgos de carácter).

Ahora responde estas preguntas:

a. De los principales acontecimientos de la infancia que recuerdas, ¿cuáles te impactan negativamente hoy?

b. ¿Por qué te criticaba o corregía tu "familia"? ¿Cuáles fueron los mensajes negativos que recibiste cuando eras niña? O las de advertencia -como "no te resistas ni respondas a la autoridad", "sé amable y sonríe", "no te comportes como un niño (para niñas asertivas)" o "no te comportes como una mariquita (para niños tímidos))"? Estos son sólo ejemplos, pero es posible que encuentres el tuyo propio.

c. ¿Estas vulnerabilidades han persistido en tu personalidad o de alguna manera han evolucionado hasta convertirte en la persona adulta que eres hoy?

Nuevamente, escribe en forma de "flujo de conciencia" para no tener que pensar demasiado en tu estilo de escritura. Menciona todos los que puedas recordar (¡herramientas para tu bolsa de trucos!).

> " *En tiempos difíciles, recuerda tu historia.*
> *Las experiencias pasadas determinan cómo afrontas la*
> *incertidumbre del presente.* "

Encuentra oportunidades en tus atributos culturales

Considera estas áreas de diferencias y conflictos potenciales al analizar tus atributos culturales. La próxima vez que te encuentres en una situación confusa y sospeches que hay diferencias interculturales en juego, intenta ubicar el conflicto o incidente en cualquiera de las siguientes áreas:

- Estilos de comunicación
- Actitudes hacia los conflictos y su resolución
- Enfoques para completar tareas y competencias
- Estilos y jerarquías de toma de decisiones
- Actitudes hacia la divulgación o la privacidad
- Caminos hacia un proceso de aprendizaje

¿Cómo crees que tus atributos culturales te afectan negativamente o por qué los consideras desafíos? (Volver a Encuentra tu voz en tus atributos culturales).

Ahora responde estas preguntas:

a. ¿Cuáles de tus atributos culturales consideras que son debilidades o desafíos importantes? Reflexiona si son sólo diferencias culturales con respecto a la cultura dominante

-como se analiza en este capítulo- y cómo puedes utilizarlas a tu favor.

b. Recuerda consultar este sitio web que proporciona un resumen rápido de diferentes enfoques culturales para construir relaciones en el lugar de trabajo: Trabajando en desafíos comunes de comunicación intercultural por Marcelle E. DuPraw y Marya Axner , https://www.pbs.org/ampu/crosscult.html#COMMUN (consultado en agosto de 2023 – en inglés)

c. ¿Generalizas al referirte a otros grupos -los latinxs son... o las mujeres son...?

¿Cómo te sientes cuando formas parte de un grupo generalizado? (Todos los latinxs son o todos los abogados son...)

d. ¿Qué eventos e historias puedes considerar como ejemplos de atributos culturales que no resultaron exitosos? ¿Cómo te sentiste y cuál fue el resultado?

> " *Domina la esencia de tu historia para acercarte más a tu propósito. La autorreflexión de fortalezas y desafíos es un excelente punto de partida".*"

Encuentra oportunidades en tus habilidades de liderazgo

Ya sea que decidas ser una líder o una integrante de equipo, aún necesitas una buena historia para interactuar con los demás. Pero si tiene la capacidad de ser una líder, tendrá que trabajar más duro para convertir los desafíos de tus habilidades de liderazgo en oportunidades.

Ya priorizaste 4 de las mejores habilidades de liderazgo que te definen. Ahora, continúa trabajando en Neutral (N) o Necesita mejorar (NI).

- Mi pensamiento estratégico

- Mis habilidades comunicacionales

- No juzgar o no ser prejuiciosa

- Ser un modelo a seguir

- Tener empatía

- Ser emocionalmente inteligente

- Ser inclusiva

- Saber motivar o empoderar a los demás

- Lidiar con situaciones o personas desafiantes

- Otras habilidades de interacción

Ahora responde estas preguntas:

1. ¿Eres una fuente de inspiración y motivación para tus empleados, el equipo que supervisas, tus feligreses, los miembros de tu organización o incluso tus hijos? ¿Les ayudas a encontrar compromiso en el trabajo mientras mantienen una vida personal equilibrada?

2. ¿Conoces el potencial de los miembros de tu equipo y fomentas su crecimiento? ¿Qué tan bien los conoces en el trabajo y a nivel personal? ¿Estás personalmente comprometida a mejorar su desempeño?

3. ¿Cuánto tiempo dispones para escuchar a los miembros de tu equipo? ¿Has creado oportunidades individuales para hablar sobre su progreso y cómo apoyarlos para lograr esos objetivos?

4. ¿Eres consciente de las diferencias culturales en la gestión de conflictos entre los miembros del equipo? ¿Has creado un espacio para compartir y discutir esas diferencias? Esto implica más que compartir una cerveza el 5 de mayo o el Día de San Patricio. Requiere compartir historias personales que ilustren rasgos de carácter y comportamientos culturales que permitan el crecimiento y la comprensión mutua.

Trabaja para descubrir áreas en las que necesitas trabajar un poco más y convertir esas debilidades en fortalezas. Los valores son fundamentales en una líder, pero también lo son los atributos culturales y los rasgos de carácter. Y si alguno de estos está afectando negativamente tus habilidades de liderazgo, ¡debes abocarte a ello!

> *"Al tomar conciencia de las narrativas que dan forma a tus creencias y acciones, descubrirás tus propias historias para compartir."*

Tu enunciado de marca personal

Basándote en tus fortalezas y debilidades, construye tu enunciado de marca personal (continúa trabajando en este enunciado más adelante y cada vez que experimentes un cambio significativo en tu carrera o tus objetivos personales).

Utiliza tus fortalezas, debilidades y habilidades, tus habilidades únicas. Trabaja solo en uno o dos párrafos y sigue puliéndolo.

Tengo la intención de utilizar mis [Fortalezas]

Tengo la intención de crear oportunidades con mis [Debilidades]

Mis habilidades únicas me permiten…

Ahora, utiliza estas indicaciones a continuación para ampliar tus pensamientos hasta que se conviertan en tu enunciado de marca personal.

Mi propósito es...

Quiero ser ...

Lo que la gente debe saber sobre mí...

Por qué seré reconocida...

Mi legado sería...

Mi enunciado de marca personal:

Finalmente, si encuentras valor en todos los beneficios que hemos discutido hasta ahora y mantienes tu mirada en las recompensas, puedes dar forma a tu marca personal, atando los cabos sueltos para representar la persona pública que deseas ser.

Encontrar tu voz para construir tu enunciado de marca personal no tiene por qué ser una experiencia desalentadora. Cuanto más sepas sobre ti misma, más fácil te resultará presentarte ante el mundo.

Resumamos la importancia de una marca personal en contextos personales y profesionales:

1. **Establecer identidad y diferenciación:**

    o   Tu marca personal te ayuda a definir quién eres, qué representas y qué te hace única.

2. **Generar confianza y credibilidad:**

    o   Una marca personal sólida genera confianza en tu audiencia, ya sea con posibles empleadores, clientes, como oradora público o en las redes sociales.

3. **Avance profesional:**

   o Tu marca personal abre oportunidades de avance profesional, atrae mentores o patrocinadores y deja una impresión duradera en quienes toman las decisiones.

4. **Atraer oportunidades:**

   o Una marca personal sólida puede generar oportunidades como ofertas de trabajo, charlas, colaboraciones o asociaciones.

5. **Legado a largo plazo:**

   o Una marca personal sólida puede aportar valores e ideas y generar un impacto incluso después de que ya no estés involucrada activamente en una industria o puesto en particular.

Recuerda, crear tu marca personal no implica crear una imagen falsa o una personalidad pública imaginaria. Por el contrario, se trata de comprender y comunicar eficazmente quién eres y qué puedes aportar al mundo.

La autenticidad es un bien escaso en un entorno dominado por noticias falsas, robots de redes sociales, algoritmos y mentiras abiertas. Ser fieles a nuestros valores, tradiciones culturales y atributos personales, independientemente de las presiones externas, nos permite ser honestas con nosotras mismas y con las demás y asumir la responsabilidad de nuestras acciones. Sólo entonces podremos construir un mundo mejor.

¡Te deseo lo mejor en tu aventura narrativa!

Cómo contactar a Susana G Baumann

Para contactar a Susana G Baumann, visita su sitio web: https://susanagbaumann.com

Para consultas sobre presentaciones u oportunidades de firma de libros: contact@susanagbaumann.com

Apéndice de películas

1. **"127 Horas"** (2010) – Director: Danny Boyle – Escritores: Danny Boyle, Simon Beaufoy, Aron Ralston – Estrellas: James Franco, Amber Tamblyn, Kate Mara.

2. **"American Psycho"** (2000) – Directora: Mary Harron – Escritores: Bret Easton Ellis, Mary Harron, Guinevere Turner – Estrellas: Christian Bale, Justin Theroux, Josh Lucas.

3. **"Big Fish"** (2003) – Director: Tim Burton – Escritores: Daniel Wallace, John August – Estrellas: Ewan McGregor, Albert Finney, Billy Crudup.

4. **"Billions"** (2016 – 2023) – Creadores: Brian Koppelman, David Levien, Andrew Ross Sorkin – Estrellas: Paul Giamatti, Damian Lewis, Maggie Siff (escritores y directores adicionales por episodio).

5. **"Black Panther: Wakanda Forever"** – Director: Ryan Coogler – Escritores: Ryan Coogler, Joe Robert Cole, Stan Lee – Estrellas: Letitia Wright, Lupita Nyong'o, Danai Gurira.

6. **"Breaking Bad"** (2008 – 2013) – Creador: Vince Gilligan – Estrellas: Bryan Cranston, Aaron Paul, Anna Gunn (escritores y directores adicionales por episodio).

7. **"Coco"** (2017) – Directores: Lee Unkrich, Adrian Molina – Escritores: Lee Unkrich, Jason Katz, Matthew Aldrich – Estrellas: Anthony González, Gael García Bernal, Benjamin Bratt.

8. **"Euphoria"** (2019 – presente) Creador: Sam Levinson – Estrellas: Zendaya, Hunter Schafer, Jacob Elordi.

9. **"Erin Brockovich"** (2000) – Director: Steven Soderbergh – Escritor: Susannah Grant – Estrellas: Julia Roberts, Albert Finney, David Brisbin.

10. **"Everybody Hates Chris"** – Creadores: Ali LeRoi, Chris Rock – Estrellas: Terry Crews, Tichina Arnold, Tequan Richmond (escritores y directores adicionales por episodio).

11. **"Forrest Gump"** (1994) – Director: Robert Zemeckis – Escritores: Winston Groom, Eric Roth – Estrellas: Tom Hanks, Robin Wright, Sally Field, Gary Sinise.

12. **"Friends"** (serie de televisión 1994 – 2004) – Creadores: David Crane, Marta Kauffman – Estrellas: Jennifer Aniston, Courteney Cox, Lisa Kudrow (escritores y directores adicionales por episodio)

13. **"Game of Thrones"** (serie de televisión 2011 – 2019) – Creadores: David Benioff, D.B. Weiss – Estrellas: Emilia Clarke, Peter Dinklage, Kit Harington (escritores y directores adicionales por episodio)

14. **"Grey's Anatomy"** (2004 – presente) – Creador: Shonda Rhimes – Estrellas: Ellen Pompeo, Chandra Wilson, James Pickens Jr. (escritores y directores adicionales por episodio).

15. **"Guardianes de la Galaxia"** (2014) Director: James Gunn – Escritores: James Gunn, Nicole Perlman, Dan Abnett – Estrellas: Chris Pratt, Vin Diesel, Bradley Cooper.

16. **"Haseen Dillruba"** (2021) Director: Vinil Mathew – Escritor: Kanika Dhillon – Estrellas: Taapsee Pannu, Vikrant Massey, Harshvardhan Rane.

17. **"Hidden Figures"** (2016) Director: Theodore Melfi – Escritores: Allison Schroeder, Theodore Melfi, Margot Lee Shetterly – Estrellas: Taraji P. Henson, Octavia Spencer, Janelle Monáe.

18. **"Horrible Bosses"** (2011) – Director: Seth Gordon – Escritores: Michael Markowitz, John Francis Daley, Jonathan Goldstein – Estrellas: Jason Bateman, Charlie Day, Jason Sudeikis.

19. **"House of Gucci"** (2021) – Director: Ridley Scott – Escritores: Becky Johnston, Roberto Bentivegna, Sara Gay Forden – Estrellas: Lady Gaga, Adam Driver, Al Pacino.

20. **"How to Get Away with Murder"** (2014 – 2020) – Creador: Peter Nowalk – Estrellas: Viola Davis, Billy Brown, Jack Falahee (escritores y directores adicionales por episodio).

21. **"Intervention"** (2015 – presente) Creadores: Sam Mettler, Rob Sharenow – Estrellas: Candy Finnigan, Jeff VanVonderen, Ken Seeley (escritores y directores adicionales por episodio).

22. **"Lee Daniel's The Butler"** (2013) Director: Lee Daniels – Escritores: Danny Strong, Wil Haygood – Estrellas: Forest Whitaker, Oprah Winfrey, John Cusack.

23. **"Little Miss Sunshine"** (2006) – Directores: Jonathan Dayton, Valerie Faris – Escritor: Michael Arndt – Estrellas: Alan Arkin, Steve Carell, Toni Collette, Greg Kinnear.

24. **"Lost"** (serie de televisión 2004 – 2010) – Creadores: J.J. Abrams, Jeffrey Lieber, Damon Lindelof – Estrellas: Jorge García, Josh Holloway, Yunjin Kim (escritores y directores adicionales por episodio).

25. **"Luce"** (2019) – Director: Julius Onah – Escritores: J.C. Lee, Julius Onah – Estrellas: Naomi Watts, Octavia Spencer, Kelvin Harrison Jr.

26. **"Mad Men"** (serie de televisión 2007 – 2015) – Creador: Matthew Weiner – Estrellas: Jon Hamm, Elisabeth Moss, Vincent Kartheiser (escritores y directores adicionales por episodio).

27. **"McFarland USA"** (2015) – Director: Niki Caro – Escritores: Christopher Cleveland, Bettina Gilois, Grant Thompson – Estrellas: Kevin Costner, María Bello, Ramiro Rodríguez.

28. **"Mirror, Mirror – Espejo, Espejo"** (2022) – Director: Marc Crehuet – Escritor: Marc Crehuet – Protagonistas: Malena Alterio, Santi Millán, Natalia de Molina.

29. **"Miss Sloane"** (2016) – Director: John Madden – Escritor: Jonathan Perera – Estrellas: Jessica Chastain, Mark Strong, Gugu Mbatha-Raw.

30. **"Nightcrawler"** (2014) – Director: Dan Gilroy – Escritor: Dan Gilroy – Estrellas: Jake Gyllenhaal, Rene Russo, Bill Paxton.

31. **"Rogue Eve: A Stars Wars Story"** (2016) Escritor: Alex Freed – Estrella: Jonathan Davis.

32. **"Shameless"** (2011 – 2021) Creadores: Paul Abbott, John Wells – Estrellas: Emmy Rossum, William H. Macy, Ethan Cutkosky (escritores adicionales y directores por episodio).

33. **"Slumdog Millionaire"** (2008) – Directores: Danny Boyle, Loveleen Tandan – Escritores: Simon Beaufoy, Vikas Swarup – Estrellas: Dev Patel, Freida Pinto, Saurabh Shukla

34. **"Sorry to Bother You"** (2018) – Director: Boots Riley – Escritor: Boots Riley – Estrellas: LaKeith Stanfield, Tessa Thompson, Jermaine Fowler.

35. **"Spider-Man"** (2002 y varias versiones adicionales) Director: Sam Raimi – Escritores - Stan Lee, Steve Ditko, David Koepp – Estrellas: Tobey Maguire, Kirsten Dunst, Willem Dafoe.

36. **"Temple Grandin"** (2010) – Director: Mick Jackson – Escritores: Temple Grandin, Margaret Scariano, Christopher Monger – Estrellas: Claire Danes, Julia Ormond, David Strathairn.

37. **"The Assistant"** (2019) – Director: Kitty Green – Escritor: Kitty Green – Estrellas: Julia Garner, Owen Holland, Jon Orsini.

38. **"The Company Men"** (2010) – Director: John Wells – Escritor: John Wells – Estrellas: Ben Affleck, Chris Cooper, Tommy Lee Jones.

39. **"The Founder"** (2016) – Director: John Lee Hancock – Escritor: Robert Siegel – Estrellas: Michael Keaton, Nick Offerman, John Carroll Lynch.

40. **"The Help"** (2011) - Director: Tate Taylor – Escritores: Tate Taylor, Kathryn Stockett – Estrellas: Viola Davis, Emma Stone, Octavia Spencer.

41. **"The Office"** (2005 – 2013) – Creadores: Greg Daniels, Ricky Gervais, Stephen Merchant – Estrellas: Steve Carell, Jenna Fischer, John Krasinski (escritores y directores adicionales por episodio).

42. **"The Playlist"** (2022) – Directores: Per-Olav Sørensen (6 episodios, 2022), Hallgrim Haug (3 episodios, 2022) - Créditos de escritura: Basado en el libro de Sven Carlsson y Jonas Leijonhufvud.

43. **"The Pursuit of Happyness"** (2006) – Director: Gabriele Muccino – Escritor: Steve Conrad – Estrellas: Will Smith, Thandiwe Newton, Jaden Smith.

44. **"The Shawshank Redemption"** (1994) – Director: Frank Darabont – Escritores: Stephen King, Frank Darabont – Estrellas: Tim Robbins, Morgan Freeman, Bob Gunton.

45. **"The Snow Society"** (2023) – Director: J.A. Bayona – Escritores: J.A. Bayona, Bernat Vilaplana, Jaime Marques – Estrellas: Enzo Vogrincic, Agustín Pardella, Matías Recalt.

46. **"The Social Network"** (2010) – Director: David Fincher – Escritores: Aaron Sorkin, Ben Mezrich – Estrellas: Jesse Eisenberg, Andrew Garfield, Justin Timberlake.

47. **"The Two Popes"** (2019) – Director: Fernando Meirelles – Escritor: Anthony McCarten -Estrellas: Jonathan Pryce, Anthony Hopkins, Juan Minuj.

48. **"Ugly Betty"** (2006 – 2010) – Creadores: Silvio Horta, Fernando Gaitán – Estrellas: America Ferrera, Eric Mabius, Tony Plana (escritores y directores adicionales por episodio).

49. **"Up in the Air"** (2009) – Director: Jason Reitman – Escritores: Walter Kirn, Jason Reitman, Sheldon Turner – Estrellas: George Clooney, Vera Farmiga, Anna Kendrick

50. "Who Wants to Be a Millionaire": un programa de juegos mencionado en relación con la película "Slumdog Millionaire".

51. **"X-Men"** (2000) – Director: Bryan Singer – Escritores: Tom DeSanto, Bryan Singer, David Hayter – Estrellas: Patrick Stewart, Hugh Jackman, Ian McKellen.

52. **"YOU"** (2018 - 2024) – Creadores: Greg Berlanti, Sera Gamble – Estrellas: Penn Badgley, Victoria Pedretti, Tati Gabrielle (escritores y directores adicionales por episodio).

Referencia: La información del Apéndice de Películas se extrajo del sitio web IMDb con los títulos originales en inglés (si bien algunos títulos han sido adaptados al español) https://www.imdb.com/ (consultado en diciembre de 2023).

www.ingramcontent.com/pod-product-compliance
Lightning Source LLC
Chambersburg PA
CBHW071139130626
46553CB00004B/1438